Oliver Gross

Old Shatterhands Glaube

Christentumsverständnis und
Frömmigkeit Karl Mays
in ausgewählten Reiseerzählungen

Materialien zum Werk Karl Mays
Band 1

Die Deutsche Bibliothek – CIP-Einheitsaufnahme

Gross, Oliver:
Old Shatterhands Glaube : Christentumsverständnis und Frömmigkeit Karl Mays in ausgewählten Reiseerzählungen / Oliver Gross. – 2. Aufl. – Husum : Hansa-Verl., 1999
   (Materialien zum Werk Karl Mays ; Bd. 1)
   ISBN 3-920421-73-6

2. Auflage 1999
Hansa Verlag Ingwert Paulsen jr., Postfach 1480, D-25804 Husum
© 1999 by Karl-May-Gesellschaft e. V., Hamburg
Satz: Ulrike Müller-Haarmann
Druck und Verarbeitung: Husum Druck- und Verlagsgesellschaft
Postfach 1480, D-25804 Husum – www.verlagsgruppe.de
ISBN 3-920421-73-6

Für
Waltraud Etz,

die eines schönen Sommerabends mein
wissenschaftliches Interesse für Karl May geweckt hat

Ich danke Werner Geißelbrecht, Martin Burmeister, Rainer Scheufele, Nanni Karner, Ines Greinecker, Sabine Fritz und Dr. Markus Öhler und den Professoren Dr. Kurt Niederwimmer und Dr. Gottfried Adam für ihre konstruktive Mithilfe oder manch anregendes Gespräch,
sowie den Mitgliedern der Karl-May-Gesellschaft Dr. Hans Langsteiner, Dr. Heinrich Vierhapper und Ulrike Müller-Haarmann für ihre freundliche Unterstützung.
In dankbarer Erinnerung an Prof. Dr. Falk Wagner, der mich zu dieser ungewöhnlichen Arbeit ermunterte, und den Impulsen aus seinem Seminar.

Last but not least
danke ich dem lieben Gott, daß er mich mit so viel Humor vom frühen Indianerspiel bis zu dieser Arbeit geführt hat.

Oliver Gross

Im Mai 1996 reichte unser junges österreichisches Mitglied Oliver Gross seine Diplomarbeit zur Erlangung des akademischen Grades eines Magisters der Theologie an der Evangelisch-Theologischen Fakultät der Universität Wien bei dem – mittlerweile verstorbenen – Professor Dr. Falk Wagner ein. Die Karl-May-Gesellschaft legt nun mit der überarbeiteten Fassung dieser detaillierten Untersuchung den ersten Band der neuen Reihe 'Materialien zum Werk Karl Mays' vor.

Für vielfältige Hilfe beim Zustandekommen dieses Buches danken wir herzlich Gerhard Haarmann, Bonn, Hansotto Hatzig, Oftersheim, Walther Ilmer, Bonn, Prof. Dr. Claus Roxin, Stockdorf und Dr. Hermann Wohlgschaft, Landsberg.

Ulrike Müller-Haarmann   Ruprecht Gammler

INHALTSVERZEICHNIS

Vorwort	9
1. Einführung	13
1.1. »Im Dschungel der Textgeschichte«	13
1.2. Die Karl-May-Filme als hermeneutische Vorbemerkung	22
2. 'William Ohlert' oder Der Aufschrei eines begabten Menschen: Bemerkungen zur Biographie und religiösen Soziologie Karl Mays	29
3. Gut und Böse: Bemerkungen zu Karl Mays Personenkonstruktion	42
3.1. Gut	43
3.2. Böse	49
3.3. Grenzgänger	54
4. 'Klekih-petra' oder Es gibt keinen Zufall: Bemerkungen zu Karl Mays Handlungskonstellationen	65
5. Von Fremden zu Blutsbrüdern: Rassen, Randgruppen und Religionen	75
6. 'Ikwehtsi'pa und Herr Müller': Zivilisations- und Christentumskritik	91
7. 'Old Shatterhand' oder Feindesliebe als Christenpflicht	102
7.1. Ethische Konflikte und humanes Handeln	102
7.2. Karl Mays Ethik als Rezeption der Bergpredigt?	114
8. Der Westmann als Pilger: Natur und Schöpfung	118
9. »Also betet, Mr. Surehand, betet!«	125

10. 'Old Wabble' oder Der eigenmächtige Mensch 132

11. Pietistische Selbst- und Weltveränderung 142

12. 'Old Surehand' oder Die Jagd nach dem
    verlorenen Kinderglauben 150

13. Schutzengel – Das Handeln Gottes 161

14. Sterben, Tod und Jenseits 168

15. »Augustinus von Tagasta mag es Euch zeigen« -
    Bemerkungen zu Karl Mays Verwendung
    christlicher Tradition 182
15.1. Verwendung biblischer Tradition 182
15.2. Verwendung außerbiblischer und
    kirchlich-konfessionell geprägter Tradition 188

16. 'Winnetou' oder Vom wahren Menschsein zum
    wahren Christsein 197

17. Auf der Fährte 209

Literaturverzeichnis 212

VORWORT

> *Ich gehöre zu den Menschen, denen ihr Glaube höher als alle irdischen Angelegenheiten steht; aber das zudringliche Zurschautragen der Frömmigkeit ist mir verhaßt, und wenn jemand vor Salbung förmlich überfließt ..., so zuckt es mir in der Hand, und ich möchte ihm am liebsten mit einer Salbung anderer Art antworten.*
>
> Karl Mays Old Shatterhand[1]

Als Theologe muß man sich der alten Schmetterhand mit Vorsicht nähern, so viel steht fest! – –

Der Versuch, den deutschen Volksschriftsteller Karl May (1842-1912), den Vater Winnetous, Old Shatterhands & Co, zum Gegenstand einer systematisch-theologischen Diplomarbeit zu machen, dürfte nur zwei Gruppen von Menschen wirklich überraschen: Nicht-Leser und ausgewiesene Kenner der Materie.

Wer in seiner Jugendzeit oder auch später mit Kara Ben Nemsi den Schut durch die Schluchten des Balkan und das Land der Skipetaren mitverfolgt hat, der weiß, daß der tapfere deutsche Effendi nicht ansteht, so manche Nacht und so manche Stunde im Sattel mit frommen Bekehrungsgesprächen zu verbringen. Wer Old Shatterhand und seine kauzig-liebenswerten Begleiter durch die Prärien und Savannen begleitet hat, weiß, daß für diese Westmänner weder das Vergeltungsrecht dieser 'dark and bloody grounds' noch die Paragraphen irgendeiner sogenannten Zivilisation Maxime ihres Handelns sein können, sondern allein eine humanistisch-christliche Ethik, die dem Feind auch vergeben kann.

»Durchs wilde Theologistan«[2] also? Der Jäger mit Bärentöter und Henrystutzen als verkappter Theologe? Hermann Wohlgschaft setzte

---

[1] Karl May: Gesammelte Reiseerzählungen Bd. XXIV: »Weihnacht!«. Freiburg 1897, S. 141

[2] Rudi Schweikert: »Durchs wilde Theologistan«. In: FAZ (4.10.94), Literaturbeilage, L 20

zum großen Wurf an. Seine umfangreiche Karl-May-Biographie[3] suchte den Theologen Karl May hervorzukehren und stieß prompt auf nur geteilte Gegenliebe. Ein Rezensent wirft Wohlgschaft vor, daß er »vor Simplifizierung, Fehldeutung und Überstrapazierung der Texte kaum einmal zurückschreckt, sobald es der theologischen Leitthese dienlich zu sein scheint.«[4] Nicht unzutreffend formuliert er: »Wie unangenehm zudem der Gedanke, Mays Religiosität und Spiritualität könne sich dem Zugriff von Kirchenmännern doch entschieden entziehen. Da hilft nur noch energische Idealisierungsarbeit, um den geliebten Autor dennoch in den Schoß der Kirche heimführen zu können.«[5]

Nein, Karl May war kein Theologe, es sei denn, man wollte diesen Begriff zur Substanzlosigkeit verwässern. Es gibt auch keine Theologie des Karl May, die es aus seinen Werken herauszuschälen gälte, keine Dogmatik, die sich aus der fachgerechten Zuordnung einzelner Teilaussagen zu den klassischen Loci der Systematik ergäbe. Karl May war kein Theologe, wollte nie einer sein. Einerseits schätzte er diesen Berufsstand viel zu sehr,[6] andererseits begegnete er dessen Vertretern mit der notwendigen Skepsis: »*Der Kinderglaube verschwand; der Zweifel begann, sobald die gelehrte Wortklauberei anfing*«, weiß Old Shatterhand zu berichten.[7]

---

[3] Hermann Wohlgschaft: Große Karl May Biographie. Leben und Werk. Paderborn 1994

[4] Schweikert, wie Anm. 2, L 20; umgekehrt Entsprechendes gilt leider auch für die weithin gelobte Biographie H. Wollschlägers (Hans Wollschläger: Karl May. Grundriß eines gebrochenen Lebens. Zürich 1976): Nur schwer gelingt es ihm, die Bedeutung der persönlichen Frömmigkeit Karl Mays für dessen Werk hinwegzupolemisieren.

[5] Schweikert, wie Anm. 2, L 20

[6] *Es ist nicht meine Aufgabe, den Heiland theologisch zubetrachten. Das ist des Priesters Sache, der höher steht als ich.* (Karl May an Prinzessin Wiltrud, 7. 3. 1908. Abgedruckt in: Karl May: Briefe an das bayerische Königshaus. In: Jahrbuch der Karl-May-Gesellschaft (Jb-KMG) 1983. Husum 1983, S. 107)
Ähnlich äußert er sich auch in einem Brief an Josef Weigl vom März 1905: *Ich bin nicht Theolog. Es ist also nicht meines Amtes Religion zu lehren und mich mit Un- oder Andersgläubigen herumzustreiten. Das alles ist nur Gottes und seiner Priester Sache;* ... (zit. nach: Für und wider Karl May. Aus des Dichters schwersten Jahren. Hrsg. von Siegfried Augustin. Materialien zur Karl-May-Forschung Bd. 16. Ubstadt 1995, S. Xf.).

[7] Karl May: Gesammelte Reiseromane Bd. XIV: Old Surehand I. Freiburg 1894, S. 407

Nein, Karl May war kein Theologe. Und m. E. genau darin besteht der Reiz dieser Untersuchung. Karl May schrieb Geschichten von Indianern, Trappern, Gauchos und Schurken. Aber in diesen Figuren lassen sich nicht nur die verschiedenen Teil-Ichs ihres Schöpfers wiederentdecken, sondern auch die verschiedenen Glaubensströmungen, mit denen sich der Christ Karl May am Ende des neunzehnten Jahrhunderts persönlich auseinanderzusetzen hatte. *Ich kann auf Jesum Christum nicht das Auge der dogmatischen Kritik, sondern nur meinen unerschütterlichen Glauben ... richten*, schreibt er.[8] Dieser persönliche Glaube spiegelt sich in seinen berühmten Reiseerzählungen wider. Sie ergeben unter Umständen eine viel interessantere Außenansicht als die Innensicht der Berufstheologen jener Zeit, nämlich das skizzenhafte Frömmigkeitsporträt jenes Mannes, der vom armen Weberskind zum meistgelesenen Erzähler deutscher Zunge wurde und mit seiner Literatur Millionen von Lesern prägte.

Das Schwergewicht soll dabei nicht auf der Biographieforschung des Schriftstellers liegen – der kurze biographische Abschnitt in dieser Arbeit dient vor allem der Orientierung für das Nachfolgende –, sondern die berühmten Erzählungen Karl Mays sollen möglichst selbst zur Sprache kommen. Die Ökonomie einer Diplomarbeit macht es dabei leider unverzichtbar, sich auf einige wenige Werke zu beschränken. Jeder Auswahl muß zwar eine gewisse Willkür anhaften,[9] aber ich denke, daß mit den ausgewählten Bänden 'Winnetou I-III', 'Satan und Ischariot I-III', 'Old Surehand I-III' und '»Weihnacht!«' zehn der populärsten Werke aus der klassischen bzw. spätklassischen Reiseerzählungsphase des Autors berücksichtigt sind.

Ein nicht unwesentlicher Teil dieser Arbeit bestand in der Sichtung themenrelevanter Textpassagen. Ich habe mich dabei bemüht, neben den sich offensichtlich anbietenden, religiösen Exkursen des Schriftstellers vor allem diejenigen unauffälligen, aber charakteristischen Kurzbemerkungen des Autors zu berücksichtigen, die man im 'Verschlingen' der Abenteuerhandlung allzu leicht überliest. Da dem Leser dieser Arbeit der historische Text der zitierten Ausgaben nicht immer zugänglich sein wird, wurde er im Zweifelsfall auch ausführlicher in den Fußnoten berücksichtigt. Dies geschah auch des-

---

[8] May an Prinzessin Wiltrud, wie Anm. 6, S. 107
[9] Die Begründung der Auswahl erfolgt in der Einführung.

halb, um dem Leser ein weitergehendes Interpretationsfeld zu eröffnen, als es sich mir selbst bei der Kompilation der relevanten Textsplitter erschloß. Denn zu einem widerspruchsfreien Gesamtbild des 'Glaubens Old Shatterhands', das alle offenen Enden miteinander verbindet und versöhnt, soll und kann es nicht kommen.

Der theologische Blick in und hinter den Text des Schriftstellers, der durch seine unsterblichen Phantasien prägend für Generationen von Lesern wurde, ist einen Versuch allemal wert, wollte er doch selber stets »*ein Lehrer seiner Leser werden*«,[10] der mit seiner Frömmigkeit nie hinter dem Berg hielt. *Ueberdies hat jeder Leser das Recht, seinem Autor in das Herz zu blicken, und dieser ist verpflichtet, es ihm stets offen zu halten. So gebe ich dir das meine. Ist es dir recht, so soll mich's freuen; magst du es nicht, so wird es dir dennoch stets geöffnet bleiben. Soll ein Buch seinen Zweck erreichen, so muß es eine Seele haben, nämlich die Seele des Verfassers. Ist es bei zugeknöpftem Rock geschrieben, so mag ich es nicht lesen. −*[11]

---

[10] Sam Hawkens in: Karl May: Gesammelte Reiseromane Bd. VII: Winnetou der Rote Gentleman I. Freiburg 1893, S. 156
[11] Der Ich-Erzähler in: Karl May: Gesammelte Reiseerzählungen Bd. XIX: Old Surehand III. Freiburg 1896, S. 342

1. Einführung

1.1. »Im Dschungel der Textgeschichte«[12]

Aufgrund der großen Anzahl der Werke Karl Mays muß in dieser Arbeit eine Begrenzung der zu untersuchenden Texte vorgenommen werden. Jeder Auswahl muß dabei leider eine gewisse Willkürlichkeit anhaften, allerdings scheint mir die Untersuchung der drei 'Wildwest'-Trilogien durchaus geeignet. Das Spätwerk des Autors, das mit der Jahrhundertwende einsetzt und zu dem unter anderen die Werke 'Im Reiche des silbernen Löwen III/IV' (1902/03), 'Und Friede auf Erden!' (1904), 'Babel und Bibel' (1906), 'Ardistan und Dschinnistan I-II' (1909) und 'Winnetou IV' (1910) zu zählen sind, bildet zwar gerade durch seine Stilisierung und Allegorisierung ein vielseitiges Untersuchungsfeld, ihm fehlt allerdings nicht nur die erzählerische Frische der klassischen Reiseerzählungen, sondern auch eine vergleichbare Resonanz und Akzeptanz bei einer breiteren Leserschicht. Den sogenannten 'Jugenderzählungen', die mit pädagogischer Absicht auf die Ich-Form der Reiseerzählungen verzichten und zu denen unter anderem die meistgelesene – 'Der Schatz im Silbersee' (1890/91) – zählt, mangelt es vergleichsweise an religiösen Motiven, wenngleich 'Die Sklavenkarawane' (1889/90) hier passagenweise eine, die Regel bestätigende, Ausnahme bildet.

Als einen ausgesprochenen Glücksfall für diese Untersuchung kann man die 'Old Surehand'-Trilogie bezeichnen. Sie »zeigt exemplarisch die Entwicklung Karl Mays als Reiseerzähler in der produktivsten Phase seines Schaffens zwischen 1877 und 1896.«[13] Die äußere Handlung tritt zunehmend zurück zugunsten einer Verlagerung nach innen. So sagt der Ich-Erzähler über Old Surehand: *Ich begann zu ahnen, daß dieser gewaltige Jäger auch in seinem Innern jage – – nach der Wahrheit, die er vielleicht noch nicht kennen gelernt hatte oder die ihm wieder entrissen worden war.*[14]

Immer wieder stößt man auf psychologisch-autobiographische Vertiefungen, einzelne Bekehrungsgeschichten, ethische und reli-

---

[12] Jörg Kastner: Das Große Karl May Buch. Sein Leben – Seine Bücher – Die Filme. Bergisch Gladbach 1992, S. 61
[13] Claus Roxin: Werkartikel 'Old Surehand I-III'. In: Karl-May-Handbuch. Hrsg. von Gert Ueding in Zusammenarbeit mit Reinhard Tschapke. Stuttgart 1987, S. 245
[14] May: Old Surehand I, wie Anm. 7, S. 408

giöse Reflexionen. Entscheidend dabei ist, daß diese die Handlungsführung nicht bremsen, sondern sogar vorantreiben. Abenteuer und Religion bilden hier eine inhaltliche Einheit, wie sie May sonst nicht erreicht. Claus Roxin kommt zu dem Schluß, man werde trotz Einschränkungen »den Surehand-Roman, vor allem den dritten Band, zu Mays besten Reiseerzählungen rechnen müssen. Er hat, anders als Mays spätere Werke, noch den vollen Spannungsreiz der früheren exotischen Fabeln, überschreitet aber (...) den Rahmen einer lediglich buntbewegten Abenteuererzählung«.[15]

Zahlreiche religiöse Motive findet man erwartungsgemäß in Mays kurzen Erzählungen, die er eigens als Erbauungsliteratur für Marienkalender verfaßte. Doch gerade wenn man sich Erzählungen wie 'Christi Blut und Gerechtigkeit' (1882/83), 'Christus oder Muhammed' (1891), 'Mater Dolorosa' (1892), 'Der Verfluchte' (1893), 'Nûr es semâ – Himmelslicht' (1893),[16] 'Maria oder Fatima' (1894) oder 'Old Cursing-Dry' (1897)[17] zu Gemüte geführt hat, erkennt man den kompositorischen Wert des 'Old Surehand', wo religiöse und epische Elemente ein sinnvolles Ganzes ergeben, wohingegen sie sich hier im Wege zu stehen drohen. Die Kurzerzählungen, die in einer Bekehrung, dem Gebet eines bußfertigen Sünders, einer rührseligen Zelebration katholischen Traditionsgutes oder einer Demonstration göttlicher Fügung und Allmacht gipfeln, sind sowohl erzählerisch als auch theologisch von solcher Einfältigkeit, daß eine eigene Untersuchung zwar interessant sein, letztlich aber nicht dafür stehen mag. Die Erzählungen beinhalten – außer der gebotenen Betonung katholischer Tradition – nichts, was nicht auch in den großen Reiseerzählungen enthalten, ja sogar besser enthalten wäre.

Im Gegensatz dazu bietet sich eine Untersuchung der 'Winnetou'-Bände (ergänzend zur 'Old Surehand'-Trilogie) an.[18] Hier sind die religiösen Motive zwar nicht in gleichem Maße handlungsbestimmend, aber doch unübersehbar an jeweils prominenter Stelle eingeflochten. Gerade die Bekehrung Winnetous ist von Interesse, da sie

---

[15] Roxin, wie Anm. 13, S. 248

[16] Diese Erzählungen sind als Buchausgabe erschienen in: Karl May: Gesammelte Reiseromane Bd. X: Orangen und Datteln. Freiburg 1894.

[17] Beide als Buchausgabe erschienen in: Karl May: Gesammelte Reiseerzählungen Bd. XXIII: Auf fremden Pfaden. Freiburg 1897

[18] Man kann den, dem Spätwerk angehörenden, Band 'Winnetou IV' (Karl May: Gesammelte Reiseerzählungen Bd. XXXIII: Winnetou IV. Freiburg 1910) getrost ausklammern und statt einer Tetralogie von einer Trilogie sprechen.

– verglichen mit derjenigen Old Wabbles – charakteristisch unterschiedlich verläuft, ja geradezu einen positiven Gegentypus zu dieser bildet. Zudem rückt mit dem Apachenhäuptling Winnetou nicht nur die »wohl populärste Gestalt des Erzählers überhaupt«[19] in den Blickpunkt, sondern mit 'Winnetou I' auch »der in der Publikumsgunst vermutlich erfolgreichste Text Karl Mays«,[20] der »ein Schlüsselwerk für das Verständnis nicht nur der Romane Mays, sondern der Abenteuerliteratur überhaupt ist.«[21]

Die dreiteilige Abenteuererzählung 'Satan und Ischariot', die »eine fesselnde, mehrjährige und nahezu um die ganze Erde führende Verfolgungsjagd«[22] beschreibt, fällt demgegenüber im Niveau deutlich ab. Dies gilt sowohl in bezug auf die Erzählung selbst als auch auf die Qualität der religiösen Reflexionen, soweit diese überhaupt vorhanden sind. Hartmut Kühne bemerkt zu Recht: »Die biblische Folie des Romans bleibt blaß; der religiöse Titel ist schließlich erst nachträglich für die Buchausgabe geschaffen worden.«[23] Einzelne Passagen über die Charakteristik der schurkischen Meltons und der deutschen Familie Vogel, sowie das 'gebetsmühlenartige' Wiederholen Mayscher Tugenden und Untugenden machen aber die Untersuchung auch dieser Erzählung sinnvoll und damit das Trio der drei Wildwest-Trilogien komplett.

Wenn Karl May in seinen späteren Reiseerzählungen im Zuge einer zunehmenden Verinnerlichung der Handlung auch vermehrt religiöse Reflexionen inkludiert, heißt das nicht, daß er dies nicht auch zuvor getan hat. Eine detailliertere Untersuchung seines berühmten Orientzyklus, der in den Jahren 1881 bis 1888 zunächst als Fortsetzungsroman erschienen war, würde sicher lohnen, muß hier aber leider unterbleiben. Die Konzentration auf die Wildwest-Romane zuungunsten der Orient-Romane hat zudem den Vorteil (Nachteil), auf eine eigene Darstellung des von May gezeichneten Islam-Bildes verzichten zu können.

Der Roman '»Weihnacht!«' von 1897 steht schon an der Grenze zum Spätwerk des Autors. Er beginnt zur Gymnasialzeit des Ich-

---

[19] Helmut Schmiedt: Werkartikel 'Winnetou I-III'. In: Karl-May-Handbuch, wie Anm. 13, S. 207
[20] Ebd., S. 209
[21] Ebd., S. 210
[22] Hartmut Kühne: Werkartikel 'Satan und Ischariot I-III'. In: Karl-May-Handbuch, wie Anm 13, S. 264
[23] Ebd. S. 265 – Näheres zur Textgeschichte siehe unten.

Erzählers (die Gleichsetzung von Karl May und Old Shatterhand ist vollkommen vollzogen, wobei May »jeden realistischen Sinn im euphorischen Taumel des Ruhmes verloren«[24] zu haben scheint) in dessen deutscher Heimat und findet seine Fortsetzung im Wilden Westen. Als verbindendes Leitmotiv dient ein Weihnachtsgedicht des Ich-Erzählers, das die Protagonisten durch die verschiedensten Zeiten, Landschaften und Lebenslagen begleitet. Die religiösen Motive des Romans entsprechen in vielem denen der Surehand-Trilogie, bisweilen finden sie hier aber eine einprägsamere Ausgestaltung, weshalb '»Weihnacht!«' gegebenenfalls ergänzend zitiert werden soll.

Damit wäre die Liste der zehn dieser Arbeit zugrundeliegenden May-Texte vollständig.

Zitiert wird nach der Buchausgabe des Verlages Fehsenfeld, Freiburg 1892-1910; Reprint Bamberg 1982-1984. Detailliertere Angaben zur Textgeschichte und zum Inhalt der einzelnen Bände finden sich in den entsprechenden Abschnitten des Karl-May-Handbuches von Gert Ueding.[25] Da Karl May oftmals eine ältere, eigene Erzählung später selbst abänderte, um sie in eine neue Rahmenhandlung zu gießen, kann die Textgeschichte für diese Arbeit insofern von Belang sein, als an den literarkritischen Bruchstellen auch ethische Einstellungen unterschiedlicher Prägung aufeinanderstoßen können. Zur Orientierung sei hier deshalb ein kurzer Überblick gegeben.

Der 'Dreiteiler' 'Satan und Ischariot' (geschrieben vermutlich 1891/92) hat eine etwas verworrene Textgeschichte hinter sich: Die Erzählung war zunächst zweiteilig konzipiert, wurde dann vom Redakteur des 'Deutschen Hausschatzes' bearbeitet und erschien in dieser Zeitschrift in Einzellieferungen ohne gemeinsamen Obertitel.[26] Für die erstmalige Buchausgabe (1897), für die May wiederum selbst geringe Änderungen vornahm, wurde schließlich der Titel

---

[24] Rainer Jeglin: Werkartikel '»Weihnacht!«'. In: Karl-May-Handbuch, wie Anm. 13, S. 277
[25] Karl-May-Handbuch, wie Anm. 13
[26] Karl May: Die Felsenburg. In: Deutscher Hausschatz. XX. Jg. (1894) – ders.: Krüger-Bei. In: Deutscher Hausschatz. XXI. Jg. (1895) – ders.: Die Jagd auf den Millionendieb. In: Deutscher Hausschatz. XXII. Jg. (1896) (Der Titel »Die Jagd auf den Millionendieb« stammt nicht von May; zur Textgeschichte vgl. auch Roland Schmid: Nachwort (zu 'Satan und Ischariot III'). In: Karl May: Freiburger Erstausgaben Bd. XXII. Hrsg. von Roland Schmid. Bamberg 1983, N1-N8.)

'Satan und Ischariot' gewählt.[27] »Angesichts der vom Autor konzipierten Zweiteiligkeit ist es nicht ganz sachgerecht, den 'Satan'-Roman als Trilogie zu bezeichnen; die Einteilung in drei Bände erfolgte mechanisch nach Umfangsberechnungen.«[28]
Old Shatterhand lernt in einem mexikanischem Hafennest den Mormonen Harry Melton kennen und merkt bald, daß dieser eine Schurkerei plant. Eine Gruppe mittelloser Auswanderer wird von ihm irregeführt und zur Fronarbeit in einem Quecksilberbergwerk genötigt. Den Blutsbrüdern Winnetou und Old Shatterhand gelingt es, die Auswandererfamilien aus ihrer Sklaverei zu befreien und ihnen eine neue Zukunftsperspektive zu eröffnen. Bei der Ausforschung Harry Meltons decken sie ein weiteres geplantes Komplott auf, das von Harrys Bruder und dessen Sohn, Thomas und Jonathan Melton, durchgeführt werden und Martha Werner, geborene Vogel, die einst Old Shatterhand verehrte, um ihr Erbteil bringen soll. Die Verfolgung der schurkischen Meltons führt beide Blutsbrüder um den halben Erdball, unter anderem nach Dresden und Kairo. In der wilden Gebirgslandschaft der Vereinigten Staaten findet die Jagd, die in den Ebenen von Guayamas und New Orleans begonnen hatte, schließlich ihr gerechtes Ende. Der Roman bezieht seine Faszinationskraft aus dem stetigen Wechsel exotischer Szenerie, dem klaren Gegenüber von Gut und Böse, einer wilden Abenteuerhandlung, die noch deutlich den »Kontext zur Kolportage-Struktur«[29] aufweist: Die Personenkonstellation bleibt oberflächlich-klischeehaft (ein zwielichtiger Yankee-Anwalt, eine verführerisch-falsche Jüdin, ein armes deutsches Mädel, das zur gefeierten Sängerin avanciert etc.). Die ausholenden, rechthaberischen Belehrungen Old Shatterhands, dessen Personalunion mit dem deutschen Volksschriftsteller Karl May erstmals nicht nur angedeutet wird, quälen böse Buben im Roman und Leser des Romans gleichermaßen. Es überrascht nicht, daß dieser Roman »von der Forschung nur sehr am Rande behandelt«[30] wurde, aber gerade aufgrund seiner Klischeehaftigkeit – auch in religiösen Belangen – aussagekräftig sein kann.

---

[27] Karl May: Gesammelte Reiseerzählungen Bd. XX-XXII: Satan und Ischariot I-III. Freiburg 1897
[28] Kühne, wie Anm. 22, S. 260
[29] Ebd., S. 264
[30] Ebd., S. 265

Als schon »in formaler Hinsicht erheblich sorgfältiger konstruiert«[31] gilt 'Winnetou I' (1893),[32] das die ersten Erlebnisse des Ich-Erzählers im Westen schildert. Als Feldmesser einer Eisenbahngesellschaft reift das anfängliche Greenhorn unter der Anleitung des Eisenbahnerscouts Sam Hawkens rasch zum geübten Westmann. Die Feindschaft mit den um ihr Land betrogenen Apachen wandelt sich durch das mehrmalige Eingreifen des nunmehr 'Old Shatterhand' genannten Deutschen zu einer beginnenden Freundschaft. Winnetous Schwester Nscho-tschi verliebt sich in den neuen Blutsbruder ihres Bruders, stirbt aber gemeinsam mit ihrem Vater durch die Hand Santers, eines goldgierigen Weißen. Durch seine Gerissenheit kann dieser immer wieder entkommen, stirbt erst gegen Ende der Trilogie, Wochen nach dem Tode Winnetous, an den Folgen seiner Gier.

'Winnetou I' erschien 1893 unmittelbar als Buch. Man kann es »als Kernstück der Mayschen Wildwest-Utopie vom besseren, freien Leben«[33] betrachten, und es ist »der in der Publikumsgunst vermutlich erfolgreichste Text Karl Mays«.[34]

'Winnetou II', ebenfalls 1893 verfaßt,[35] schließt zwar zunächst chronologisch an die Ereignisse des ersten Bandes an, beinhaltet aber, literarkritisch gesehen, eine Neukomposition älterer Erzählungen: 'Der Scout' (1888/89) bildet die Grundlage der ersten vier, 'Im fernen Westen' (1879), die überarbeitete Buchauflage von 'Old Firehand' (1875/76), die der zwei folgenden Kapitel.[36] Erst das siebente und letzte Kapitel greift die Geschichte des Nscho-tschi-Mörders Santer auf. »Vor allem die Old-Firehand-Episode widersetzt sich erfolgreich der angestrebten Integration, denn sie vermittelt ein Wildwest-Bild, das sich immer noch in relativ hohem Maße durch Brutalität und Grausamkeit auf allen Seiten auszeichnet, also auch auf der der tendenziell positiv gezeichneten Personen. Der Erzähler-Held gesteht die Brüche indirekt selbst ein, indem er gelegentlich Verwunderung über das Verhalten seines Blutsbruders Winnetou

---

[31] Schmiedt, wie Anm. 19, S. 209
[32] May: Winnetou I, wie Anm. 10
[33] Schmiedt, wie Anm. 19, S. 209
[34] Ebd.
[35] Karl May: Gesammelte Reiseromane Bd. VIII: Winnetou der Rote Gentleman II. Freiburg 1893
[36] Karl May: Der Scout. In: Deutscher Hausschatz. XV. Jg. (1888/89) – ders.: Im fernen Westen. Stuttgart 1879 – ders.: Aus der Mappe eines Vielgereisten. Nr. 2. Old Firehand. In: Deutsches Familienblatt. 1. Jg. (1875/76)

andeutet«.[37] Dieser ackert sich im vierten Kapitel – ganz im Gegensatz zu seiner sonst vielbeschworenen Friedensliebe[38] – doch tatsächlich mit 'hungriger Büchse'[39] durch ein Gemetzel beeindruckenden Ausmaßes. Der Roman 'Winnetou II' bezieht seine Faszinationskraft – zuungunsten der mittlerweile entwickelten Friedensethik – zu sehr aus den alten Quellen. Auch einem an Quellenscheidungsfragen uninteressierten Leser werden diese Unstimmigkeiten sofort störend auffallen. Er kann die Quellen zudem an einem relativ einfachen Merkmal scheiden: an Winnetous Ausdrucksweise, die sich mal auf sehr hohem, mal auf sehr niedrigem Sprachniveau bewegt.

Bei 'Winnetou III', ebenfalls 1893 erschienen,[40] ebenfalls auch auf ältere Erzählungen zurückgreifend – hier 'Deadly dust' (1879/80) und 'Ave Maria' (1890)[41] –, zeigt der Autor bei der Komposition »eine etwas glücklichere Hand«,[42] die »die Brüche innerhalb des Werkes (...) weniger schwerwiegend«[43] macht. »Winnetou III bündelt sehr konzentriert wichtige Bausteine seiner sämtlichen Nordamerika-Romane.«[44] Zudem wirkt die mehrmalige Wiederholung des 'Deadly-Dust'-Motives,[45] das das Streben des Menschen nach materiellem Besitz verurteilt, einheitsstiftend, und May schreibt damit »seiner Wildnis Lebensverhältnisse ein, die die ökonomischen Grundgesetze seiner realen Umwelt zumindest teilweise ad absurdum führen.«[46] Während Winnetou, im vollen Bewußtsein seines kommenden Todes, sein Leben für eine Gruppe armer Siedler riskiert und schließlich mit einem christlichen Bekenntnis auf den Lippen stirbt, wird Santer aufgrund seiner Goldgier vollkommen unvorbereitet vom Tode überrascht.

'Old Surehand I' entstand zwischen Juni und Dezember 1894, eineinhalb Jahre nach 'Winnetou I'.[47] »Es erreicht diesen Roman

---

[37] Schmiedt, wie Anm. 19, S. 212
[38] Vgl. May: Winnetou II, wie Anm. 35, S. 333, 337, 350, 398 etc.
[39] Vgl. ebd., S. 316.
[40] Karl May: Gesammelte Reiseromane Bd. IX: Winnetou der Rote Gentleman III. Freiburg 1893
[41] Karl May: Deadly dust. In: Deutscher Hausschatz. VI. Jg. (1879/80) – ders.: Ave Maria. In: Fuldaer Zeitung. 17. Jg. (1890)
[42] Schmiedt, wie Anm. 19, S. 216
[43] Ebd.
[44] Ebd., S. 217
[45] May: Winnetou III, wie Anm. 40, S. 39, 208, 216, 313f., 339, 467
[46] Schmiedt, wie Anm. 19, S. 217
[47] May: Old Surehand I, wie Anm. 7

nicht ganz, zehrt aber von dessen suggestiver Mythologie«[48] und zeigt »May auf der Höhe seiner 'klassischen' Abenteuererzählungen.«[49] Zwei ältere Erzählungen, 'Im Mistake-Cannon' (1889, anonym) und 'Der erste Elk' (verfaßt 1890), integrierte May gekonnt.[50] In letzterer war erstmals die Figur des Old Wabble aufgetreten, deren Charakteristik sich in der Surehand-Rahmenhandlung in interessanten Details wandelte.[51]

Die Rahmenerzählung des zweiten Bandes, 'Old Surehand II',[52] entstand noch im November/Dezember 1894 unmittelbar vor (oder besser: in ?) der »Schaffenskrise des Jahres 1895«.[53] Bevor Old Shatterhand die Verfolgung des General Douglas, die Suche Old Surehands und eine neuerliche Konfrontation mit Old Wabble am Ende des Bandes wieder aufnehmen kann, ergeht sich die Rahmenhandlung in der Beschreibung verschiedenster Westleute, die in der Wirtschaft der Mutter Thick in Jefferson-City zusammensitzen, um sich allerhand abenteuerliche Geschichten zu erzählen. May bedient sich dabei weitgehend des Fundus seines Frühwerkes: 'Three carde monte' (1878/79), 'Vom Tode erstanden' (1878), 'Auf der See gefangen' (1878), 'Der Königsschatz' (1882-84).[54] »Es handelt sich um Anfängerarbeiten mit den Schwächen, die Mays Bemühungen um das exotische Genre zu Beginn kennzeichnen: Sie sind überreich an

---

[48] Roxin, wie Anm. 13, S. 246
[49] Ebd.
[50] Karl May: Im Mistake-Cannon. In: Illustrirte Welt. 38. Jg. (1890) – ders.: Der erste Elk. In: Ueber Land und Meer. 9. Jg. (1892/93)
[51] Vgl. dazu: Hartmut Vollmer: Die Schrecken des 'Alten': Old Wabble. Betrachtung einer literarischen Figur Karl Mays. In: Jb-KMG 1986. Husum 1986, S. 155-184 (Auch in: Karl Mays »Old Surehand«. Hrsg. von Dieter Sudhoff/Hartmut Vollmer. Paderborn 1995, S. 210-242; der Text weicht in Kleinigkeiten von dem Abdruck im Jahrbuch ab. Im folgenden wird nach dieser neueren Fassung zitiert.)
[52] Karl May: Gesammelte Reiseromane Bd. XV: Old Surehand II. Freiburg 1895
[53] Roxin, wie Anm. 13, S. 246
[54] Karl May: Three carde monte. In: Deutscher Hausschatz. V. Jg. (1878/79) – ders.: Vom Tode erstanden. In: Frohe Stunden. 2. Jg. (1878) – ders.: Auf der See gefangen. In: Frohe Stunden. 2. Jg. (1878) – Lediglich die Erzählung 'Unter der Windhose' (In: Das Buch der Jugend. 1. Bd. Stuttgart 1886) entstammt einer anderen, späteren Schaffensperiode. Die Integration des 'Königsschatzes', einem Teil des 'Waldröschens' (Karl May: Das Waldröschen oder Die Rächerjagd rund um die Erde. Dresden 1882-84) diente gar »dem völlig außerliterarischen Zweck« (Roxin, wie Anm. 13, S. 247), dem Verleger Münchmeyer ein juristisches Schnippchen im Kampf um die Urheberrechte zu schlagen.

wild-phantastischen Abenteuern mit vielfach blutigem Ausgang; die Handlungsführung ist ziemlich planlos, die Personenzeichnung undifferenziert, und die ethische Vertiefung, um die May sich später so sehr bemüht hat, fehlt noch völlig.«[55] Es überrascht also nicht, wenn Mays Verzahnung dieser Einzelerzählungen schon kaum untereinander, erst recht nicht mit der Rahmenhandlung, gelingen will.[56] Wie Winnetou innerhalb weniger Seiten von vergangener Blutrünstigkeit zu einem *Beispiel von Hochherzigkeit und Noblesse*[57] mutieren soll, bleibt trotz aller harmonisierenden Erklärungsversuche[58] vollends unbefriedigend beantwortet. In diesem konkreten Fall ist es nur verständlich, daß der Karl-May-Verlag diese »allergröbste Pfuscherei«[59] seiner Leserschaft ersparen wollte und dieses Erzählungsgeflecht namens 'Old Surehand II' wieder zu entwirren suchte. Er löste 1921 die Binnenerzählungen aus der Rahmenhandlung und edierte sie (unter Abänderungen) als Karl May's Gesammelte Werke Bd. 19: Kapitän Kaiman. Seitdem ist die Surehand-Trilogie im KMV auf zwei Bände reduziert (Bd. 14 und Bd. 15), wobei sich der zweite aus dem Schlußkapitel des Originals und dem vormals dritten Band zusammensetzt.[60]

In 'Old Surehand III',[61] geschrieben zwischen September und Dezember 1896, hat May seine Schaffenskrise eindeutig überwunden und mit Hilfe erwähnter Verinnerlichung der Handlung zugleich den Übergang zu seinem Spätwerk eingeleitet. »Nicht mehr die Taten Winnetous und Old Shatterhands fesseln in erster Linie das Interesse des Lesers, sondern etwa das (...) langsame Sterben Old Wabbles und die Gründe, die Old Surehand und Kolma Puschi zu einsamen

---

[55] Roxin, wie Anm. 13, S. 245f.
[56] Zu einer positiveren Wertung kommen z. B. Harald Fricke (Karl May und die literarische Romantik. In: Jb-KMG 1981. Hamburg 1981, S. 11-35) und Christoph F. Lorenz (Die wiederholte Geschichte. Der Frühroman 'Auf der See gefangen' und seine Bedeutung im Werk Karl Mays. In: Jb-KMG 1994. Husum 1994, S. 160-187).
[57] May: Old Surehand II, wie Anm. 52, S. 425
[58] z. B.: *Zwar ist bei der Episode mit Sam Fireguns Trappergesellschaft sehr viel Blut geflossen, wie wir vorhin hörten; aber das hat er* [Winnetou] *nicht verhindern können, denn die Verhältnisse lagen so, und die Gegner waren so gefährliche Kerls, daß Schonung gar nicht am Platze war.* (Ebd.)
[59] Wollschläger, wie Anm. 4, S. 79
[60] Karl May's Gesammelte Werke Bd. 14/15: Old Surehand I/II. Radebeul bzw. Bamberg
[61] May: Old Surehand III, wie Anm. 11

Suchern in der Wildnis gemacht haben.«[62] Old Shatterhand fungiert dabei als Helfer aus den Nöten der Vergangenheit. Detektivisch setzt er die Geschichte der zerstreuten Familie Bender zusammen, deren Überlebende sich schließlich zum erzählerischen wie topographischen Höhepunkt am Devils-head sammeln, auf dem sich die einzelnen Handlungsfäden der Trilogie schließlich bündeln.

'»Weihnacht!«',[63] vermutlich zwischen September und November 1897 entstanden, orientiert sich unter anderem an erzählerischen Motiven Balduin Möllhausens (1825-1905), der den Westen als Expediteur, Jäger und Maler bereiste.[64] Inhaltlich bietet '»Weihnacht!«' kaum grundsätzlich Neues, wartet aber mit vielen interessanten autobiographischen Anspielungen auf. Der arme deutsche Gymnasiast Sappho trifft auf einer winterweihnachtlichen Böhmen-Reise mit seinem Schulfreund Carpio die aus politischen Gründen verfolgten Mitglieder der Familie von Hiller (die sich Wagner nennen). Als späterer Westernheld Old Shatterhand kann er von Hiller, der, von den Indianern Nana-po genannt, sich als Trapper verdingen muß und als solcher zwischen die Fronten verfeindeter Indianerstämme gerät, aus großer Gefahr erretten. Es gelingt ihm nicht nur, die Familie Hiller wieder zu vereinigen, sondern auch Mr. Hiller in einer denkwürdigen Weihnachtsfeier inmitten der tiefverschneiten Rocky Mountains seinen Glauben an Gott zurückzugeben. In selbiger Weihnachtsfeier verstirbt sein alter Freund Carpio, der letztlich an den Realanforderungen seines Lebens scheitert.

1.2. Die Karl-May-Filme als hermeneutische Vorbemerkung

Karl May, der sächsische Volksschriftsteller des auslaufenden 19. Jahrhunderts, wurde nicht nur von Millionen gelesen, sondern, sobald sich der Film als die Kunstform des 20. Jahrhunderts seiner bemächtigte, vor allem auch von einem Millionenpublikum gesehen. Bereits acht Jahre nach dem Tode des Schriftstellers versuchte sich 1920 erstmals ein Filmregisseur an dessen Stoff, allerdings

---

[62] Roxin, wie Anm. 13, S. 247
[63] May: »Weihnacht!«, wie Anm. 1
[64] Vgl. Jeglin, wie Anm. 24, S. 272; Andreas Graf: Nachwort zu Balduin Möllhausen: Geschichten aus dem Wilden Westen. Hrsg. von Andreas Graf. München 1995, S. 283-298.

ohne einen bemerkenswerten künstlerischen oder wirtschaftlichen Erfolg. Jahrzehntelang galten Mays Phantastereien – trotz oder gerade wegen der vielen Umsetzungsversuche – als schlicht unverfilmbar, bis der deutsche Produzent Horst Wendlandt 1962 mit 'Der Schatz im Silbersee' (Regie: Harald Reinl) unverhofft eine wahre Flut von May-Adaptionen binnen weniger Jahre auslöste. Zwischen 1962 und 1968 überschwemmten 17 May-Verfilmungen[65] unterschiedlichster Qualität die deutschsprachigen Kinos und nötigten zum Teil auch französischen und amerikanischen Kritikern und Kinobesuchern Bewunderung ab. Besonders die Streifen mit Lex Barker, Pierre Brice und Stewart Granger in den Hauptrollen erreichten rasch einen Kultstatus von nicht verebben wollender Popularität,[66] die in unzähligen Wiederholungen bis heute die alljährlichen Feiertagsprogramme mehrerer Fernsehkanäle verstopfen.

Die vorliegende Arbeit hat sich freilich die Untersuchung der literarischen Originale auf ihre religiösen Gehalte und nicht die der filmischen Adaptionen zum Ziel gesetzt, aber im ausgehenden 20. Jahrhundert ist das aktuelle May-Verständnis breiterer Schichten mehr durch die Filme denn durch die Bücher geprägt. May-Leser oder Nicht-Leser, beide haben in der Regel vor aller literarischen Beschäftigung ein durch die Kultfilme der 60er Jahre geprägtes Vorverständnis von Karl May und seinem Werk. Es ist nun im Kurzen zu klären, ob dieses Vorverständnis im Hinblick auf die theologische Untersuchung als produktiv oder kontraproduktiv verstanden werden kann.

Zu den gelungeneren Verfilmungen kann man vor allem diejenigen vor Mitte 1965 zählen, und hiervon wiederum vor allem die Regie-Arbeiten des talentierten 'B-Movie'-Filmers Harald Reinl. Das sind 'Der Schatz im Silbersee' (1962) und die drei Teile der 'Winnetou'-Trilogie (1963-65). Das meiste Kritikerlob erhielten dabei 'Winnetou I' (1963) und 'Winnetou II' (1964): »Der Film ['Winnetou I'] hält sich weitestgehend an den Roman. [Drehbuch-

---

[65] Siehe z. B.: Hansotto Hatzig: Verfilmungen. In: Karl-May-Handbuch, wie Anm. 13, S. 656-662; Kastner, wie Anm. 12, S. 128ff.; Michael Petzel: Ein Mythos wird besichtigt. Winnetou und der deutsche Film. In: Karl Mays 'Winnetou'. Studien zu einem Mythos. Hrsg. von Dieter Sudhoff/Hartmut Vollmer. Frankfurt a. M. 1989, S. 447-464; Reinhard Weber/Andrea Rennschmid: Die Karl-May-Filme. o. O. 1990, S. 27ff.

[66] Freilich hat es auch nach der deutschen May-Film-Welle der 60er Jahre noch zahlreiche Adaptionen im Film, im TV und auf der Bühne gegeben, allerdings von nicht annähernd vergleichbarem Kultstatus.

autor] Harald Petersson hat das über 500 Seiten zählende Werk auf die wichtigsten Motive gekürzt, ohne die Vorlage wesentlich zu verfälschen.«[67] Und 'Winnetou II' übertraf in dramaturgischer Hinsicht nicht nur seinen Vorgänger, sondern bei Lichte besehen sogar Mays Romanvorlage selbst, die sich in sperrig ineinander verzahnte Einzelerzählungen unterschiedlichster Güte verlief. »Petersson jedoch filterte geschickt einige Personen und Motive aus der Vorlage heraus und setzte sie, wie die Teile eines Puzzles, zu einer neuen Form mit einer inhaltlich klaren Linie zusammen. Zwar folgt das Endprodukt nur noch sehr bedingt Mays Handlungspfaden, aber er weist, wie seine Vorgänger 'Der Schatz im Silbersee' und 'Winnetou I', viel von Mays märchenhaft-mystischer Atmosphäre auf.«[68]

Die Konzentration auf die »wichtigsten Motive« mag zwar filmdramaturgisch durchaus ihre Berechtigung gehabt haben, ging aber de facto immer zuungunsten der religiösen Motive aus. Hatte der 'Silbersee'-Roman von vornherein keine, wären sie in 'Winnetou I-III', wenn nicht wie in 'Old Surehand I' und 'Old Surehand III' handlungstragend, so aber doch handlungsbestimmend gewesen. So sind explizit religiöse Motive der zahlenmäßigen Beschränkung der Protagonisten beziehungsweise ihrer charakterlichen Verflachung zum Opfer gefallen. Die Todesahnungen und letzten Worte Old Deaths oder Klekih-petras, in denen die Romanfiguren in einem seelsorgerischen Gespräch mit dem Ich-Erzähler um die Erlösung aus schuldbeladener Vergangenheit rangen, hatten in 90 Minuten Cinemascope einfach keinen Platz gefunden. Lediglich in einigen Sequenzen von 'Winnetou III' (dem Aufsuchen der Gräber am Nugget-tsil, in Winnetous Frage nach den Kirchenglocken von Santa Fe, Winnetous nächtlicher Todesahnung und dem inneren Ruf der Kirchenglocken in seiner Todesstunde) wird das Christsein Old Shatterhands und dessen tiefe Faszination auf seinen 'roten Bruder' zumindest angedeutet. Mehr findet sich allerdings nicht.

Zudem sollte sich die ursprünglich erfolgreiche und durchaus angebrachte Absicht, sich auf wenige Motive der Mayschen Erzählungen zu beschränken, langfristig zuungunsten der Serie auswirken. Immer weniger May-Motive, immer freier gehandhabt, ließen immer lahmere Plots und einfallslose Inszenierungen folgen. Die

---

[67] Weber/Rennschmid, wie Anm. 65, S. 37
[68] Kastner, wie Anm. 12, S. 181

Handlung verkam zunehmend zum Aufhänger von beliebigen Action-Sequenzen und von zunehmend amerikanisierten, dezidiert werkfeindlichen Gewaltdarstellungen. Den absoluten Tiefpunkt der gesamten Winnetou-Serie bildete 1966 'Winnetou und sein Freund Old Firehand', für den der Western-Experte Joe Hembus nur noch den ätzenden Kommentar übrig hat: »Der May'sche Mythen-Flair ist völlig verschwunden, die Story verläuft sich in unsägliche Nebenhandlungen, das Publikum bleibt nur noch wach, weil dauernd irgendjemand eine Ladung Dynamit zündet.«[69]

Aber worin hatte der vielzitierte »May'sche Mythen-Flair« der Verfilmungen eigentlich bestanden, nachdem man (fast) alle explizit religiösen Motive ausgesiebt hatte? Eine mögliche Antwort kann man aus einem strukturellen Vergleich mit dem etwa gleichzeitig (bzw. in Folge) boomenden Italo-Western gewinnen: Beide widerspiegeln bei ähnlicher Geschichte und vergleichbaren äußeren Entstehungsbedingungen doch eine vollkommen differente Weltsicht.

Der deutsche (May-) Western und der Italo-Western, beide waren aus einer inneren Krise des amerikanischen Western entstanden. Die uneingeschränkte Glorifizierung amerikanischer Helden und Pioniertaten war zutiefst fragwürdig geworden. Der amerikanische Western wurde zunehmend psychologischer, sozialkritischer und reservierter gegenüber nationalen Gewaltdarstellungen. Er hatte seine Unschuld verloren; seiner Mythen entkleidet, stand er vor der Frage seiner Existenzberechtigung. Der europäische Western mußte die Antwort geben, die der amerikanische nicht fand. Die deutsche Antwort fiel idealistisch, die italienische sarkastisch aus: Hier stolze Helden versöhnter Verschiedenheit, an deren eigener Gutheit und ihrer Gegner Boshaftigkeit erst gar kein Zweifel aufkommen kann; dort ein heruntergekommener Anarcho und skrupelloser Einzelgänger, der den Tod im Schlepptau führt. Sowohl die deutschen Helden als auch der italienische Nicht-Held sind durch die Landschaft, die sie durchqueren, bestimmt: Hier auf edlen Rossen vorbei an klaren Gebirgsseen und grasenden Bisonherden, die der gute Manitou seinen roten Kindern gibt; dort auf einem störrischen Esel durch eine trostlose Wüsten- und Kakteeneinöde, deren Trostlosigkeit jede menschliche Emotion erdrückt. Hier der nimmermüde Einsatz für Frieden und Verständigung unter den Völkern, dort die Rachsucht

---

[69] Joe Hembus: Das Western-Lexikon: 1567 Filme von 1894 bis heute. Erweiterte Neuausgabe von Benjamin Hembus. München 1995, S. 742 (Heyne Filmbibliothek 32/207)

und Goldgier als einzige legitime Beweggründe. Hier obsiegt letztendlich immer das Gute, dort gibt es das Gute erst gar nicht, nur Schattierungen von Böse.[70] Wohl gibt es vereinzelt 'Idealisten': Zum Beispiel den Massenmörder (!), der prinzipiell nicht auf Behinderte schießt, und den Großindustriellen, der vor seinem Tod unbedingt die blauen Wogen des Pazifik sehen will.[71] Bezeichnenderweise stirbt ersterer durch die Hand eines Buckeligen und zweiter verendet in einer schmutzigen Dreckpfütze.

Vor diesem Hintergrund zeichnet sich Mays christliches Ethos selbst in den Filmen doch deutlich ab: »Die Helden Winnetou und Old Shatterhand versuchen jedem Blutvergießen aus dem Weg zu gehen. Immer wieder wird der Verhandlungsweg eingeschlagen oder man versucht die Verbrecher durch List von ihrem Vorhaben abzubringen. Die Blutsbrüder stehen für einander ein; jeder ist bereit, sein Leben für den anderen zu geben.«[72]

Zwar wurden die handelnden Figuren ihrer religiösen Motivation beraubt, ihr dadurch bestimmtes christlich-humanitäres Handeln selbst bleibt allerdings sichtbar. Sieht man Pierre Brice und Lex Barker alias Winnetou und Old Shatterhand agieren, wie sie Friedensverhandlungen führen, den Indianern ihre zustehenden Rechte erkämpfen, die Ausrottung der Büffelherden durch weiße Abenteurer zu verhindern suchen, so fühlt man sich an die drei Schlagwörter des Konziliaren Prozesses des letzten Jahrzehnts erinnert: »Gerechtigkeit, Frieden, Bewahrung der Schöpfung«.

Natürlich ist hier keine Wirkungsabhängigkeit gegeben, als zufällig erscheint mir diese Parallele aber auch nicht. Hier wie da zeigt sich angesichts der Völker- und Religionsgrenzen überschreitenden Bedrohung der Menschheit (bzw. Schöpfung) das völkerübergreifende Bemühen, sich nicht aus der Verantwortung zu stehlen. Wie dieses Verantwortungsbewußtsein letztlich gebildet wird, ob philosophisch oder je nach Weltregion unterschiedlich religiös motiviert, wird dabei zu einer Sekundärfrage, wenn nur die grenzüberschreitende Rettungsaktion erst erfolgt. Hier finden sich unverhofft Parallelen zwischen der May-Rezeption des späten 20. Jahrhunderts und gegenwärtigen theologischen Bemühungen.

---

[70] Siehe z. B. Sergio Leones sarkastischen Filmtitel 'The Good, The Bad and The Ugly' (Il Buono, Il Brutto, Il Cattivo, 1966).
[71] Beides Charaktere aus Sergio Leones Gewaltoper 'Once Upon a Time in the West' (C'era una volta il West, 1968)
[72] Weber/Rennschmid, wie Anm. 65, S. 43

Wie bereits bemerkt, gingen die Verfilmungen im Zuge der immer freieren Handhabung ihrer literarischen Vorlagen des zitierten »May'schen Mythen-Flairs«[73] zunehmend verlustig. Dies gilt leider auch in besonderer Weise für Alfred Vohrers 'Old Surehand' (1965),[74] der »das Ende der Ära der großen May-Filmerfolge«[75] markiert, und Joe Hembus meint dazu, »es ist immer noch ein Produkt tüchtiger Routine, aber von der Frische und dem Charme der ersten May-Western ist nur noch ein Hauch vorhanden.«[76] Nicht einmal ein Hauch ist allerdings von Handlung oder Intention des Romans vorhanden: Lediglich einzelne Namen des Romans wurden romanwidrig ausgeschlachtet. Interessante Charaktere wie Kolma Puschi, Tibo-taka, Tibo-wete-elen, Ikwehtsi'pa, ja selbst Old Shatterhand, fehlen völlig, andere sind kaum oder gar nicht wiederzuerkennen: Der Toby Spencer, der 'General' und der Mahki-Moteh des Films haben mit ihren Vorbildern gerade noch das Geschlecht gemein. Stewart Grangers (durchaus sympathische) Erscheinung als Old Surehand hat mit der Romanfigur noch nicht einmal mehr den Namen gemeinsam (hier Johnny Garden, da Leo Bender). Von Mays *gewaltige(m) Jäger*, der umgetrieben von der Frage nach seiner eigenen Identität und seinem verlorenen Glauben *auch in seinem Innern jage,*[77] von diesem Mann bleibt nichts über als eine unmotivierte und uneinsichtige Rachsucht. Am schlimmsten geriet allerdings die Degradierung Old Wabbles zur bloßen Knall-Charge: »Mit dem debilen Narren aus dem Film (…) hat Mays Charakter keine Gemeinsamkeiten (…) May schuf mit dieser Figur einen seiner ernsthaftesten und vielschichtigsten Charaktere, aus dem die Drehbuchautoren eine der plattesten Figuren machten, die je in einem May-Film zu sehen war.«[78]

Daß ausgerechnet eine der besten Erzählungen Mays damit eine vollkommen inadäquate, ja gar werkfeindliche filmische Umsetzung erfuhr, schmerzt um so mehr, wenn man bedenkt, daß sie auch eine der theologisch dichtesten ist.

---

[73] Hembus, wie Anm. 69, S. 742
[74] »'Old Surehand' heißt korrekterweise 'Old Surehand I', denn auch hier war eine Trilogie geplant, doch gelangten die Teile II und III nicht mehr zur Ausführung (…).« (Kastner, wie Anm. 12, S. 232)
[75] Ebd., S. 237
[76] Hembus, wie Anm. 69, S. 466
[77] May: Old Surehand I, wie Anm. 7, S. 408
[78] Kastner, wie Anm. 12, S. 188

Obwohl sich in den besseren May-Filmen der 60er Jahre im Handeln der Blutsbrüder sehr wohl noch ein allgemein christliches Ethos erkennen läßt, scheint es – gerade angesichts der zentralen Stellung der 'Old Surehand'-Trilogie in dieser Arbeit – geraten, sich von den Vor-Urteilen der filmischen Adaptionen möglichst weitgehend zu verabschieden.

2. 'William Ohlert' oder Der Aufschrei eines begabten Menschen: Bemerkungen zur Biographie und religiösen Soziologie Karl Mays

Karl Mays Leben und Werk sind mittlerweile überaus gründlich und differenziert erforscht worden. Dieses Kapitel dient nicht einer inhaltlichen Vertiefung, sondern als Orientierungshilfe, kommende Kapitel in einen biographischen Rahmen setzen und um etwaige Kuriosa erweitern zu können. Es hat, neben der Selbstbiographie Mays,[79] vor allem die Untersuchungen von Helmut Schmiedt,[80] Hermann Wohlgschaft[81] und Hans Wollschläger[82] zur Vorlage.

* * *

Karl Friedrich May wurde geboren am 25.2.1842, er starb am 30.3.1912. Dazwischen lag ein Leben, das ihn aus den tiefsten Tiefen in die höchsten Höhen und retour führte.

Geboren wird er im sächsischen Ernstthal (später Hohenstein-Ernstthal) unter ärmsten Bedingungen: Die Bevölkerung dieses erzgebirgischen, hinterherrschaftlichen Städtchens von 255 Häusern und 2630 Seelen, den (verschuldeten) Fürsten und Grafen von Schönburg zugehörig, lebt seit Generationen von der Weberei. Seitdem die Industrialisierung auch in deutschen Landen sprunghaft eingesetzt hat, ist für die Heimmanufakturen der Weber kaum ein Auskommen. Manche ziehen in die Ballungsräume, manche in die verheißungsvolle Fremde der Vereinigten Staaten, manche verhungern. Christian Friedrich May (1779-1818), Weber, der wahrscheinlich nicht leibliche Vater des Heinrich August May (1810-1888), ebenfalls Weber und Vater des Karl Friedrich, hinterläßt seine Frau Johanne Christiane Kretzschmar (1780-1865). Diese widmet sich der Erziehung, die Christiane Wilhelmine May (1817-1885), Toch-

---

[79] Karl May: Mein Leben und Streben. Freiburg o. J. (1910); Reprint Hildesheim-New York 1975. Hrsg. von Hainer Plaul
[80] Helmut Schmiedt: Karl May. Studien zu Leben, Werk und Wirkung eines Erfolgsschriftstellers. Frankfurt a. M. ²1987
[81] Wohlgschaft, wie Anm. 3
[82] Wollschläger, wie Anm. 4

ter des Webers Christian Friedrich Weise (der seiner traurigen Existenz 1832 selbst ein Ende gesetzt hatte) schuldig bleiben muß, da sie durch Armut, vierzehn Schwangerschaften und die folgenden Todesfälle völlig überfordert ist. Karl Friedrich wird als fünftes Kind geboren und ist eines von fünfen, das zumindest das Kindesalter überlebt. Am Tag nach seiner Geburt wird er in der evangelisch-lutherischen Kirche St. Trinitatis zu Ernstthal getauft. Er erblindet kurz darauf, und den Eltern fehlt das Geld zur ärztlichen Behandlung. Der launische Heinrich August, dem Alkohol zugetan, seine Familie häufig schlagend, bringt schließlich auch das restliche Erbe seiner Frau durch, so daß das Geburtshaus veräußert und in Untermiete gezogen werden muß. Karl bleibt in einsamer Dunkelheit, die nur zuweilen durch die Märchenwelt seiner geliebten Großmutter durchbrochen wird. Von ihr lernt er auch ein Gottvertrauen, das so seinem Vater wohl nicht zu eigen ist: Ihm muß man mehr mit Taten denn mit frommen Sprüchen kommen.

Aus dem Erlös des Hausverkaufs finanziert sich Christiane May eine Hebammenausbildung, die ihre heimische Abwesenheit zwar verstärkt, aber letztlich die ärztliche Behandlung von Karls Augen ermöglicht. 1846 erlangt er die Sehkraft (wieder), und eine normalere Kindheit könnte beginnen, wenn nicht der Vater, alle Wünsche von einem besseren Leben, das ihm selbst versagt geblieben, auf ihn projizierend, ihm diese zunehmend raubte. Er läßt ihn möglicherweise vorzeitig einschulen und zwingt ihn zum unsinnigen Abschreiben und Auswendiglernen alles möglichen und unmöglichen enzyklopädischen Wissens und schottet ihn damit abermals von Umwelt und Freunden ab. Seine Jugend nennt May selbst später *keine Jugend.*[83] 1848/49 bekommt er die Auswirkungen der revolutionären Ereignisse in seiner engeren Heimat zwar mit, aber die spät verklärende Erinnerung an dieselben »läßt sein völliges Unverständnis gegenüber politischen und sozialen Bewegungen in einem erschreckenden Maße deutlich werden«.[84] Wenn überhaupt, dürfte ihn die Revolution, ganz dem offiziellen orthodox-pietistischen Widerstand entsprechend, lediglich als unverständlicher 'Ungehorsam' und 'Abfall von Gott' berührt haben.[85] Der kleine Karl erweist sich – zur Freude seiner Eltern – als begabt. Der Kantor von

---

[83] May: Mein Leben und Streben, wie Anm. 79, S. 37
[84] Ebd., S. 347*, Anm. 44 von H. Plaul
[85] Vgl. Thomas Nipperdey: Deutsche Geschichte 1800-1866. Bürgerwelt und starker Staat. München ⁴1987, S. 437.

Ernstthal gibt dem jungen Talent sogar kostenlos Orgel-, Klavier- und Geigenunterricht. Um nebst dem Lateinselbststudium auch Französisch- und Englischkurse finanzieren zu können (über diese rudimentären Fremdsprachenkenntnisse ist auch der spätere Old Shatterhand nicht hinausgewachsen), wird er bald als Kegelaufsetzer zur Arbeit in eine Hohensteiner Kneipe geschickt. Dort lernt er – neben dem entsprechenden Milieu – vor allem eine Bibliothek von Schundliteratur kennen, die ihm in seiner persönlichen Entwicklung noch lange zu schaffen macht.[86] Sonntag Palmarum, den 16.3.1856, wird er von dem neuen Ernstthaler Pfarrer, Carl Hermann Schmidt (1826-1901), konfirmiert. Dieser hatte bis 1849 in Leipzig studiert und erwies sich – im Gegensatz zu seinem rationalistischen Vorgänger Carl Traugott Schmidt (1780-1853) – als »konsequenter Vertreter des positiven, nachrationalistischen Protestantismus«.[87]

Zur gewünschten ärztlichen Berufslaufbahn fehlt jegliche finanzielle Voraussetzung, immerhin zum Fürstlich Schönburgischen Lehrerseminar in Waldenburg soll es reichen. Pfarrer Schmidt setzt sich für den jungen May ein, 1856 beginnt das Proseminar, 1857 das Seminar. May fühlt sich dort nicht wohl, er findet keinen Kontakt zu den anderen Seminaristen und beklagt den Unterricht: *es gab keine Liebe, keine Milde, keine Demut, keine Versöhnlichkeit. Der Unterricht war kalt, streng, hart. Es fehlte ihm jede Spur von Poesie.*[88] Als er im November als zuständiger 'Lichtwochner' ein paar Kerzen für das heimatliche Fest mitgehen lassen will, ist das Maß voll, und die Lehrerkonferenz verhängt drakonisch die Höchststrafe: Schulverweis. Pfarrer Schmidt muß sich abermals, diesmal beim Kultusministerium, für ihn stark machen: May kann seine Ausbil-

---

[86] *Eigentlich sollte man solche nichtsnutzige oder gar schädliche Schreibereien gleich verbrennen dürfen, zumal sie ja meist für die Jugend bestimmt sind, ohne daß der Verfasser zu wissen scheint, daß für diese das Beste eben nur grad gut genug ist ... Der Inhalt bringt ein fortwährendes Blutvergießen; jede Person, mit welcher der Verfasser nichts mehr anzufangen weiß, läßt er ermorden ... Daß ein solches Buch keinen Nutzen sondern nur Schaden bringen kann, versteht sich ganz von selbst ... Der Verleger ist zwar in Beziehung seiner Kenntnisse ... ebenso ein Idiot wie der Verfasser, aber ein gewandter Geschäftsmann und wird Tausende von Exemplaren verkaufen, ohne sich ein Gewissen daraus zu machen, daß er den wohlberechtigten Wissensdurst der Jugend benutzt hat, sein ungesundes Mischmasch zu teurem Preise an den Mann zu bringen.* (May: »Weihnacht!«, wie Anm. 1, S. 118ff.)
[87] May: Mein Leben und Streben, wie Anm. 79, S. 356*, Anm. 70 von H. Plaul
[88] Ebd., S. 95

dung 1860 im Seminar Plauen fortsetzen und im September 1861 mit der Lehramtsprüfung abschließen. Sein Dienstverhältnis als Hilfslehrer an der Armenschule zu Glauchau ist nach zwölf Tagen schon wieder zu Ende: Er habe sich beim Klavierunterricht an die junge Frau seines Vermieters herangemacht, wird er beim Superintendenten angeschwärzt. Dieser befindet die Anklage zwar als unzureichend, aber gekündigt wird May auf alle Fälle. Ab 6. November ist er Fabriklehrer in Altchemnitz, auch das nicht lange: Als er die Zweittaschenuhr seines Zimmerkollegen, die er des öfteren zwecks pünktlichen Beginns der Unterrichtsstunden benutzen durfte, auch über die Weihnachtsfeiertage leiht, wird er von diesem wegen Diebstahls angezeigt und in aller heimatlichen Öffentlichkeit verhaftet: *ich war ein – – – Dieb!*[89] Die Folgen sind sechs Wochen Haft in Chemnitz und – was noch schlimmer wiegt – ein lebenslanges Berufsverbot des sächsischen Kultusministeriums wegen 'Unwürdigkeit'. Karl May steht vor dem Nichts. Ab und zu ein paar Privatstunden, vor allem aber Depressionen. *Und ich brach zusammen! Ich stand zwar wieder auf, doch nur äußerlich; innerlich blieb ich in dumpfer Betäubung liegen; wochenlang, ja monatelang.*[90] *Ich war seelenkrank, aber nicht geisteskrank.*[91] Der ohnmächtige Wunsch, sich für das erlittene Unrecht an der Gesellschaft zu rächen, wächst und hat nun bedeutendere Straftaten zur Folge: Er zieht umher und unter kuriosen Pseudonymen wie 'Dr. med. Heilig', 'Seminarlehrer Lohse' oder 'Notenstecher Hermes' begeht er einige Eigentumsdelikte, läßt sich bei Kürschner und Schneider ausstaffieren, ohne zu bezahlen etc.: Haftbefehl, Verhaftung, Verurteilung »wegen (...) unter erschwerenden Umständen verübten gemeinen Betruges«[92] zu vier Jahren und einem Monat Arbeitshaus (»zu der Strafe (...), die heute gelegentlich für Beihilfe zum Massenmord verhängt wird«[93]). Im Juni 1865 erfolgt die Einlieferung in die Strafanstalt Schloß Osterstein in Zwickau: Er benutzt die gut bestückte Anstaltsbibliothek regelmäßig, und die ersten (erhaltenen) schriftstellerischen Fragmente entstehen. Er wird Posaunenbläser

---

[89] Ebd., S. 107
[90] Ebd., S. 109
[91] Ebd., S. 111
[92] Abgedruckt bei: Rudolf Lebius: Die Zeugen Karl May und Klara May. Ein Beitrag zur Kriminalgeschichte unserer Zeit. Berlin-Charlottenburg 1910, S. 12; Reprint Lütjenburg 1991
[93] Wollschläger, wie Anm. 4, S. 34

und Mitglied im Gefängniskirchenchor und wegen guter Führung am 2.11.1868 vorzeitig entlassen. Wieder auf freiem Fuß – er erfährt von dem Tod seiner geliebten 'Märchen-' Großmutter – streift er ziellos umher und begeht neue, immer unverschämter werdende, Straftaten. Als Leutnant der geheimen Kriminalpolizei 'beschlagnahmt' er allerlei 'Falschgeld' und vermeintlich gestohlene Gegenstände. Haftbefehl, Flucht. Am 2.7.1869 wird er in Hohenstein verhaftet. Auf dem Weg zu einer Gegenüberstellung zerbricht er – einmal ganz Old Shatterhand! – auf unbekannte Art die eisernen Fesseln und flieht erneut. Im Jänner 1870 wird er in Nordböhmen aufgegriffen und an Sachsen ausgeliefert. Die Untersuchungen ergeben einen entstandenen Gesamtschaden von 106 Talern, 12 Groschen und 3 Pfennigen; der Urteilsspruch lautet diesmal vier Jahre Zuchthaus, das erste verbringt er in Einzelhaft. Ab 3.5.1870 sitzt er in Waldheim ein, aber was eine Verlängerung einer Verbrecherkarriere ins Unendliche zu werden droht, führt zu einer grundsätzlichen Neuorientierung seines Lebens. Nach all der Zeit des Vagabundierens erlebt er einen geordneten Gefängnisalltag: *reichliche Nahrung, warme Kleidung, Ruhe, Ordnung, Reinlichkeit, Bücher zum Lesen und noch anderes mehr.*[94] Der katholische Gefängniskatechet Johannes Kochta (eigentlich: Johann Peter Kochte; 1824-1886), einer der drei Gefängnisseelsorger, wird endlich auf die innere Not dieses Insassen aufmerksam. Er weiß ihn zu nehmen, und der protestantische May wird im katholischen Gefängnisgottesdienst Organist. May erfährt nach Jahren (bzw. Jahrzehnten) der Vereinsamung endlich Verständnis und so etwas wie Freundschaft. Sie wird in vielem Vorbild für diejenige Winnetous sein. Winnetou, der strahlende Apachenhäuptling, wird selbst noch durch seinen Tod unsterblich sein, Johannes Kochta allerdings bleibt zeitlebens eine graue Maus, unauffällig, kränklich, bald an einem chronischen Ekzem leidend, verstirbt er 1886 kinderlos.

Als Karl May im Mai 1874 das Zuchthaus verläßt, ist er ein anderer Mensch. Von einer kurzen späteren (durchaus zweifelhaft begründeten) Gefängnisstrafe wegen Amtsanmaßung abgesehen (September 1879) ist seine kriminelle Vergangenheit eben diese. Seine Vorbestrafung dürfte sich vor allem für seinen neuen Arbeitgeber günstig gestalten: Er wird Redakteur und Autor für den Dresdner Kolportage-Verleger H. G. Münchmeyer (1836-92), der

---

[94] So der Ich-Erzähler in: May: Old Surehand III, wie Anm. 11, S. 307

gewinnbringend Schund in Fortsetzungsheftchen vertreibt, und gründet dessen Journale 'Deutsches Familienblatt' (in der Erzählung 'Old Firehand' findet ein gewisser 'Winnetou' seine erste Erwähnung[95]) und 'Schacht und Hütte', später anstatt derselben 'Feierstunden am häuslichen Heerde'. Ende 1875 zieht May endgültig nach Dresden um und fühlt sich jetzt ganz als gemachter Mann, wenn auch die Kolportage nicht ganz die Erfüllung für ihn gewesen sein kann.[96] Er beginnt sich von Münchmeyer, übrigens evangelisch, zu entfremden, wird 1877 freier Schriftsteller und schreibt für verschiedene Verlage, u. a. ab 1879 für das führende katholische Familienblatt 'Deutscher Hausschatz' (Pustet-Verlag). Im August 1880 heiratet er Emma Lina Pollmer (1856-1917), eine Lokalschönheit, deren Verehrer auszustechen er zunächst überglücklich ist, die aber langfristig Anteil an der recht unglücklich verlaufenden Ehe hat. Die geringe Bezahlung seiner Arbeit treibt ihn erneut zu Münchmeyer: binnen sechs Jahren (1882-88) entstehen allein für dessen Verlag fünf »monströse«[97] Romane.[98] Zwischen 1887 und 1897 erscheinen seine berühmten acht Jugenderzählungen in der Knabenzeitschrift 'Der Gute Kamerad'.[99] Der Freiburger Verleger Friedrich Ernst Fehsenfeld (1853-1933) erkennt den Wert der Orienterzählungen (seit 1881 in Fortsetzungen im 'Deutschen Hausschatz') für eine eigene Bücherreihe. Die 'Gesammelten Reiseromane/Reiseerzählungen' in klassisch grünem Einband machen Karl May ab 1892 endgültig zum Best- und langfristig zum Steady-Seller. Er ist der Star

---

[95] May: Old Firehand, wie Anm. 36
[96] In '»Weihnacht!«' sagt Carpio: *»Ich versuchte alles, was man versuchen kann, wenn man nichts gelernt hat und nichts ist, und brachte es schließlich bis zum Kolporteur. Als solcher fristete ich mich durch mehrere Jahre hin, obgleich es gewiß kein glücklicher Beruf ist ... «* (May: »Weihnacht!«, wie Anm. 1, S. 387f.)
[97] Wollschläger, wie Anm. 4, S. 67
[98] Karl May: Das Waldröschen, wie Anm. 48 – ders.: Die Liebe des Ulanen. In: Deutscher Wanderer. 8. Bd. (1883-85) – ders.: Der verlorne Sohn oder Der Fürst des Elends. Dresden 1884-86 – ders.: Deutsche Herzen, deutsche Helden. Dresden 1885-87 – ders.: Der Weg zum Glück. Dresden 1886-88
[99] »(...) noch heute gehören sie unverändert zu den Guten Büchern, die Kindern in die Hand zu geben wären.« (Wollschläger, wie Anm. 4, S. 71)
Die acht Erzählungen sind: Der Sohn des Bärenjägers. In: Der Gute Kamerad. 1. Jg. (1887) – Der Geist der Llano estakata. In: ebd. 2. Jg. (1887/88) – Kong-Kheou, das Ehrenwort. In: ebd. 3. Jg. (1888/89) – Die Sklavenkarawane. In: ebd. 4. Jg. (1889/90) – Der Schatz im Silbersee. In: ebd. 5. Jg. (1890/91) – Das Vermächtnis des Inka. In: ebd. 6. Jg. (1891/92) – Der Oelprinz. In: ebd. 8. Jg. (1893/94) – Der schwarze Mustang. In: ebd. 11. Jg. (1896/97)

der Stunde. Extra für die neu gegründete Buchreihe schreibt er den Roman, dessen kompositorisches Niveau er kaum wieder erreichen wird: 'Winnetou I'.[100] »Damit verbunden ist eine zunächst politisch noch unklare, aber erkennbare antiimperialistische Zielrichtung, eine Haltung, die umso erstaunlicher ist, als gerade in den neunziger Jahren des 19. Jahrhunderts zahlreiche Jugendschriftsteller und -verlage einen eindeutigen Schwenk zur Kolonialpropaganda vollzogen (...).«[101]

Der Weberssohn hat es geschafft, mit seiner Frau bezieht er eine Villa in Radebeul bei Dresden, die 'Villa Shatterhand'. *Ich, der Proletarier*[102] ist keiner mehr, er ist der Held der Massen. Einmal muß sogar die Feuerwehr ausrücken, um die Menge mit einer Wasserspritze auseinanderzutreiben. Niemand scheint bezweifeln zu wollen, daß er als Old Shatterhand bzw. Kara Ben Nemsi tatsächlich alle Abenteuer erlebt hat, die er da beschreibt, und er unterstützt diese 'Old Shatterhand-Legende' selbst aus Leibeskräften, läßt sich in abenteuerlicher Montur fotografieren, bereist in diversen Promotion-Tours 1897 und 1898 Deutschland und Österreich: »Ich bin Old Shatterhand!« Alle glauben es oder wollen es glauben. Der Berg an Fanpost wächst und ist nur noch dank der Mithilfe Klara Plöhns, Gattin des Fabrikanten Richard Plöhn (1853-1901), zu bewältigen: Bitten, Bekehrungszeugnisse, Dankschreiben, Einladungen zu Vorträgen ... Die Leser wollen immer mehr wissen, all das, was Karl May auch noch erlebt, aber nicht beschrieben hat. Er antwortet und antwortet und verstrickt sich in immer mehr Widersprüchlichkeiten. Wie denn die Silberbüchse über seinem Schreibtisch hängen könne, wenn er sie doch mit Winnetou bestattet habe? 'Old Surehand III' gibt Antwort.[103] Wie denn Winnetou als Christ habe sterben können, wenn er nicht ordnungsgemäß getauft gewesen sei, ist eine Leserin von Adel besorgt. Doktor May – auch den Doktorentitel hat er mittlerweile – beruhigt: Freilich sei Winnetou

---

[100] »Eine geschlossene, auf ein doppeltes Paradigma bezogene (Biographie eines Einzelmenschen = Schicksal einer Rasse) und bis in die Einzelmotive folgerichtig durchgeformte Handlung bezieht ihren Reiz aus der Überblendung biographischer und politisch-historischer Elemente mit mythisch parabelhaften Zügen.« (Ulrich Schmid: Das Werk Karl Mays 1895-1905. Erzählstrukturen und editorischer Befund. Materialien zur Karl-May-Forschung Bd.12. Ubstadt 1989, S. 157)
[101] Ebd.
[102] May: Satan und Ischariot III, wie Anm. 27, S. 57
[103] Vgl. May: Old Surehand III, wie Anm. 11, S. 328f.

getauft gewesen, er selbst (Old Shatterhand) habe ihn notgetauft, die Nottaufe aber nicht erwähnen wollen, um protestantische Leser nicht zu verärgern. Die Widersprüchlichkeiten – und nicht nur die dogmatischen – häufen sich. In 'Old Surehand I' gesteht Samuel Parker, daß sich sein Ruf als Westmann auf die Erlegung eines gewaltigen Elks gründe, den er in Wirklichkeit gar nicht selbst, sondern den ein anderer für ihn geschossen habe: *»Sollte ich diese Gabe von mir weisen? Nein ich war zu schwach ...; gewiß, es war ein Fehler von mir, eine Lüge, mich mit fremden Federn zu schmücken, aber der alte Westmann sollte mich, das Greenhorn, beneiden!«*[104] Die jahrzehntealten narzißtischen Kränkungen verlangen Genugtuung, May wollte beneidet werden, nicht länger nur *(ein Tropfen) in dem Meere von Civilisierten*[105] sein. Real- und Traumwelt verschwimmen. Als Sam Hawkens, der Listige, in 'Winnetou I' bezweifelt, daß die Verfasser von Indianergeschichten alles selbst erlebt hätten – *»Ich glaube, man kann rund und fett dabei werden, obgleich man die Bärentatzen nur auf dem Papiere zu essen bekommt.«* – und Old Shatterhand dagegen hält, daß die meisten wohl selbst vor Ort gewesen seien, antwortet er vielsagend: *»Habe meine sehr guten Gründe dazu, daran zu zweifeln.«*[106]

Tatsächlich hatte der Autor zahlloser Beschreibungen fremder Kulturen und Landschaften Europa noch nie verlassen. Dies sollte sich mit der Orientreise der Jahre 1899 und 1900 ändern. Sie sollte die Lüge bestätigen – Kara Ben Nemsi wieder unterwegs zu Hadschi Halef Omar! –, aber die Lüge zerbricht. Im fernen Deutschland beginnt sich berechtigter Zweifel an der Old-Shatterhand-Legende zu regen, und der 57jährige 50000-Mark-Tourist trifft nicht auf sein Ich und seine Ich-Landschaft, sondern auf ein fremdes Sich und einen fremden Orient. »Die Konfrontation mit dem Objekt der Begierde gerät zum Lebensschock. Zweimal, auf Sumatra und in Istanbul, erleidet er einen schweren Nervenzusammenbruch (...) Er wird Vegetarier, stellt plötzlich das Rauchen ein, und schließlich sogar den Geschlechtsverkehr mit Emma. Der Held aller orientalischen Völker fühlt sich unsicher in dieser komplexeren Welt, versteht die Sprachen der Menschen nicht, entdeckt tagtäglich, wie sein

---

[104] May: Old Surehand I, wie Anm. 7, S. 29
[105] May: Satan und Ischariot II, wie Anm. 27, S. 204
[106] May: Winnetou I, wie Anm. 10, S. 151

Helden-Ich als Anachronismus in sich zusammenfällt (...).«[107] Fünfzehn Monate Port Said, Kairo, Palästina, Jerusalem, Jaffa, Aden, Massaua/Ostafrika, Ceylon, Sumatra, Beirut, Damaskus, Korinth, Bologna, teils mit Frau, teils mit Plöhns, teils allein. Karl May erreicht Radebeul als Fremder. Nichts ist mehr so, wie es war. May will sein Spätwerk, sein eigentliches Werk, beginnen, aber statt dessen bricht eine Flutwelle von Prozessen und Verleumdungen über ihn herein, die ihn Arbeitskraft, Gesundheit und Leben kosten wird. Anfangs ist es die relativ harmlose Kritik vereinzelter Redakteure, er möge doch »darauf verzichten, Jules Verne und den Apostel Paulus in einer Person darzustellen, sich auf das erstere Genre beschränken und dabei, wenn eben möglich, seinen Stil verbessern«,[108] aber bald findet nicht nur die – längst überfällige – Zertrümmerung der Old-Shatterhand-Legende statt, sondern eine regelrechte Hetzkampagne bricht über ihn herein, als Mays Vorstrafenregister ruchbar und Münchmeyers 'unsittliche' Kolportage-Romane, von dessen Nachfolger Adalbert Fischer der Anonymität entkleidet und unter den verkaufsträchtigen Namen Karl May gesetzt, entgegen früheren Abmachungen mit dem verstorbenen Münchmeyer (die Rechte sollten eigentlich an May zurückfallen) neuerlich auf den Markt geworfen werden. Karl May ist nicht länger der Tugendwächter der Nation, sondern selbst Krimineller, nicht Doktor, nicht Old Shatterhand, ja nicht einmal katholisch! Sogar Pfarrer und Theologen, zuvor noch dankbare Leser, beteiligen sich in ihren Predigten an der Hetze.[109] Karl Mays Ehe mit Emma Pollmer geht 1903 endgültig in die Brüche, und die Klatschpresse erhält neues Futter. Einen Monat nach der rechtskräftigen Scheidung – die Scheidungsschuld war Emma zugesprochen worden – und zwei Jahre nach dem Tode Richards heiratet May dessen Witwe Klara Plöhn. Klara wird ihm zum einzigen Hort der Geborgenheit, aber auch – wie schon vor

---

[107] Klaus Farin: Karl May: Ein Popstar aus Sachsen. München 1992, S. 100; zum Verlauf der Reise s. Hans Wollschläger/Ekkehard Bartsch: Karl Mays Orientreise 1899/1900. Dokumentation. In: Jb-KMG 1971. Hamburg 1971, S. 165-215.
[108] Hermann Cardauns: Ein ergötzlicher Streit. In: Kölnische Volkszeitung vom 5.7.1899; abgedruckt in: Bernhard Kosciuszko: Im Zentrum der May-Hetze – Die Kölnische Volkszeitung. Materialien zur Karl-May-Forschung Bd. 10. Ubstadt 1985, S. 4
[109] Ein Beispiel, das May selber erwähnt, ist der katholische Dogmatiker Paul Rentschka (1870-1956).

der Eheschließung – zur Quelle neuartiger religiöser Erfahrungen, derjenigen von spiritistischen Sitzungen.[110]

Die Front der Prozeßgegner variiert, aber die Rechtsanwälte des Münchmeyer-Nachfolgers finden sich genauso darin wie der ehrgeizige Journalist Rudolf Lebius (1868-1946), der, als May ihm ein Darlehen verweigert, kurzerhand die Fronten wechselt, und wenn schon nicht mit, so doch wenigstens gegen Karl May zu seinem Geld zu kommen trachtet. Lebius ediert Mays gesammelte Prozeßakten, von deren Bestehen dieser schon gar nicht mehr gewußt hat, ergänzt sie durch die Veröffentlichung pikanter Details der Ehescheidung und sammelt Volkesmunds Gerüchte über den 'Räuberhauptmann May'. May gewinnt zwar sukzessive einen Großteil der Prozesse, aber sein Ruf (und seine Gesundheit) ist dahin. Als Lebius ihn schließlich einen »geborenen Verbrecher« nennt, fällt das für May dermaßen aus dem Rahmen, daß er im Prozeß siegesgewiß auf anwaltlichen Beistand verzichtet ... und prompt verliert. Lebius darf ihn in aller Öffentlichkeit weiterhin einen »geborenen Verbrecher« nennen. Als in Dresden ein doppelter Raubmord geschieht, überprüft die Polizei sogleich das Alibi des alten May.

Karl May steckt seine verbleibende Kraft in sein allegorisches Spätwerk[111] und tut den Kritikern den Gefallen, dieses, sein eigentliches Werk selbst dermaßen über den grünen Klee zu loben, daß ihnen der Verriß desselben nicht mehr allzu schwer fällt. 'Babel und

---

[110] Obwohl dem Spiritismus immer wieder und erklärtermaßen selbst abgeneigt, findet May durch seine Frau hier ein religiös-emotionales Erleben. Der Einfluß des Spiritismus auf Karl Mays Werk sollte – wiewohl er manchem Biographen interessanter als dessen 'dröge' Christlichkeit erscheinen mag – nicht überschätzt werden. Auf die Werke vor 1899 hat er gar keinen Einfluß. Eine einzelne diesbezüglich deutbare Aussage in 'Old Surehand III', S. 150f. bleibt allzu vieldeutig.

[111] Neben kleineren Texten sind dies :
Et in terra pax. In: China. Hrsg. von Joseph Kürschner. Leipzig 1901; Buchausgabe: Gesammelte Reiseerzählungen Bd. XXX: Und Friede auf Erden! Freiburg 1904
Gesammelte Reiseerzählungen Bd. XXVIII/XXIX: Im Reiche des silbernen Löwen III/IV. Freiburg 1902/03
Babel und Bibel. Freiburg 1906
Der 'Mir von Dschinnistan. In: Deutscher Hausschatz. XXXIV./XXXV. Jg. (1908/09); Buchausgabe: Gesammelte Reiseerzählungen Bd. XXXI/XXXII: Ardistan und Dschinnistan I/II. Freiburg 1909
Winnetou, Band IV. In: Lueginsland. Unterhaltungsblatt zur 'Augsburger Postzeitung'. Nr. 88 (1909) – Nr. 36 (1910); Buchausgabe: Gesammelte Reiseerzählungen Bd. XXXIII: Winnetou IV. Freiburg 1910

Bibel', sein einziges Drama, für dessen Komposition und Ausführung er sich außergewöhnlich viel Kraft und Zeit nimmt, wird kaum wahrgenommen geschweige denn aufgeführt. Die Kritiker spotten, und Verleger wie Lesern ist der späte Kurswechsel des Meisters ohnedies zu steil. (Daß gerade Mays Spätwerk später Literaten wie Friedrich Dürrenmatt, Franz Kafka, Peter Handke und andere mehr beeinflußt haben soll, kann zu diesem Zeitpunkt ja noch niemand wissen.)[112]

1908 verreisen Karl und Klara May noch einmal gemeinsam: New York, Albany, Buffalo, Niagara Falls, Lawrence/Massachusetts, Boston. »Die Amerika-Reise wirkt im Strudel der späten Zeit wie eine Insel, abseits noch einmal idyllisch gelegen, unter schon schief stehender Herbstsonne (...).«[113] Ihre Erfahrungen fließen zu Hause in Mays letzten Roman 'Winnetou IV' ein. Sein letztes Werk, mehr eine Apologie denn eine Autobiographie, sollte ursprünglich 'An Marterpfahl und Pranger' heißen. Die gegenwärtigen Leiden werden übergroß, die der Kindheit verblassen in verklärter Distanz. May entscheidet sich schließlich für den zurückhaltenderen Titel 'Mein Leben und Streben', nicht ohne noch ein optimistisches 'Band I' anzuhängen. Das Lebius-Urteil wird revidiert, und um Karl May wird es still. Einsam zurückgezogen kränkelt er in seiner Villa Shatterhand vor sich hin. Im Februar 1912 erreicht ihn ein Brief des Schriftstellers Robert Müller: Er wird vom 'Akademischen Verband für Literatur und Musik' zu einem Vortrag nach Wien eingeladen. Der Arzt rät von der Reise ab, aber er nimmt die Strapazen auf sich. Was im Vorfeld der Wiener Presse zu einer verlängerten Diskussion über Sittlichkeit und Unsittlichkeit seines Werkes zu werden droht, wird schließlich zum späten Triumphzug. »(...) der Abend wird eine ungeahnte Demonstration. Obwohl in diesen Tagen der deutsche Kaiser, der König von Sachsen und der Fürst von Monaco in Wien weilen und die beglückten Untertanenherzen wahrlich genug zu schlagen haben, ist der große Sophiensaal am 22.3. brechend voll: 3000 Zuhörer haben sich eingefunden, um den Vortrag mit dem sonderbaren Thema 'Empor ins Reich der Edelmenschen!' zu hören: ein bunt gemischtes Publikum, alt und jung, auch hoch und

---

[112] Die unvollendeten literarischen Ansätze Karl Mays werden später im Auftrage des KMV an den katholischen Theologen Franz Kandolf weitergegeben, der dann auch einen geradezu 'originaleren' May schreibt: 'In Mekka' (Radebeul 1923; später: Karl May's Gesammelte Werke Bd. 50: In Mekka).
[113] Wollschläger, wie Anm. 4, S. 153

sehr niedrig: – vorn sitzt Bertha von Suttner; weiter hinten soll, nach einer Überlieferung, Adolf Hitler gehockt haben.«[114] May hält den Vortrag weitgehend frei, zitiert bisweilen aus seinem Werk – der genaue Inhalt der Rede konnte nicht rekonstruiert werden –, aber der Erfolg ist überwältigend:[115] »eine volle Viertelstunde lang noch steht May eingekeilt auf der Straße in der Menge, die ihn nicht fortlassen will«.[116] Bertha von Suttner schreibt in ihrem Nachruf nur zwei Wochen später: »Wer den schönen alten Mann an jenem 22. März (...) sprechen gehört, durch ganze zwei Stunden, weihevoll, begeisterungsvoll, in die höchsten Regionen des Gedankens strebend – der mußte das Gefühl gehabt haben: In dieser Seele lodert das Feuer der Güte.«[117]

Karl May erreicht die Villa Shatterhand fiebrig und entkräftet. Am 30.3.1912, 20 Uhr, ist er tot.

>   ...
>   *Kennst du die Nacht, die auf das Leben sinkt,*
>   *Wenn dich der Tod aufs letzte Lager streckt*
>   *Und nah der Ruf der Ewigkeit erklingt,*
>   *Daß dir der Puls in allen Adern schreckt;*
>   *So finster diese Nacht, sie hat doch einen Morgen;*
>   *O lege dich zur Ruh, und schlafe ohne Sorgen!*
>
>   *Kennst du die Nacht, die auf den Geist dir sinkt,*
>   *Daß er vergebens nach Erlösung schreit,*
>   *Die schlangengleich sich um die Seele schlingt*
>   *Und tausend Teufel ins Gehirn dir speit?*
>   *O halte fern dich ihr in wachen Sorgen,*
>   *Denn diese Nacht allein hat keinen Morgen!*   W.O.[118]

Das Gedicht *Die fürchterlichste Nacht* liest Old Shatterhand in der 'Deutschen Zeitung' New Orleans, als er sich auf der Suche nach dem entführten William Ohlert befindet. William Ohlert in 'Winnetou II' ist – ganz ähnlich dem Carpio in '»Weihnacht!«' – als ein verwirrter junger Mann in Todesnot beschrieben, den der Ich-

---

[114] Ebd., S. 180
[115] Vgl. Ekkehard Bartsch: Karl Mays Wiener Rede. Eine Dokumentation. In: Jb-KMG 1970. Hamburg 1970, S. 47-80.
[116] Wollschläger, wie Anm. 4, S. 181
[117] Bertha v. Suttner: Einige Worte über Karl May. In: Die Zeit, Wien, vom 5.4.1912; abgedruckt in Bartsch, wie Anm. 115, S. 80
[118] May: Winnetou II, wie Anm. 35, S. 32

Erzähler vor dem Schlimmsten bewahren muß, und der dem Autor zu einem unverkennbaren Zerrbild seiner selbst geraten ist. Old Shatterhand versteht den Hilferuf hinter dem Gedicht: *Mochte man es für litterarisch wertlos erklären, es enthielt doch den Entsetzensschrei eines begabten Menschen ...*[119]

---

[119] Ebd.

3. Gut und Böse: Bemerkungen zu Karl Mays Personenkonstruktion

Der Schriftsteller und Politiker Theodor Heuss schreibt über seine Leseerfahrung mit Karl May: »Es genügte, daß immer etwas los war (...), daß es Käuze gab, über die man lachen konnte, Helden, für die man schwärmen durfte, Bösewichter, die man verachten mußte.«[120]

Die Einteilung der Charaktere in zwei sich gegenüberstehende Lager, in Gut und Böse, war schon Kennzeichen des »Trivialroman(s), der ab etwa 1780 den literarischen Markt beherrschte und May als jugendlichen Leser in der Ernstthaler Leihbibliothek noch erreichte«.[121] Aus dem Gegenüber von Gut und Böse entspinnt sich die Handlung: »An irgendeinem Punkt entzündet sich der Streit: Ein Mord, ein Diebstahl, ein anderes Verbrechen oder auch die Absicht dazu ruft den oder die guten Menschen auf den Plan, so daß heftige und teilweise gewalttätige Auseinandersetzungen unvermeidlich werden. Zunächst behält mal die eine, mal die andere Seite die Oberhand; Opfer gibt es in beiden Gruppen, wenn auch überwiegend bei den Bösewichtern. Am Ende triumphiert das Gute: Die Schurken scheitern, die Partei der edlen Charaktere, die oft von einer überragenden Heldenfigur geführt wird, erringt den Sieg.«[122]

Wiewohl in Mays Romanwelt immer wieder Figuren auftreten, die, überraschend komplex angelegt, sich einer allzu raschen Einteilung in Gut oder Böse verwehren, wird allgemein an einem Schwarz-Weiß-Schema festgehalten. Volker Klotz spricht gar von einem regelrechten Dualismus: »Karl Mays Welt ist wie die des Märchens handfest dualistisch. Sie ist geschieden in gute und böse Menschen, in edle und finstere Charaktere, die Lauen spuckt er aus. Ganz selten einmal läßt er sich auf einen gemischten Charakter ein (...)«[123] So selten diese »gemischten Charakter(e)« aber auch sein

---

[120] Theodor Heuss: Vorspiele des Lebens. Tübingen 1953, S. 156; zit. nach Erich Heinemann: »Dichtung als Wunscherfüllung«. Eine Sammlung von Aussprüchen über Karl May. Materialien zur Karl-May-Forschung Bd. 13. Ubstadt 1992, S. 67

[121] Rainer Jeglin: Die literarische Tradition. In: Karl-May-Handbuch, wie Anm. 13, S. 19

[122] Helmut Schmiedt: Handlungsführung und Prosastil. In: ebd., S. 153

[123] Volker Klotz: Durch die Wüste und so weiter. In: Karl May. Hrsg. von Helmut Schmiedt. Frankfurt a. M. 1983, S. 85

mögen, stets erscheinen sie an prominenter Stelle und in außergewöhnlicher Funktion. Um diese 'Lauen' nicht voreilig 'auszuspukken', soll ihnen in 3.3. ein eigener Abschnitt gewidmet sein. Es ist dann zu prüfen, ob der Begriff Dualismus im Zusammenhang der Mayschen Figurenkonstruktion wirklich angebracht erscheint. Zuvor sei aber festgehalten, wer bei Karl May eigentlich gut und wer böse ist, und vor allem: Was ist bei ihm eigentlich 'gut', was ist 'böse'?

3.1. Gut

Die Reisebegleiter des Ich-Helden variieren in den verschiedenen Erzählungen.[124] Ihre Charakterisierung bleibt oft schematisch, ihr Status wird am Ich-Helden gemessen, der – gemeinsam mit Winnetou – alle Tugenden seiner Gefolgsleute in einer Person vereint. Die Charakterisierung der Begleiter des Helden erfolgt oft durch schlichte Adjektive wie 'gut', 'brav', 'tüchtig', 'mutig'. Dieser »formelhafte Gebrauch des Adjektivs« ist typisch für die Tradition des Trivialromans, der »dem Leser die intellektuelle Mühe einer Differenzierung erspart.«[125] Sam Hawkens wird zu Beginn von 'Winnetou I' mit folgenden Worten bedacht: *Er war doch ein lieber, guter, ehrlicher Mensch, der alte Sam Hawkens!*[126] Viel mehr als diese Schablonen wird man über seinen Charakter nicht erfahren. Es wird seine Freundschaft zum Ich-Erzähler[127] und ganz allgemein seine Ehrlichkeit[128] betont. Erwähnt wird noch – interessanterweise – seine Frömmigkeit.[129] Daß er in der Hierarchie der Helden dennoch deutlich Old Shatterhand untergeordnet ist, oder, besser gesagt, seine Moralität der des Ich-Helden, zeigt sich in einer drastischen Szene in 'Winnetou II', in der Sam zur Verwunderung Old Shatterhands einen gefallenen Ponka skalpiert: *Sam stand mit aus-*

---

[124] Zu ihnen kann man zählen: Sam Hawkens, Sans-ear, Dick Hammerdull und Pitt Holbers, Josua Hawley, die beiden Farmer Harbour und Fenner, Treskow, Rost, Carpio, Old Surehand, Old Firehand, Old Death, die Mitglieder der Familie Vogel, Nscho-tschi und überhaupt alle Apachen.
[125] Jeglin, wie Anm. 121, S. 20
[126] May: Winnetou I, wie Anm. 10, S. 160
[127] Ebd., S. 91
[128] Ebd., S. 210
[129] Ebd., S. 54

gespreizten Beinen über ihm, hatte sich die lange Skalplocke um die Linke gewickelt, und zog ihm die losgeschnittene Kopfhaut vom Schädel.[130] Dieses Vorgehen wird durch Sams eigene Skalpierung durch einen Indianer zwar verständlich, aber nicht wirklich entschuldbar. Indem Sam Skalp für Skalp nimmt, erfüllt er sozusagen das alttestamentliche Talions-Prinzip,[131] genauso wie in 'Winnetou III' der Trapper Sans-ear[132] Ohr für Ohr abschneidet.[133] Dies wird in 'Old Surehand III' sogar expressis verbis deutlich, wenn die beiden *Toasts* Hammerdull und Holbers[134] für den Mörder Old Wabbles eine entsprechend grausame Todesart fordern: *Der Gerechtigkeitssinn der beiden Freunde hatte ganz dasselbe getroffen, was das alte Testament und was auch das Wüstengesetz der mohammedanischen Beduinen verlangt: Auge um Auge, Zahn um Zahn, Blut um Blut.*[135] Aber genau nach diesem Prinzip könnte der Feindesliebe predigende Ich-Held nie handeln.[136] Old Shatterhand befindet sich sozusagen auf einer ethisch höheren Stufe als Hawkens, Sans-ear, die beiden Toasts und der Polizist Treskow. Nicht zufällig ist er der Anführer der Gruppe.[137] In ihm vereinigen sich nicht nur alle Fertigkeiten von der Bärenjagd bis zur Nähkunst, sondern auch alle moralischen Tugenden der Gruppe. Daß er den höchsten ethischen Maßstab <u>innerhalb</u> der Gruppe bildet, schließt allerdings nicht grundsätzlich

---

[130] May: Winnetou II, S. 481; es ist allerdings zu berücksichtigen, daß May hier auf die ältere Erzählung 'Im fernen Westen' (wie Anm. 36, S. 91) bzw. 'Old Firehand' (wie Anm. 36, S. 205) zurückgegriffen hat.

[131] Vgl. Ex 21,24; Lev 24,20; Dtn 19,21; (Mt 5,38).

[132] Auch er heißt mit seinem wirklichen Namen Sam!

[133] Natürlich entspricht das Handeln der Personen kaum der Intention des Talionsprinzips: Anstatt darin eine prohibitive Einschränkung der Blutrache zu sehen, wird es hier – wie sonst meist auch – als vermeintliches Rachemotiv mißbraucht. Zum Thema Rache vgl. Wolfgang Hammer: Die Rache und ihre Überwindung als Zentralmotiv bei Karl May. In: Jb-KMG 1994. Husum 1994, S. 51-85.

[134] Auch ihre Charakteristika kommen denen des Sam Hawkens recht nahe: Auch sie werden als kauzig (z. B. May: Old Surehand III, wie Anm. 11, S. 316), liebevoll (ebd., S. 403f.), aber auch als in der christlichen Tradition stehende Männer (ebd., S. 487) beschrieben.

[135] Ebd., S. 536

[136] Vgl. Kap. 7.1. und 7.2.

[137] Winnetou nimmt hier eine Sonderfunktion ein, die teilweise mit der des Ich-Helden identisch, teils dann aber auch anders ist. Deshalb wird ihm ein eigenes Kapitel zu widmen sein. (Vgl. 16.)

aus, daß es über diese hinaus einen größeren gibt; auch Old Shatterhand bleibt – weil Mensch – unvollkommen und fehlerhaft![138]
Wer ist nun 'gut'? Der, der Gutes *tut*? Ist es so simpel? Nein, es ist vorerst noch simpler: Gut ist, wer wie ein Guter aussieht! Den meisten handelnden Charakteren ist es von Anfang an anzusehen, welcher Gruppe sie zuzuordnen sind, der Gruppe des Ich-Helden oder der der Widersacher.[139] Die Beschreibung ihrer Physiognomie reicht aus, um den Leser hinreichend zu orientieren. Obwohl Winnetou und Intschu tschuna das erste Mal in einem bedrohlichen Zusammenhang erscheinen, ist von Anfang an klar, wie sie einzuordnen sind – allein durch ihre äußere Beschreibung.[140]

May ist hier ganz der Tradition des Trivialromans des ausgehenden 18. Jahrhunderts verhaftet: Durch die Kapitalisierung des Verlags- und Buchhandels wurden immer größere Leserschichten erschlossen, Literatur sollte »nicht mehr allein der Aktivierung von Vernunft und Moral als Regulatoren bürgerlichen Lebens dienen (…), sondern ebenso der Stimulation 'schöner Empfindungen'. (…) Demzufolge werden die rationalen Elemente einer Erzählung (Moralprinzipien, politisch-philosophische Standpunkte usw.) in sinnlich Erfahrbares umgeformt und trivialisiert. Wichtigstes Mittel hierfür ist die Personalisierung von Moralprinzipien und die damit verbundene Typisierung und Kontrastierung der Figuren (Schwarz-Weiß-Schema). Deshalb müssen die Figurenentwürfe immer unwahrscheinlicher werden. Die Wiederentdeckung und allmähliche Rehabilitierung der alten Märchendichtungen (…), die lange unter aufklärerischem Verdacht standen, haben diese Personalisierung und Schematisierung begünstigt. (…) dabei verwendeten die Schriftsteller den affektiven Wortschatz der pietistischen und empfindsa-

---

[138] z. B.: May: Old Surehand I, wie Anm. 7, S. 183 – ders.: Old Surehand III, wie Anm. 11, S. 177 – ders.: Winnetou II, wie Anm. 35, S. 377 – ders.: »Weihnacht!«, wie Anm. 1, S. 271 (Gleiches gilt für Winnetou, z. B. May: Winnetou III, wie Anm. 40, S. 180.)
[139] In dieser Beziehung können die Verfilmungen der 60er Jahre übrigens kaum kritisiert werden. Die Bösewichter sind von den 'Guten' sofort zu unterscheiden, meist ist auch der Grad ihrer Boshaftigkeit auf einen Blick zu erkennen.
[140] *... dann glaubte ich, zu bemerken, daß in seinem ernsten, dunklen Auge, welches einen sammetartigen Glanz besaß, für einen kurzen Augenblick ein freundliches Licht aufglänzte, wie ein Gruß, den die Sonne durch eine Wolkenöffnung auf die Erde sendet.* (May: Winnetou I, wie Anm. 10, S. 110; vgl. auch ders.: »Weihnacht!«, wie Anm. 1, S. 276ff.)

men Literatur«.[141] Die Trivialliteratur veranschaulicht »die menschlichen Charaktere dadurch, daß Erscheinung und Wesen identisch sind«.[142]

Jos Hawley sagt in 'Old Surehand I' zu Old Shatterhand, ohne dessen Identität zu ahnen: *»Ihr habt so etwas an Euch, was mich zu Euch zieht, so – – so – – – so, na, grad so als wie wenn man rechten Durst hat und ein helles Wasser blinken sieht; so klar und hell ist Euer Gesicht.«*[143]

Auffällig ist auch die besondere Erwähnung des langen Haupthaares: Winnetou,[144] Old Firehand,[145] Old Surehand,[146] Apanatschka[147] – sie alle haben außergewöhnliches Haar. Es ist naheliegend, dies als Zeichen innerer Kraft, Sinnlichkeit und Lebenslust zu deuten.[148] Old Wabble hat es bezeichnenderweise nur so lange, wie er sich in der Gesellschaft Old Shatterhands befindet. Old Surehands Aussehen wird interessanterweise als *Harmonie*[149] seiner einzelnen Körperteile bezeichnet.[150]

Schon die äußere Erscheinung der Protagonisten läßt also erkennen, welchem Lager sie angehören. In diesem Schwarz-Weiß-Schema kann der erste Blick (ja gerade der erste Blick!) nicht täuschen. Die Blutsbrüder sind Freunde alles Guten und Feinde alles Bösen. In diesem Schema kann Zweifel darüber, wer oder was nun eigentlich gut bzw. böse ist, nicht wirklich aufkommen. Unter dieser Prämisse ist Winnetous Behauptung verständlich, Old Shatterhand sei *»aller tapfern Krieger Freund und giebt seine Kugel nur dem*

---

[141] Jeglin, wie Anm. 121, S. 19f.
[142] Ebd., S. 20
[143] May: Old Surehand I, wie Anm. 7, S. 50
[144] z. B.: May: Winnetou I, wie Anm. 10, S. 110 – ders.: »Weihnacht!«, wie Anm. 1, S. 277 – ders.: Old Surehand I, wie Anm. 7, S. 205 (*»Sein schwarzer Schopf ist köstlich.«*)
[145] *Die langen, mähnenartigen Haare wehten ihm ums entblößte Haupt ...* (May: Winnetou II, wie Anm. 35, S. 441)
[146] *Sein langes, braunes, seidenweiches Haar lag wie ein Schleier bis auf den Gürtel herab ...* (May: Old Surehand I, wie Anm. 7, S. 171)
[147] *Sein dunkles Haar war lang gewachsen und auf dem Scheitel zusammengebunden.* (Ebd., S. 539)
[148] *... es war eine wahre Lust, das lange, schneeweiße Haar Old Wabbles und die fast noch längere braune Mähne Old Surehands im Winde fliegen zu sehen.* (Ebd., S. 205)
[149] Ebd., S. 171
[150] Vgl. dazu die Physiognomie Harry Meltons, des *Satans*, in 3.2.

Bösen und dem Verräter«.[151] Und ganz so, als sei damit schon alles gesagt, deklamiert Old Shatterhand: »*Ich halte es mit jedem guten Menschen und bin Gegner jedes schlechten.*«[152] Gut ist gut, und böse ist böse.

Bleibt allerdings noch die Frage, ob den guten Protagonisten unter der Anführung des Ich-Helden, von ihrem vertrauenserweckenden Äußeren und einer irgendwie gearteten Moral einmal abgesehen, noch andere Charakteristika gemeinsam sind.

Zunächst sind viele dieser Personen Deutsche. Neben Old Shatterhand selbst sind es z. B. Sam Hawkens, Carpio, Rost, Mutter Thick, die Familien Vogel und von Hiller (alias Wagner) und viele andere. Als solche sind sie Träger einiger Tugenden, die sie (oft) von den Yankees abhebt: Sie sind ehrlich,[153] vertrauensvoll,[154] friedliebend,[155] innig[156] und haben 'Gemüt'.[157] Allerdings darf dabei nicht übersehen werden, daß viele Sympathieträger nicht Deutsche sind: z. B. Surehands Ziehvater, der Bankier Wallace, die Farmer Harbour und Fenner; Apanatschka und Old Surehand sind Mestizen, Winnetou, Kolma Puschi, Intschu tschuna, Nscho-tschi und noch viele andere Indianer. Es kann das Prädikat 'gut' also nicht einfach nach Nationalität oder Hautfarbe vergeben werden; gerade hier vermeidet May eine einseitige Rollenvergabe.[158]

Es gibt noch ein Kennzeichen, das überraschend vielen Protagonisten im Gefolge des Ich-Helden eigen ist: das der persönlichen Frömmigkeit. Es geht hierbei wohlgemerkt um persönliche Frömmigkeit, nicht um das äußere Bekenntnis zu einer institutionalisierten Glaubensgemeinschaft.

Bei einem der ersten Ausritte des Ich-Erzählers mit Sam Hawkens, der zeitlich auf einen Sonntag fällt (*der Tag des Herrn, an welchem jeder Christ, selbst wenn er sich in der Wildnis befindet, sich sammeln und mit seinen geistlichen Pflichten beschäftigen soll*[159]), wird nebenbei erwähnt, die beiden hätten eigens eine Rast eingelegt,

---

[151] May: Winnetou III, wie Anm. 40, S. 219
[152] May: Old Surehand I, wie Anm. 7, S. 460
[153] May: Winnetou I, wie Anm. 10, S. 39
[154] May: Winnetou II, wie Anm. 35, S. 95
[155] z. B. May: Satan und Ischariot II, wie Anm. 27, S. 340
[156] May: Satan und Ischariot III, wie Anm. 27, S. 142
[157] *Der Mann konnte nicht dafür, daß er kein Gemüt besaß; Gemüt besitzt überhaupt nur der Germane.* (May: Satan und Ischariot I, wie Anm. 27, S. 407)
[158] Vgl. Kap. 5.
[159] May: Winnetou I, wie Anm. 10, S. 53

um sich *über religiöse Dinge zu unterhalten.*[160] Zu Sam heißt es dazu nur kurz: *Hawkens war nämlich ein frommer Mensch, wenn er dies auch gegen andere nicht zu Tage treten ließ.*[161]

Der alte Scout Old Death wird als umherirrender, schuldbeladener Mensch beschrieben, der auf der Suche nach der Vergebung seiner Sünden den Westen durchstreift.[162] In der Nacht seiner Todesahnung stößt er im Gespräch mit Old Shatterhand ein kurzes Klagegebet aus;[163] von einem Schuß tödlich getroffen, bittet er seinen Bruder um Vergebung.[164]

Old Surehand gesteht ebenfalls in einem nächtlichen Gespräch mit Old Shatterhand: *»ich bin nicht ein Leugner und Verächter Gottes, sondern ich habe ihn verloren, und ringe darnach, ihn wiederzufinden.«*[165]

Von sich selbst sagt Old Shatterhand, er sei *»erst in fünfter, sechster Stelle Westmann, in erster aber Christ«.*[166] *»Nichts, gar nichts auf der Welt, ... könnte mich bewegen, meinen Glauben abzuschwören!«*[167] Seine christliche Gesinnung wirkt auf seine Umgebung bisweilen so penetrant, daß er nur noch *der fromme Shatterhand* genannt wird, teils im Spott,[168] teils anerkennend.[169]

Sam Hawkens erhebt ihn zum Maßstab christlichen Tuns und Denkens überhaupt, wenn er nach einer Diskussion mit dem noch jungen Greenhorn zugesteht: *»Das ist brav gedacht, Sir, sehr brav. Grad so, wie Ihr denkt und redet, muß jeder Mensch und Christ denken, reden und handeln.«*[170]

Wie wohl sich der Ich-Erzähler in der Gegenwart von Mit-Christen fühlt, wird immer wieder deutlich. Charakteristisch ist der

---

[160] Ebd., S. 54
[161] Ebd.
[162] May: Winnetou II, wie Anm. 35, S. 376f.
[163] *»O du lieber Herr und Gott, was sind die Töne aller Posaunen der Welt gegen die nie ruhende Stimme im Innern eines Menschen, welcher sich einer schweren Schuld bewußt ist.«* (Ebd., S. 378)
[164] Ebd., S. 383
[165] May: Old Surehand I, wie Anm. 7, S. 414
[166] May: Old Surehand III, wie Anm. 11, S. 81
[167] May: Satan und Ischariot II, wie Anm. 27, S. 288
[168] May: Old Surehand III, wie Anm. 11, S. 34
[169] Ebd., S. 497: Auch Old Wabble wendet sich schließlich in seiner Todesstunde an ihn als Seelsorger: *»Mr. Shatterhand, Mr. Shatterhand, Ihr seid ein gläubiger, ein frommer Mann. Ihr müßt, Ihr müßt es wissen: Giebt es einen Gott?«*
[170] May: Winnetou I, wie Anm. 10, S. 80; vgl. Kap. 7.1.

Aufenthalt auf Harbours Farm in 'Old Surehand III': Eine gemischte Gesellschaft sitzt abends bei Tisch zusammen, und es entspinnt sich eine angeregte Diskussion. Das Verhalten des Gastgebers beschreibt der Ich-Erzähler wohlwollend mit den Worten: *Was mir am meisten an ihm gefiel, das war sein heiteres, festes Gottvertrauen, welches ihn überallhin begleitet hatte und nie von ihm gewichen war.*[171] Harbour läßt sich schließlich, durch eine unbedachte Bemerkung Treskows veranlaßt, zu einem längeren Plädoyer für verfolgte Indianer und wahres Christentum hinreißen. Mit begeisterten Worten erzählt er von der Predigt des weißen Missionars Padre Diterico (alias Ikwehtsi'pa) unter den Indianern. Quer durch das gesamte Werk Karl Mays – von den sog. 'Jugendromanen' bis zum sog. 'Spätwerk' – ist immer wieder diese Beobachtung zu machen: Im Zusammensein seiner Helden mit Christen wird diesen – man kann es nicht anders ausdrücken – schlicht warm ums Herz. Karl Mays Beschreibung dieser Gemeinschaftserfahrungen erinnert dabei an den Beter des Psalm 133: »Hinne ma-tov uma-najim schevet achim gam-jachad!«[172]

Eine Sonderstellung nimmt von Anfang an Winnetou ein. Er verwehrt sich anfangs ausdrücklich gegen etwaige Bekehrungsversuche. Zu seinem neugewonnenen Blutsbruder sagt er: *»Sprich nicht vom Glauben zu mir! Trachte nicht danach, mich zu bekehren!«*[173] Es heißt von ihm lange Zeit nur kryptisch, daß er an *den großen, guten Geist* glaube[174] oder daß er im Gegensatz zu vielen Weißen *mit dem großen Geiste* spreche.[175] Die religiöse Entwicklung Winnetous wird in einem eigenen Kapitel zu untersuchen sein.[176]

3.2. Böse

Hier gilt viel von dem in 3.1. Gesagtem entsprechend. Zu der Gruppe der Widersacher des Helden und seiner Gefolgschaft gehören Tramps, Rowdies, Railtroublers und verschiedenste Indianerhorden

---

[171] May: Old Surehand III, wie Anm. 11, S. 126f.
[172] Ps 133,1b (»Seht doch, wie gut und schön ist es, wenn Brüder miteinander in Eintracht wohnen.«)
[173] May: Winnetou I, wie Anm. 10, S. 424
[174] Ebd.
[175] May: Winnetou II, wie Anm. 35, S. 527
[176] Kap. 16: 'Winnetou' oder Vom wahren Menschsein zum wahren Christsein

(v. a. der Comanchen und Kiowas). Die Liste der Bösewichter ist ebenso lang wie prominent: Tangua, Nale-Masiuv, Haller (alias Rollins), Rattler, Santer, Forster, Harry, Jonathan und Thomas Melton, Frank Sheppard (alias der Prayer-man), Cox, Etters (alias Douglas, der 'General'), Thibaut (alias Tibo taka) und Tim Finnetey alias Parranoh. Die Liste könnte noch fortgesetzt werden; ihnen allen ist die Umkehr der Werte gemein, für die die Gefolgschaft des Ich-Helden steht. Sie sind Vertreter *einer moralisch sehr tief stehenden Menschensorte:*[177] unverständig,[178] gewalttätig,[179] vertiert.[180] Sie ernten, wo sie nicht gesät haben,[181] lügen, betrügen und vergewaltigen.[182] Sie sind nur auf ihren eigenen Vorteil bedacht, veranschlagen den Wert des Goldes höher als den des menschlichen Lebens.[183] Ihnen gegenüber verliert auch der zurückhaltendste Mensch seine Noblesse, Old Shatterhand nimmt ihren Tod oft schon in prophetischer Rede vorweg. Thomas Melton herrscht er an: *»Dein Bruder war der Teufel; ich habe ihn stets so genannt, vom ersten Augenblicke an, da ich ihn sah. Und du bist Ischariot, der Verräter. Du hast allen, die dir Gutes thaten, mit Bösem vergolten. Du nahmst deinem eigenen Bruder das Leben und das Geld, und soeben hast du deinen Sohn, deinen einzigen Sohn, dein Kind an mich verraten. Ja, du bist Ischariot und wirst sterben wie jener Verräter, welcher hinging und sich selbst aufhing. Du wirst nicht durch die Hand des Henkers sterben, sondern dich selbst ermorden. Möge Gott gnädiger gegen dich sein, als du selbst!«*[184]

Wie die Begleiter des Ich-Helden, so ist auch die Gruppe ihrer Widersacher hierarchisch geordnet: je moralisch tiefstehender, um so höher ist der Rang in der Gruppe. In der Hierarchie des Bösen steigt dabei nicht nur der Grad an Rassismus an, sondern auch zugleich die Wahrscheinlichkeit der Zugehörigkeit zur weißen Rasse. Zwar stehen die roten Bösewichter den weißen in bezug auf ihre verabscheuungswürdigen Taten in nichts nach, aber sie sind leichter erklär- und entschuldbar. Hinter einer roten Untat steht nicht selten

---

[177] May: Old Surehand III, wie Anm. 11, S. 486 (ganz ähnlich: ders.: »Weihnacht!«, wie Anm. 1, S. 359, S. 370)
[178] May: Winnetou I, wie Anm. 10, S. 106
[179] May: Old Surehand III, wie Anm. 11, S. 203
[180] May: Winnetou I, wie Anm. 10, S. 132
[181] May: Old Surehand III, wie Anm. 11, S. 516
[182] Wenn dies in ebd, S. 344 auch nur angedeutet wird.
[183] *»Da frage ich den Teufel nach Eurem Leben ... «* (Cox, ebd., S. 204)
[184] May: Satan und Ischariot III, wie Anm. 27, S. 586f.

weiße Hinterlist.[185] In der Person des Ponka-Häuptlings Parranoh wird dies – im besten Sinne des Wortes – anschaulich: Er, der große indianische Schlächter, entpuppt sich schließlich als Weißer. Parranoh alias Tim Finnetey wird für May zum sinnlichen Beispiel des vom Weißen verdorbenen Roten.[186] Zwar gibt es rote wie weiße Halunken,[187] aber meist gebärden sich die weißen schlimmer *als die heruntergekommenste Indianerhorde,*[188] *handeln so, daß sich selbst der verkommenste Indianer schämen würde.*[189] Charakteristischerweise ist für May der Indianer schon deswegen leichter entschuldbar, weil es ihm – seiner Ansicht nach – am rechten *sittlichen Maßstab* mangelt: *Der wilde oder verwilderte Mensch, der nie einen rechten, sittlichen Maßstab für sein Thun besaß oder dem dieser Maßstab abhanden gekommen ist, kann für seine Gebrechen natürlich noch viel weniger verantwortlich gemacht werden als derjenige Sünder, welcher ins Straucheln kam und fiel, obgleich ihm alle moralischen Stützen unserer vielgerühmten Gesittung zur Verfügung standen.*[190] Es geht May dabei nicht um eine Entmündigung des Indianers, sondern um eine Inpflichtnahme des Weißen. Er hätte eine Moral, nach der er handeln könnte, tut es aber nicht und macht sich gerade dadurch schuldig. Seine Boshaftigkeit ist eine ethisch selbst verschuldete. Sie ist im Gegensatz zur Boshaftigkeit des Roten 'Sünde'. Spätestens hier drängt sich die Frage nach dem Mayschen Moralverständnis auf, die Frage, welches denn nun der rechte sittliche Maßstab sei. Hier muß vorerst auf das siebente Kapitel verwiesen werden.

Noch ist nicht geklärt, wie das Böse eigentlich aussieht. Dies ist für Karl May, wie bereits gezeigt, keine akzidentielle, sondern eine substantielle Frage. Die Frage nach der Physiognomie des Bösen könnte bereits ein wesentlicher Fingerzeig sein.

Eine interessante Physiognomie des Bösen findet sich in 'Satan und Ischariot I' in der Beschreibung Harry Meltons:

---

[185] Vgl. z .B. Schahko Mattos Verteidigungsrede in May: Old Surehand III, wie Anm. 11, S. 84f., S. 98ff., S. 105-109.
[186] May: Winnetou II, wie Anm. 35, S. 551
[187] z. B. May: Winnetou I, wie Anm. 10, S. 408 – ders.: Winnetou II, wie Anm. 35, S. 430
[188] May: Old Surehand III, wie Anm. 11, S. 196
[189] Ebd., S. 226
[190] Ebd., S. 3

Seine wohlgebaute Gestalt war gut und sorgfältig gekleidet und sein Gesicht vollständig glatt rasirt. Aber was für ein Gesicht war das! Sobald ich es erblickte, fielen mir jene eigenartigen Züge ein, welche der geniale Stift Gustave Dorés dem Teufel verliehen hat.[191]
Harry Melton wird »*vom ersten Augenblicke an, da ich ihn sah*«,[192] immer wieder als Teufel bezeichnet, als *Teufel in Menschengestalt*.[193] Um so überraschender liest sich die Beschreibung dieses Teufels zunächst: *Er konnte nicht viel über vierzig Jahre alt sein. Um seine hohe, breite Stirne rollten sich tiefschwarze Locken, welche hinten fast bis auf die Schulter niederwallten; es war wirklich ein prächtiges Haar. Die großen, nachtdunklen Augen besaßen jenen mandelförmigen Schnitt, den die Natur ausschließlich für die Schönheiten des Orientes bestimmt zu haben scheint. Die Nase war leicht gebogen und nicht zu scharf; die zitternde Bewegung ihrer hellrosagefärbten Flügel ließ auf ein kräftiges Temperament schließen. Der Mund glich fast einem Frauenmunde, war aber doch nicht weibisch oder weichlich geformt; die etwas abwärtsgebogenen Spitzen desselben ließen vielmehr auf einen energischen Willen schließen. Das Kinn war zart und doch zugleich kräftig gebaut, wie man es nur bei Personen findet, deren Geist den tierischen Trieben überlegen ist und sie so vollständig zu beherrschen vermag, daß andere das Vorhandensein derselben gar nicht ahnen.*[194]

Dies ist nicht das *Ohrfeigengesicht*,[195] das man erwarten möchte. Prächtiges Haar, energischer Wille, orientalische Schönheit, fast weiblicher Mund, geistvoll, kräftig – fast wähnt man sich – horribile dictu – bei einer Beschreibung Winnetous! Was ist daran böse, gar teuflisch? Dann kommt die entscheidende Klärung:

Jeder einzelne Teil dieses Kopfes, dieses Gesichtes war schön zu nennen, aber nur schön, vollkommen für sich, denn in ihrer Gesamtheit fehlte diesen Teilen die Harmonie. Wo aber die Harmonie fehlt, da kann von Schönheit nicht die Rede sein. Ich kann nicht sagen, ob es anderen ebenso wie mir ergangen wäre, ich fühlte mich abgestoßen. Die Vereinigung einzelner schöner Formen zu einem Ganzen, dem der Ein- oder Gleichklang fehlte, machte auf mich den Eindruck des Widerwärtigen, der Häßlichkeit.[196]

---

[191] May: Satan und Ischariot I, wie Anm. 27, S. 24
[192] May: Satan und Ischariot III, wie Anm. 27, S. 587
[193] May: Satan und Ischariot II, wie Anm. 27, S. 33
[194] May: Satan und Ischariot I, wie Anm. 27, S. 24
[195] May: Winnetou III, wie Anm. 40, S. 121
[196] May: Satan und Ischariot I, wie Anm. 27, S. 24f.

Das Böse erscheint hier nicht einfach als Gegenteil des Guten. Es steht nicht einfach Häßlichkeit gegen Schönheit, sondern Mangel an Schönheit gegen Schönheit. Das ist etwas ganz anderes und sicher nichts Dualistisches! Die einzelnen Bestandteile sind hier wie da schön und gut, aber es fehlt die Harmonie.

Jetzt erst wird die Beschreibung Old Surehands wirklich verständlich: Es war kein Zufall, wenn dessen Erscheinung als *Harmonie der einzelnen Teile und Glieder seines Körpers*[197] beschrieben wurde.

Das Böse ist nicht einfach Gegenteil des Guten, es setzt sich vielmehr – wie das Gute – aus denselben guten 'Bausteinen' zusammen. Aber die Bausteine stehen nicht im rechten Verhältnis, sie harmonieren nicht. Dies erinnert ein wenig an die Monadenlehre von Gottfried Wilhelm Leibniz (1646-1716), in der die Monaden auf ihre 'prästabilierte Harmonie' dringen.

Auch bei Karl May ist das Böse nicht endlos böse, es ist Teil einer Evolution.[198] Zuletzt ist *»das Gute dem Bösen stets überlegen«*.[199] Wo aber letztlich das Gute das Böse überwindet, da verliert das Böse sein eigenes Recht. Es ist dann nicht ewiger Widersacher des Guten. Gut und Böse ziehen nicht gleichberechtigt in die Endschlacht, wie das in dualistischen Weltbildern der Fall ist. Das Böse ist von vornherein vom Guten bestimmt. Wo sich aber das dualistische Weltbild verabschiedet, muß in einem monotheistischen Weltbild zwangsläufig eine neue, eine andere Frage gestellt werden: die Frage nach der Gerechtigkeit des einen Gottes, der Gut und Böse zuläßt. Und nicht zufälligerweise bewegt genau diese Frage auch die Mayschen Figuren. Old Surehand argumentiert anfangs, *»Ein Gott, der die Liebe, die Güte, die Gerechtigkeit ist, kann das nicht zugeben; wenn es trotzdem geschieht, so giebt es keinen Gott.«*[200] Und Old Wabble verspottet Old Shatterhands Frömmigkeit: *»Du glaubst wohl freilich, aus Güte zu handeln; im Grunde genommen aber treibt dich nichts als die Erkenntnis, die auch ich hege, näm-*

---

[197] May: Old Surehand I, wie Anm. 7, S. 171
[198] Einen einfachen Evolutionsgedanken findet man schon in dem 'Ange et Diable'-Fragment: ... *so ist auch der Teufel eine Personificirung des Menschenthums, welches durch Lüge zur Wahrheit, durch Irrthum zur Erkenntniß, durch Finsterniß zum Lichte, durch Zweifel zum Schauen kommen soll.* (Karl May: Ange et Diable. In: Karl May: Hinter den Mauern und andere Fragmente aus der Haftzeit. In: Jb-KMG 1971. Hamburg 1971, S. 130)
[199] May: Old Surehand III, wie Anm. 11, S. 293
[200] May: Old Surehand I, wie Anm. 7, S. 410

lich daß kein Mensch gut und keiner böse ist, weil Gott, der Erfinder der Erbsünde, allein schuld daran wäre.«[201]

Diese Argumentationen werden bei Karl May mehr durch den Verlauf der Handlung denn streng formal-argumentativ widerlegt. Allein diese Anfragen wären aber in einem dualistischen Weltbild schlicht unsinnig.

Auch darf man nicht meinen, Gedanken wie diese seien May selbst fremd gewesen, da er sie nicht Old Shatterhand, seinem Ich-Erzähler, sondern anderen Figuren in den Mund legte. Das Ich des Autors erschöpft sich natürlich nicht im erzählenden Ich, es zeigt sich ganz im Gegenteil in der Vielzahl handelnder Personen. In all ihrer Unterschiedlichkeit widerspiegeln sie doch nur verschiedene »Teil-Ichs«,[202] verschiedene Seiten[203] desselben Autors. Dies gilt grundsätzlich für alle Figuren, an einigen fällt es jedoch besonders auf: William Ohlert, Carpio, Rost, aber auch Old Surehand und Old Wabble. Letzterer kann besonders schwer der Gruppe des Ich-Helden oder der seiner Gegner zugeordnet werden, er führt eine eigene Kategorie an, die ich als die der 'Grenzgänger' bezeichnen möchte.

3.3. Grenzgänger

Old Wabble ist die prominenteste Figur Mays, die sich einem einfachen Gut-Böse-Schema entzieht. Ihre Faszination ist so groß, daß sie nicht einfach als 'lau ausgespuckt'[204] bezeichnet werden kann. Sie übertrifft sogar die Old Surehands bei weitem, obwohl doch die

---

[201] May: Old Surehand III, wie Anm. 11, S. 76; ähnlich ders.: Old Surehand I, wie Anm. 7, S. 401

[202] »(...) wie kaum ein anderer Schriftsteller hat May sein Ich in einer derart gehäuften Form aufgespalten, seine Geschichte, Verdammnis und Rettung, Verstrickung und Befreiung, von unzähligen Teil-Ichs durchspielen lassen. Dabei verloren die Fabeln aber nicht ihre exemplarische Bedeutung, sind sie neben der autobiographischen Verschlüsselung doch gleichzeitig auch als Spiegelungen allgemeinmenschlichen Schicksals zu betrachten, eine Tatsache, die neben anderem die beständige Faszination der Geschichten Mays erklärt.« (Vollmer, wie Anm. 51, S. 212)

[203] *Es wimmelte von Gestalten in mir, die mitsorgen, mitarbeiten, mitschaffen, mitdichten und mitkomponieren wollten.* (May: Mein Leben und Streben, wie Anm. 79, S. 114)

[204] Vgl. Klotz, wie Anm. 123, S. 85.

gesamte Trilogie eigentlich nach letzterem benannt wurde. Mit Old Wabble wird sich daher ein eigenes Kapitel zu befassen haben.[205] Offensichtlich wechselt der alte König der Cowboys mehrmals die Fronten: Wird er anfangs von May noch als faszinierend-sinnlich[206] beschrieben, so muß dieses erste äußere Bild bald aufgrund seiner Taten revidiert werden. Er erweist sich zunächst als unzuverlässig und allzu eigenmächtig, schließlich als gemeiner Dieb und rachebesessener Bösewicht. Sein äußeres Erscheinungsbild wird dieser neuen Realität durch einige wenige Kunstgriffe Mays geschickt sukzessive angepaßt.[207] Die erste (positive) Faszination weicht einer tiefgreifenden Abscheu vor diesem Menschen, die für Old Shatterhand religiös begründet ist. Das erste religiöse Streitgespräch zwischen den beiden[208] nimmt den bald folgenden äußeren Bruch (den Diebstahl der Gewehre) inhaltlich vorweg. Doch der drastische Todeskampf Old Wabbles, seine Bekehrung und innerliche Versöhnung läßt die Abscheu letztlich wieder in Sympathie kippen. An seinem Sterbeort resümiert Old Shatterhand: *Was für ein sonderbares Geschöpf ist doch der Mensch! Welche Gefühle hatten wir noch vor wenigen Stunden für diesen nun Verstorbenen gehabt! Und jetzt stand ich so tief berührt vor seiner Leiche, als ob mir ein lieber, lieber Kamerad gestorben sei! Seine Bekehrung hatte alles Vergangene gut gemacht.*[209] Der *verlorene Sohn*[210] war zurückgekehrt. Erst durch seine Versöhnung mit Gott war das letzte Urteil über diesen Grenzgänger (*»Ich war bös, sehr bös gewesen«*[211]) gesprochen. Der Tod Old Wabbles wird dann deutlich mit dem des eigentlichen Bösewichts kontrastiert: Etters alias General Douglas schlägt in der Todesstunde jedes Gebet aus, stirbt *gräßlich* und *unmenschlich* unter Flüchen und Lästerungen: *Dann brüllte und heulte und lästerte er wieder längere Zeit, bis wir am Morgen fanden, daß er gestorben war, gestorben nicht wie ein Mensch, sondern wie – wie – wie, es fehlt mir jeder Vergleich; es kann kein toller Hund, kein Vieh, auch*

---

[205] Siehe Kap. 10: 'Old Wabble' oder Der eigenmächtige Mensch.
[206] May: Old Surehand I, wie Anm. 7, S. 14, S. 31f., S. 53f.
[207] May: Old Surehand III, wie Anm. 11, S. 191, S. 367, S. 475
[208] May: Old Surehand I, wie Anm. 7, S. 398-404
[209] May: Old Surehand III, wie Anm. 11, S. 501
[210] Ebd., S. 498
[211] Ebd., S. 499

nicht die allerniedrigste Kreatur so verenden wie er. Old Wabble war ein Engel gegen ihn.[212]

Interessant ist allerdings die letzte Bemerkung über Etters, die auch diesen Oberschurken nicht von Gottes Gnade ausklammern will: *Kann Gott seiner armen Seele gnädig sein? Vielleicht doch – doch – – doch – – – doch!*[213] Wenn das Urteil über einen Menschen jedoch von Gottes Gnadenzuspruch abhängig ist, unabhängig davon, ob dieser den Menschen, wie in Old Wabbles Fall, noch zu Lebzeiten oder aber, wie in Etters Fall, eventuell außerhalb dieser Grenzen doch noch erreicht, so müßte sich – konsequent gedacht – jedes menschliche Urteil über Gut oder Böse, gerade weil menschlich, relativieren und erübrigen. In der Praxis seiner Handlungsführung und Personenkonstruktion seiner Abenteuererzählungen setzt May diesen Schritt nicht, deutet ihn hier allerdings immerhin an. Es liegt auch hier die Vermutung nahe, daß für May das Böse lediglich eine 'Zeitfunktion' des Guten darstellt.

Die bevorzugte Behandlung Old Wabbles als Ausnahmefall des ansonsten angeblich geltenden Mayschen Dualismus – ganz so als vertrüge ein dualistisches Weltbild überhaupt Ausnahmen! – läßt gern die Existenz weiterer Grenzgänger in Mays Romanwelt vergessen. Volker Klotz führt selbst zwei weitere Beispiele aus 'Im Lande des Mahdi' und 'Durchs wilde Kurdistan' an.[214] Allein im 'Old Surehand' finden sich aber nebst Old Wabble weitere 'Grenzgänger': Hier ist zunächst der Osagen-Häuptling Schahko Matto aus 'Old Surehand III' zu nennen. Er tritt anfangs als ein Verbündeter des haßerfüllten Wabble und als Beutejäger unschuldiger Farmer auf. Er haßt Old Shatterhand schon allein aufgrund seiner Hautfarbe,[215] die Friedenspolitik Winnetous unter den Cheyennes erfüllt ihn mit Grimm und Rachegefühlen,[216] und die Praktik Old Shatterhands, das Leben seiner Feinde zu schonen, indem er diese 'nur' verletzt, ist für ihn eine Entwürdigung des Opfers und *»entsetzlicher als der langsamste Martertod«.*[217] Er gerät in die Gefangenschaft der Blutsbrüder.

---

[212] Ebd., S. 564f.

[213] Ebd., S. 565

[214] Klotz, wie Anm. 123, S. 86 (Klotz nennt den Reïs Effendina und Nedschir-Bey, den Rais von Schohrd.)

[215] *»Old Shatterhand aber ist ein Weißer, den wir schon deshalb hassen müssen.«* (May: Old Surehand III, wie Anm. 11, S. 24)

[216] *»Wolle doch der große Geist es geben, daß dieser räudige Pimo einmal in meine Hände gerät!«* (Ebd., S. 22)

[217] Ebd., S. 24

Seine Erfahrung mit ihnen läßt ihn schließlich die Fronten wechseln. Moralisch rehabilitiert wird er (wie so typisch für May) durch die Erzählung seiner Vorgeschichte. In einer längeren Erzählung[218] erhebt Schahko Matto eine derart fundierte Anklage gegen das Gerechtigkeitsverständnis der Weißen, das die Rechte der Indianer ignorieren und kriminalisieren will, daß niemand mehr zu widersprechen wagt. Sie schließt mit den hohnvollen Worten, »*Das ist die Gerechtigkeit der Bleichgesichter, welche von Liebe, Güte, Frieden und Versöhnung reden und sich Christen, uns aber Heiden nennen!*«[219] Bis zum Schluß des Romans bleibt er in der Gruppe des Ich-Erzählers und einer der treuesten und zuverlässigsten Reisebegleiter.

Eine interessante Nebenfigur in 'Old Surehand I' ist Schiba-bigk, der bekehrte Comanche aus 'Der Geist des Llano estakado'.[220] Er gehört eigentlich einem verfeindeten Indianerstamm an, der Bloody-Fox, einen gemeinsamen Freund der Blutsbrüder, zu überfallen plant. Obwohl er als junger Krieger einst die Pfeife des Friedens und der Brüderschaft mit Old Shatterhand geraucht hatte, ja sogar von diesem christlich geprägt worden war, beteiligt er sich dann als Häuptling der Comanchen an dem Rachefeldzug seines Stammes und wird zum eigentlichen Verräter an Bloody-Fox. Old Shatterhand reagiert auf diese Wandlung zunächst mit demonstrativer Enttäuschung: »*Was ist aus meinem jungen Freund und Bruder geworden? Ein undankbarer Gegner, ein Feind, der mich verhöhnt und mir nach dem Leben trachtet. Das ist traurig, sehr traurig bei einem jungen Krieger, der nur das strenge Gesetz der Prairie kennt; noch viel, viel trauriger aber ist es von einem Jünglinge, der einen Christen lieb gehabt und durch ihn den großen, guten Manitou kennen gelernt hat.*«[221] Erst als sich Schiba-bigk durch die Vereitelung seines Planes durchschaut und nach weiteren Gesprächen mit Old Shatterhand auch in seinen Taten und religiösen Anschauungen innerlich überführt sieht,[222] bereut er sein Vorhaben und zeigt sich kooperativ. Sein Pochen auf Old Shatterhands Güte, das sich jener

---

[218] Ebd., S. 98-109
[219] Ebd., S. 109
[220] Karl May: Der Geist der Llano estakata, wie Anm. 99 bzw. Karl May: Die Helden des Westens. 2. Teil. Der Geist des Llano estakado. Stuttgart 1890
[221] May: Old Surehand I, wie Anm. 7, S. 364f.
[222] Die Gespräche kreisen hauptsächlich um die Themen Rache und Nächstenliebe und die divergierenden Jenseitsvorstellungen. (Ebd., S. 365-385)

zunächst verbittet,[223] bleibt schließlich doch nicht erfolglos. Old Shatterhand setzt wieder Vertrauen in den jungen Comanchen, den er trotz seiner Feindseligkeit noch immer als Freund betrachten will.[224] Er tut dies allerdings nicht ohne Zögern und ohne ihm – für den Fall eines neuerlichen Betruges – die moralische Rute ins Fenster zu stellen: »*Dir allein würde ich wahrscheinlich Glauben schenken, denn du kennst den großen, guten Manitou und weißt, daß er alle Unwahrheit und Verräterei bestraft.*«[225] Leider wird die weitere Entwicklung Schiba-bigks nirgendwo erzählt. May verliert diesen Charakter rasch wieder aus den Augen, so daß er im Verhältnis zu den anderen der an interessanten Charakteren nicht armen Surehand-Trilogie beinahe verblaßt. Die relativ lange inhaltliche Auseinandersetzung mit Schiba-bigks religiösen Ansichten hätte in jeder anderen Erzählung mehr Gewicht, hier erweist sie sich rückblickend als ein für die Handlungsführung verzichtbarer Nebenstrang. Allerdings täte man dieser Nebenperson Unrecht, teilte man sie lediglich schnell einem Gut-Böse-Schema zu.

In 'Satan und Ischariot I/II' trifft man auf einen interessanten 'Bösewicht' ohne Namen, der aufgrund seiner Falschspielerei stets lediglich 'der Player' genannt wird. Er ist Mormone und gibt sich – ganz ähnlich wie Harry Melton in 'Satan und Ischariot I' und der Prayer-man in '»Weihnacht!«' – als Heiliger aus. May-Leser vermuten hinter derart frömmelnder Verkleidung stets zu Recht einen ausgekochten Spitzbuben. Das ist auch hier vorerst nicht anders: Der Player erweist sich als Handlanger und Informant der Melton-Bande, die eine Gruppe armer deutscher Auswanderer bei der Arbeit in einer Quecksilbermine zu Tode kommen lassen will. Old Shatterhand kann dies – gerade auch durch die wertvollen Informationen, die der Player in seiner Gefangenschaft preisgibt – rechtzeitig verhindern und durch die Entdeckung gestohlener Gelder in der Felsenburg den mittellosen Auswandererfamilien bei der Gründung

---

[223] Ebd., S. 507
[224] Ebd., S. 514
[225] Ebd., S. 512 – heißt das, Old Shatterhand will nur einem Menschen trauen, der im Bewußtsein lebt, sich vor Gott verantworten zu müssen, der Angst vor der Strafe Gottes hat? Diese Frage sollte im Hinblick auf die Figur Winnetous verneint werden. Seine Tugend, stets die Wahrheit zu sprechen, scheint nicht primär religiös motiviert. Old Shatterhand scheint Schiba-bigk ohnedies mehr Vertrauen zu schenken, als er diesem gegenüber zugibt. Sein Interesse ist mehr erzieherischer Natur, auch wenn uns heute am Ende des 20. Jahrhunderts diese 'Straf-Pädagogik' in christlich-ethischen Fragen befremden muß.

einer neuen Farmerexistenz behilflich sein. Ungewöhnlich ist dann die ehrliche Bitte des Players: »*Glaubt nichts Böses mehr von mir! Ich werde an Euch denken, und das hält mich gewiß von allen Dummheiten ab. Vielleicht finde ich bei einem der Leute, die Ihr hinüberführt, Arbeit.*«[226] Old Shatterhand entspricht nicht nur dieser Bitte, sondern beschließt – »*Sir, das ist kühn!*«[227] – dem Player dreihundert Dollar für die Gründung einer ehrlichen Existenz zu borgen. Der Gesinnungswandel des Players wird durch dessen wachsende Abscheu vor seinen ehemaligen verbrecherischen Kumpanen recht pragmatisch, unspektakulär und hier auch ohne alle religiöse Motivation erzählt. Bemerkenswert bleibt, daß hier wiederum ein Charakter sich dadurch wandelt, daß ihm von Old Shatterhand eine zweite Chance gegeben wird – die Chance mit einer negativen Vergangenheit zu brechen.[228]

Es ist gerade ihre Vergangenheit, die einige der Mayschen Charaktere vielschichtiger macht und einer allzu raschen Klassifizierung entzieht. Zu ihnen gehören auch Klekih-petra und Old Death. Beide werden durch ihre dunkle Vergangenheit, die sie als *böses Gewissen*[229] bis zu ihrem Tode begleitet, rastlos umhergetrieben. Im Unterschied zu Old Surehand, der seine eigene Herkunft nicht kennt, kennen diese Leute die ihre sehr wohl. Sie suchen nicht die Befreiung aus ihrem Unwissen, sondern die Erlösung von ihrem Gewissen.

Old Death beichtet Old Shatterhand in der Vorahnung seines Todes seine Geschichte. Als Sohn einer deutschen Mutter verließ er nach ihrem Tod deren *Weg der Tugend*,[230] verspekulierte leichtsinnig das väterliche Erbteil und wurde Goldgräber. Er verfiel erst der Spiel- und dann der Opiumsucht. Als ihm sein Bruder durch eine Anstellung in seinem Geschäft in Frisco unter die Arme greifen will, dankt er es ihm, indem er die Kasse verspielt und falsche Wechsel ausstellt, »*um das Geld dem Moloch des Spieles zu opfern*«.[231] Nachdem Old Death sich einfach aus dem Staub gemacht hat, muß sein Bruder für die Betrügereien aufkommen und verarmt

---

[226] May: Satan und Ischariot II, wie Anm. 27, S. 134
[227] Ebd., S. 135
[228] Wie so oft widerspiegelt sich hier die persönliche Erfahrung des Autors. Karl May selbst war 'Grenzgänger'!
[229] May: Winnetou I, wie Anm. 10, S. 128
[230] May: Winnetou II, wie Anm. 35, S. 375
[231] Ebd., S. 376

dadurch selbst. Schließlich muß er seine Frau begraben, *»welche aus Schreck und Herzeleid gestorben war.«*[232] Old Death – aufgrund des Opiums zum Skelett abgemagert – sucht nun rastlos seinen Bruder, um sich ihm reuig zu zeigen. *»O du lieber Herr und Gott, was sind die Töne aller Posaunen der Welt gegen die nie ruhende Stimme im Innern eines Menschen, welcher sich einer schweren Schuld bewußt ist. Ich muß büßen und gut machen, so viel ich kann.«*[233] Diese Bußbereitschaft rehabilitiert den alten Scout. Old Shatterhand maßt sich nach dessen Beichte ausdrücklich kein Urteil über ihn an: *»Ihr thut mir herzlich leid, Sir. Ihr habt viel gesündigt, aber auch viel gelitten, und Eure Reue ist ernst. Wie könnte ich, wenn auch nur im stillen, mir ein Urteil anmaßen. Ich bin ja selbst auch Sünder und weiß nicht, welche Prüfungen mir das Leben bringt.«*[234]

Auch Klekih-petra, der *weiße Vater* und Erzieher Winnetous und Nscho-tschis, muß den ersten Eindruck, den der Ich-Erzähler von ihm hat, korrigieren. Auch er hat eine dunkle Vergangenheit:

»Ich war ein Dieb, denn ich habe viel, ach so viel gestohlen! Und das waren kostbare Güter! Und ich war ein Mörder. Wie viele, viele Seelen habe ich gemordet! Ich war Lehrer an einer höheren Schule; wo, das zu sagen, ist nicht nötig. Mein größter Stolz bestand darin, Freigeist zu sein, Gott abgesetzt zu haben, bis auf das Tüpfel nachweisen zu können, daß der Glaube an Gott ein Unsinn ist. Ich war ein guter Redner und riß meine Hörer hin. Das Unkraut, welches ich mit vollen Händen ausstreute, ging fröhlich auf, kein Körnchen ging verloren. Da war ich der Massendieb, der Massenräuber, der den Glauben an und das Vertrauen zu Gott in ihnen tötete. Dann kam die Zeit der Revolution [1848]. Wer keinen Gott anerkennt, dem ist auch kein König, keine Obrigkeit heilig. Ich trat öffentlich als Führer der Unzufriedenen auf; sie tranken mir die Worte förmlich von den Lippen, das berauschende Gift, welches ich freilich für heilsame Arznei hielt; sie stürmten in Scharen zusammen und griffen zu den Waffen. Wie viele, viele fielen im Kampfe! Ich war ihr Mörder, und nicht etwa der Mörder dieser allein. Andere starben später hinter Kerkermauern. Auf mich wurde natürlich mit allem Fleiße gefahndet; ich entkam.«[235] *»Ich hatte Gott verloren, als ich aus der Heimat ging, und nahm an Stelle des Reich-*

---

[232] Ebd., S. 377
[233] Ebd., S. 378
[234] Ebd., S. 377
[235] May: Winnetou I, wie Anm. 10, S. 128

tumes, den ein fester Glaube bietet, das Schlimmste mit, was der Mensch besitzen kann, nämlich – ein böses Gewissen.«[236]

Der weise Friedenslehrer der Apachen entpuppt sich beim näheren Hinsehen als ein von Schuld verfolgter ehemaliger Atheist. Er sieht sich als ein Mörder im doppelten – im metaphorischen wie eigentlichen – Sinne. Seine anerkennenswürdige Arbeit unter den 'Wilden' zeigt sich nun in einem neuen Licht, sie ist Reflex seines schlechten Gewissens, der Versuch, seiner Reue tätig Ausdruck zu verleihen. Sein alter Wunsch, den Glauben anderer Leute zu zerstören, hat sich ins Gegenteil gewandelt. Kurz vor seinem Tod äußert er im Hinblick auf Winnetou: *»Könnte ich doch den Tag erleben, an welchem er sich einen Christen nennt!«*[237]

Über die Handlungsführung der Reiseerzählungen schreibt Helmut Schmiedt: »Die weitreichende Unveränderlichkeit der Substanz wird (...) ergänzt durch zahlreiche und vielfältige Variationen im Detail«[238] Über die Mayschen Charaktere läßt sich wohl Entsprechendes aussagen. May übernimmt weitgehend die Schematisierungen des Abenteuerromans des 18. und 19. Jahrhunderts, im Erscheinungsbild seiner Charaktere offenbart sich zugleich ihr Wesen, die Mehrzahl kann ohne Probleme einem Gut-Böse-Schema zugeordnet werden. Allerdings ist das eben nur in einer Mehrzahl der Fälle so, und die Faszination seiner Charaktere liegt in der Variation im Detail. Auch wenn seine 'Grenzgänger' zahlenmäßig die Ausnahme darstellen, sind es oft gerade sie, die die ganze Faszination der Mayschen Figurenwelt eröffnen. May weicht das Gut-Böse-Schema immer wieder auf. Er verläßt ein dualistisches Weltbild, wenn er Gut und Böse nicht gleichberechtigt in die Schlacht schickt und wenn er Grenzcharaktere schafft. Es ist kein Zufall, daß wir gerade dort vermehrt auf diese Mischcharaktere treffen, wo die religiöse Motivation der Figuren zunehmend im Vordergrund steht.[239] Gerade in seinem christlichen Weltbild eröffnet Karl May seinen Charakteren Handlungsspiel- und Entwicklungsfreiraum. Sie sind nicht unwandelbar, keine bloßen Gut-Böse-Chiffren. Sie sind Charaktere mit Geschichte, innerer Spannung und Widersprüchlichkeit.

---

[236] Ebd., S. 127
[237] Ebd., S. 130
[238] Schmiedt, wie Anm. 122, S. 153
[239] Man beachte die Häufung dieser Charaktere gerade in der Surehand-Trilogie: Schahko Matto, Schiba-bigk, Old Wabble!

In der Beschreibung Kolma Puschis in 'Old Surehand III' zeigt sich eine Tendenz der gesamten Erzählung. Nachdem der stammeslose Indianer Kolma Puschi, der sich später als eine Frau namens Emily 'Tehua' Bender entpuppt, seiner Erscheinung nach beschrieben worden ist, folgt die entscheidende Bemerkung: *Dieser Rote war nicht das, was er schien, und schien nicht das, was er war.*[240] Kolma Puschi ist – im besten Sinne des Wortes – eine 'paradoxe' Person. Sie ist eine Person παρα την δόξαν, gegen den Schein. May mutet seinen Figuren zu, Geschöpfe Gottes zu sein. Als solche haben sie nicht nur Entscheidungsfreiraum gegenüber ihrem Schöpfer, sondern auch Verantwortlichkeit. In dieser drohen sie immer wieder zu versagen. Sie sind Charaktere mit Defiziterfahrungen, letztlich 'gebrochene Charaktere'; sie sind 'Sünder'. Als solche sind sie nicht statisch, sondern ruhelos und unterwegs. Das eröffnet ihnen erst die Möglichkeit einer Entwicklung, zum Guten wie zum Bösen.

Daß dies nicht zufällig oder selbstverständlich ist, sei zum Abschluß dieses Kapitels noch in einem Vergleich gezeigt. In einem Exkurs soll kurz die Personenkonstruktion Karl Mays mit derjenigen Gene Roddenberrys verglichen werden. Der Vergleich zwischen Mays Romanfiguren und Roddenberrys Star Trek-Figuren der TV-Science-Fiction-Serie ist nicht so weit hergeholt, wie man zunächst meinen mag. Der SF-Roman hat sich nicht zufällig auch aus dem Western entwickelt. Beide projizieren die jeweilige Gegenwart in einen anderen Raum und in eine andere Zeit. An den Grenzen der bekannten Welt wird das ersponnen, was innerhalb dieser Grenzen nicht mehr oder noch nicht möglich scheint. Mays Ideale eines Edelmenschen konnten innerhalb der ihm bekannten Zivilisation nicht existieren. Er verlegte seine Ideale an die Grenzen der Zivilisation. Nur hier konnte er sie so entfalten, wie er wollte. Ein Jahrhundert später stellt der 'Wilde Westen' keine Grenze des Bekannten mehr dar, er ist längst entmythologisiert. Die Mythen der Gegenwart entspinnen sich an der Grenze des ihr Bekannten: den Galaxien. Sie sind nicht auf dem Rücken eines Hatatitla zu erreichen, sondern im Raumschiff Enterprise – 'bravely go where no one has gone before'. Der Vergleich dieser Kulte wäre in vielerlei Beziehung reizvoll, hier seien nur deren Personenkonstruktionen kontrastiert. Wodurch unterscheiden sich nun Winnetou und Old Shatterhand von Captain Picard & Crew? Sie haben zunächst vieles gemeinsam, zum Bei-

---

[240] May: Old Surehand III, wie Anm. 11, S. 181

spiel Forschergeist, Verständigungs- und Versöhnungswille. Beide repräsentieren das Gute, wenngleich beide es nicht schlechthin selbst sind. In beiden Fällen ist das Weltbild nicht dualistisch,[241] das Böse ist nicht zu vernichten, sondern zu überwinden, das Fremde in seiner Eigenart anzuerkennen.

Den Hintergrund für diese Gemeinsamkeiten bildet hier wie da ein erklärt humanistisches Weltbild. Old Shatterhand und Jean-Luc Picard – beide handeln als deklarierte *Lehrer und Verbreiter der Humanität!*[242] Allerdings ist diese Humanität charakteristischerweise unterschiedlich begründet. Ist für Old Shatterhand die Humanität im Christentum begründet, so bedeutet für Captain Picard Humanität gerade die Überwindung jeglicher Religion. Im Gegensatz zur Classic-Serie wird in 'Star Trek – The Next Generation' deutlich, daß Religion vor allem als das Verhaften in evolutionär überholten Mythen gesehen wird, die den Menschen versklaven und von denen es sich zu befreien gilt.[243] Der christliche und der agnostische Humanismus als jeweiliger Hintergrund haben ungeahnte Konsequenzen für die Personenkonstruktion und Handlungsführung. Was die Entwicklungsfähigkeit seiner Charaktere betrifft, kommt – und das mag zunächst überraschen – Gene Roddenberry viel eher in Verlegenheit als Karl May. Nicht, daß sich Picards Crew-Mitglieder nicht entwickeln könnten. Natürlich können und sollen sie das, aber lediglich in einer gewissen Hinsicht. Eine Entwicklung des Individuums gegen die vernünftige Ordnung – und die ist in diesem Falle eine militärisch-hierarchische! – ist a priori ausgeschlossen. Auch in der Gefolgschaft des ungebundenen Westmannes Old Shatterhand gibt es eine Hierarchie, aber diese schließt die Möglichkeit eines eigenmächtigen Handelns zuungunsten des im Anführer repräsentierten positiven Prinzips ausdrücklich als realistisch ein. Old Wabble <u>kann</u> böse Taten begehen, Diana Troi nicht. Ein Mitglied der Brückenbesatzung der Enterprise kann sich nur dann der Leitdirektive, dem Picardschen Über-Ich oder der allgemein akzeptierten Vernunft gegenüber feindlich verhalten, wenn es von einer außerir-

---

[241] Diesbezüglich steht das Star-Trek-Universum G. Roddenberrys ganz im Gegensatz zur Star-Wars-Welt eines George Lucas.
[242] May: Old Surehand III, wie Anm. 11, S. 4
[243] Das zeigt sich in den Episoden Nr. 87 ('Devil's Due' – 'Pakt mit dem Teufel') und Nr. 52 ('Who Watches the Watchers?' – 'Der Gott der Mintakaner') besonders deutlich.

dischen Macht besessen und mißbraucht wird.[244] Sie können 'das Böse' zwar tun, aber dann nicht als sie selbst, sondern als andere. Zur menschlichen Schulderfahrung gehört nun aber die unausweichliche Erkenntnis, eben selbst schuld zu sein, und nicht als ein anderer. Locutus ist letztlich nicht Picard,[245] aber Wabble bleibt immer Wabble. Die Menschlichkeit der Charaktere Roddenberrys ist nicht selten eine unmenschliche, da sie den Menschen nichtmenschliche Prämissen abverlangt. Die Charaktere Mays haben die grundsätzliche Möglichkeit unvernünftigen Handelns, Picards Besatzung hat sie nicht. Einem gemeinsam gefaßten Entschluß, einem militärischen Befehl innerhalb der Crew kann nicht wirklich zuwidergehandelt werden. »Roddenberrys Konzept einer völlig konfliktlosen Gruppe«[246] erwies sich nicht nur als begrenzt handlungstauglich, sondern auch als bar jeder menschlichen Erfahrung. Die 'gebrochenen Charaktere' Mays erweisen sich – gerade aufgrund ihres christlichen Weltbildes – diesbezüglich als weitaus realitätsnäher, als man ihnen zunächst zugetraut hätte.

---

[244] Siehe z. B. N7 'Lonely Among Us' ('Die geheimnisvolle Kraft'), N74+75 'The Best of Both Worlds Part I+II' ('In den Händen der Borg'/'Angriffsziel Erde'), N115 'Power Play' ('Ungebetene Gäste') und andere.
[245] In N74+75 'The Best of Both Worlds Part I+II'.
[246] Ralph Sander: Das Star Trek-Universum. Band 1. München 1993, S. 445

4. 'Klekih-petra' oder Es gibt keinen Zufall: Bemerkungen zu Karl Mays Handlungskonstellationen

» ... Ein Deutscher, der ein vollständiger Apache geworden ist! Kommt Ihnen das nicht außerordentlich vor?« »Außerordentlich nicht. Gottes Wege erscheinen oft wunderbar, sind aber stets sehr natürliche.« »Gottes Wege! Warum sprechen Sie von Gott und nicht von der Vorsehung, dem Schicksale, dem Fatum, dem Kismet?« »Weil ich ein Christ bin und mir meinen Gott nicht nehmen lasse.« »Recht so; Sie sind ein glücklicher Mensch! Ja, Sie haben recht: Gottes Wege erscheinen oft wunderbar, sind aber stets sehr natürliche. Die größten Wunder sind die Folgen natürlicher Gesetze, und die alltäglichsten Naturerscheinungen sind große Wunder. Ein Deutscher, ein Studierter, ein namhafter Gelehrter, und nun ein richtiger Apache; das scheint wunderbar; aber der Weg, der mich zu diesem Ziele geführt hat, ist ein sehr natürlicher.«[247]

Mitten im weiten Westen trifft ein junger deutscher Feldmesser den weisen Lehrmeister der Apachen, der sich nicht nur als Weißer, sondern gar als ehemaliger deutscher *Freigeist*[248] und Lehrer einer höheren Schule entpuppt! Überrascht? Wunderbarer Zufall? Wohl kaum! Wäre Klekih-petra Karl-May-Leser, er wüßte, daß bei diesem die unwahrscheinlichsten und wunderbarsten Begegnungen zum literarischen Alltag gehören, zum Repertoire seiner Standardmotive.

Im Grunde passiert in Karl Mays Reiseerzählungen immer dasselbe: Eine überschaubare Anzahl von Motiven bildet in variierter Zusammensetzung neue Handlungskonstellationen. H. Schmiedt schreibt, es gelte »für Mays Standardmotive und die Vertrautheit des Lesers mit ihnen das gleiche wie für die Handlung generell: Man kennt sie in ihren Grundzügen, stößt aber auf immer neue Veränderungen und Überraschungen im Detail.«[249] Zu Mays Standardmotiven gehören z. B. das Anschleichen, Belauschen und Pläneschmieden, die Abfolge von Gefangennahme, Befreiung und Flucht, Detektiv-Gespräche, Glaubensgespräche, Bekehrungen und religiösethische Exkurse, inhaltliche Vorwegnahmen, Belehrungen und

---

[247] Gespräch zwischen Klekih-petra und Old Shatterhand (May: Winnetou I, wie Anm. 10, S. 126f.)
[248] Ebd., S. 128
[249] Schmiedt, wie Anm. 122, S. 162

Selbstdarstellungen des Ich-Erzählers, Landschaftsbeschreibungen, Personenbeschreibungen, Humoresken u. ä. m. Einen möglichen 'ideal-typischen' Handlungsablauf entwirft Helmut Schmiedt so: »(...) die Schurken fliehen nach vollbrachter Untat und werden von den guten Menschen verfolgt; diese erreichen sie schließlich unbemerkt, der Held schleicht sich in ihr Lager und belauscht die Feinde, um sich über ihre weiteren Absichten zu informieren; er entwirft daraufhin einen Plan, mit dem die Verbrecher in eine Falle gelockt und gefangengenommen werden; es gelingt ihnen jedoch erneut, zu entkommen, und das Ganze beginnt von vorn.«[250]

Dieselben Grundmuster wiederholen sich und variieren im ständigen Wechsel der Topographie. In der Bewegung von der Ebene zur Höhe (wie z. B. von den Wüsten des Llano Estacado zum Gipfel des Devils-head) wächst die Anzahl der Protagonisten auf beiden Seiten stetig und verwickelt so den Ich-Helden in diverse Nebenhandlungen. Seine Gefährten »haben die pragmatische Auflage, die Abenteuer zu vermehren und die Angriffsfläche des Ich gegenüber den Feinden zu vergrößern, und sie haben die erzähltechnische Auflage, das Ich zum Sprechen zu bringen.«[251] Das ewige Verfolgungsspiel endet häufig am dramatischen und topographischen Höhepunkt durch ein Gottesurteil.

Wie bereits erwähnt, liegen die »Überraschungen im Detail.«[252] Wenn Old Shatterhand einen Zukunftsplan entwirft, so kann man allgemein davon ausgehen, daß sich dieser auch erfüllen wird, aber er muß es nicht. Abweichungen sind immer wieder möglich, bestätigen die Regel. Einen wundervoll ironischen Bruch findet man (kaum zufälligerweise!) gegen Ende von 'Old Surehand III', wenn – zur vollkommenen Überraschung Winnetous – sein weißer Blutsbruder ausruft: »*Diese Geschichte muß ein Ende nehmen. Ich habe das ewige Anschleichen satt!*«[253]

Ein Motiv, dem man in den Mayschen Erzählungen in unterschiedlicher Spielart immer wieder begegnet, das sich aber in den Augen vieler Kritiker geringer Popularität erfreut, ist das der zufälligen Begegnung: »Da reitet Old Shatterhand in 'Old Surehand III' dem Titelhelden nach, spekuliert über dessen dunkle Vergangenheit – und just zum selben Zeitpunkt sind auf demselben Weg alle Per-

---

[250] Ebd.
[251] Klotz, wie Anm. 123, S. 85
[252] Schmiedt, wie Anm. 122, S. 162
[253] May: Old Surehand III, wie Anm. 11, S. 555

sonen unterwegs, die in dieser Vergangenheit eine wichtige Rolle spielten; selbst im Riesenreich China stolpert der Protagonist buchstäblich über diejenigen, die er nach allen Wahrscheinlichkeitsrechnungen erst bei gezielter Suche hätte finden können ('Der blau-rote Methusalem'). May hat viel Mühe darauf verwandt, diese gewaltsamen Konstruktionen pseudo-philosophisch oder -religiös zu verbrämen, indem er an einschlägigen Stellen von wundersamen Fügungen, von der Vorsehung und ähnlichem sprach; das alles ändert nichts daran, daß der Leser es hier mit einem Kunstgriff zu tun hat, der Mays Phantasie nun in der Tat nicht das beste Zeugnis ausstellt.«[254]

Das »Motiv (...) der zufälligen Begegnung«[255] ist allerdings nur eine Spielart einer umfassenderen Absicht. Immer wieder läßt der Autor May seinen Figuren etwas 'zu-fallen', was diese zunächst oft nur als Zufall interpretieren. Dies erweist sich (meist jedoch im Rückblick) stets als Torheit.[256] Immer wieder haben seine Protagonisten Träume,[257] Visionen,[258] (Vor-)Ahnungen des Kommenden,[259] die sie nicht als Zufall abtun dürfen,[260] sondern als warnenden *geistigen Anhauch*,[261] Führung eines überirdischen Wollens[262] erkennen sollen. Sehr oft sind diese Vorahnungen Todesahnungen, die dem Tod unmittelbar vorausgehen und es den Betreffenden ermöglichen, Verschiedenes noch ins Reine zu bringen, ihr Gewissen zu erleichtern, Schuldvergebung zu erlangen, Anweisungen für die Zukunft zu geben oder einfach ein befreiendes seelsorgerliches Gespräch mit dem Ich-Erzähler zu führen. Dies geschieht besonders ausführlich

---

[254] Schmiedt, wie Anm. 122, S. 163
[255] Ebd.
[256] z. B.: May: Old Surehand I, wie Anm. 7, S. 573, S. 606f. – ders.: Old Surehand III, wie Anm. 11, S. 156, S. 206 – ders.: Winnetou II, wie Anm. 35, S. 509 – ders.: »Weihnacht!«, wie Anm. 1, S. 292 u. a.
[257] May: Winnetou III, wie Anm. 40, S. 624 (das Ende Santers)
[258] May: »Weihnacht!«, wie Anm. 1, S. 594 (die Vision des sterbenden Carpio, die es Old Shatterhand ermöglicht, das Leben Hillers zu retten, und die gleichzeitig die göttliche Rettungsantwort auf Hillers 'Lästerung' von S. 568f. darstellt)
[259] May: Old Surehand III, wie Anm. 11, S. 3, S. 206, S. 293f.
[260] *Solchen Stimmen pflege ich zu trauen; sie täuschen selten.* (Ebd., S. 57) *»Ahnungen sind innere Stimmen, auf die ich immer achte.«* (Ebd., S. 471) u. ä. m.
[261] Ebd., S. 156
[262] Ebd., S. 292

bei Klekih-petra,²⁶³ Old Death,²⁶⁴ Carpio²⁶⁵ und Winnetou.²⁶⁶ Bisweilen ahnt Old Shatterhand den Tod einer der Bösewichter voraus,²⁶⁷ aber niemals haben diese selbst eine vergleichbare Ahnung. Todesahnungen haben nur Protagonisten auf Seite des Ich-Erzählers, diejenigen, die an eine höhere Fügung in ihrem Leben glauben. Weil sie von vornherein dem Zufall keine Macht einräumen, kann sie auch der Tod nicht zufällig treffen. Daß es für den Ich-Erzähler keinen Zufall gibt, betont dieser mehrmals ausdrücklich.²⁶⁸ Aber diese Erkenntnis erschließt sich – wie auch einführendes Zitat zeigt – nur einer glaubenden Existenz. Der Glaubende sieht in der Fügung der Ereignisse – seien es auch ganz natürliche – ein bestaunenswertes Wunder, welches hingegen *der Zweifler Zufall*

---

[263] *»Woher es nur kommt, daß ich Ihnen dies erzählt habe? Ich sehe Sie heut zum erstenmal und werde Sie vielleicht nie wiedersehen. Oder ist es auch eine Gottesfügung, daß ich hier und jetzt mit Ihnen zusammengetroffen bin? Sie sehen, ich, der frühere Gottesleugner, suche jetzt alles auf diesen höheren Willen zurückzuführen. Es ist mir mit einemmal so sonderbar, so weich, so wehe um das Herz, doch ist dies 'wehe' kein schmerzliches Gefühl. Eine ganz ähnliche Stimmung überkommt einen, wenn im Herbste die Blätter fallen. Wie wird sich das Blatt meines Lebens vom Baume lösen? Leise, leicht und friedlich? Oder wird es abgeknickt, noch ehe die natürliche Zeit gekommen ist?«* (Klekih-petra in May: Winnetou I, wie Anm. 10, S. 131)

[264] *»Es muß heraus; ich muß es Euch sagen. Und warum grad Euch? Weil ich trotz Eurer Jugend ein großes Vertrauen zu Euch habe. Und weil es mir in meinem Innern ganz so ist, als ob morgen etwas passieren werde, was den alten Scout verhindern wird, seine Sünden zu bekennen.«* (Old Death in May: Winnetou II, wie Anm. 35, S. 374)

[265] *»Ich sterbe; nicht wahr?« »Ja.« »Ich danke dir! Weißt du, das Sterben ist gar nicht so schlimm, wie viele denken. Ich sage dir so glücklich lebewohl und begrüße dich dann bald im Jenseits selig wieder. Höre, Sappho, weine nicht!«* (Carpio und Old Shatterhand in May: »Weihnacht!«, wie Anm. 1, S. 592f.)

[266] *»Für den Hancock-Berg wird morgen ein neuer Tag beginnen, aber nicht für Winnetou. Seine Sonne wird erlöschen, wie diese dort erloschen ist, und nimmer wieder aufgehen. Die nächste Morgenröte wird ihm im Jenseits lachen.« »Das sind Todesahnungen, denen sich mein lieber Bruder Winnetou nicht hingeben darf! ...«* (Winnetou und Old Shatterhand in May: Winnetou III, wie Anm. 40, S. 462)

[267] May: Old Surehand II, wie Anm. 52, S. 646f. – ders.: Old Surehand III, wie Anm. 11, S. 491, S. 496 (Old Wabble) – ders.: Winnetou III, wie Anm. 40, S. 624 (Santer) – ders.: Satan und Ischariot III, wie Anm. 27, S. 587 (Jonathan Melton)

[268] z. B.: May: Old Surehand III, wie Anm. 11, S. 156f. – ders.: »Weihnacht!«, wie Anm. 1, S. 528

zu nennen pflegt.[269] Es ist das glaubende Individuum, das in seinem frommen Selbstbewußtsein auch in einem natürlichen Weg einen gottgewirkten sieht. Als Glaubender kann Old Shatterhand – »*Weil ich ein Christ bin und mir meinen Gott nicht nehmen lasse*«[270] – nicht einfach an Zufall glauben. Er betont: »*Auf Glück und Zufall rechne ich niemals.*«[271] Ob es sich aber bei einem 'zufälligen' Ereignis um Fügung oder Zufall handelt, ist nicht etwa objektiv vorgegeben, sondern dieses Urteil überläßt May dem individuellen (religiösen) Selbstverständnis seiner fiktiven Figuren oder seiner Leser. Was die Bewertung einer Fügung als Wunder angeht, ist er oft Kind eines neuzeitlich-aufgeklärten Weltbildes, wo die »im W[under] ausgesprochene Lebendigkeit der religiösen Erfahrung (...) nicht zur Antwort auf den Selbsterweis der Lebendigkeit Gottes«[272] wird. Daß ein 'Wunder' auch der sehenden Augen dessen bedarf, der dieses auch als ein Zeichen Gottes sieht, ist zwar der biblischen Tradition nicht unbekannt,[273] aber die im einleitenden Zitat erfolgte enge Verknüpfung der Wunder Gottes mit den Naturgesetzen[274] verweist doch auffällig auf ein aufklärerisches Wunderverständnis.

Wer oder was nun der Urheber dieser wunderbaren Ahnungen und Fügungen sei, bleibt manchmal recht vage: *ein guter Geist,*[275] ein *geistige(r) Anhauch,*[276] *ein Etwas in mir*[277] u. ä. m.

Manchmal ist von einem überirdischen Wollen oder Willen die Rede.[278] Dieser darf aber nicht als unpersönliches *Schicksal, Fatum*

---

[269] *Ich ... mußte dabei wieder einmal eine jener höheren Fügungen bewundern, welche der Zweifler Zufall zu nennen pflegt.* (May: Winnetou III, wie Anm. 40, S. 117)
[270] May: Winnetou I, wie Anm. 10, S. 126
[271] May: Old Surehand III, wie Anm. 11, S. 206
[272] J. Baur: Wunder. V. Dogmengeschichtlich. In: Die Religion in Geschichte und Gegenwart VI. Handwörterbuch für Theologie und Religionswissenschaft. Hrsg. von Kurt Galling. Studienausgabe Tübingen ³1986, S. 1838-1841 (1840)
[273] Vgl. z. B. 2 Kön 6, 8-17 oder Joh 9.
[274] »*Die größten Wunder sind die Folgen natürlicher Gesetze, und die alltäglichsten Naturerscheinungen sind große Wunder.*« (May: Winnetou I, wie Anm. 10, S. 126)
[275] May: Old Surehand I, wie Anm. 7, S. 548
[276] May: Old Surehand III, wie Anm. 11, S. 156
[277] Ebd., S. 80
[278] *Der sogenannte* »*Herr der Schöpfung*« *mag sich trotz des vielgerühmten Reichtums seiner geistigen Eigenschaften ja nicht vermessen, daß er von keiner andern Führung abhängig sei als nur von seinem Willen! Mag er es noch so*

oder *Kismet*[279] verstanden werden, sondern will mit Gott identifiziert sein.[280] Von diesem Wollen und Handeln Gottes wird in teilweise alttestamentlich-anthropomorpher Sprache gesprochen.[281] Das Wollen und Handeln Gottes übertrifft dabei das Wollen oder Handeln des Menschen, ist also mit diesem nicht einfach identisch.

In 'Old Surehand III' gesteht Old Shatterhand bekenntnishaft:

Wie oft bin ich zu einer bestimmten Handlung fest und unerschütterlich entschlossen gewesen und habe sie dennoch ohne jeden sichtbaren oder in mir liegenden Grund unterlassen. Wie oft habe ich im Gegenteile etwas gethan, was nicht im entferntesten in meinem Wollen lag. Wie oft ist mein Verhalten ganz plötzlich und ohne alle Absicht ganz anders geworden, als es in der Logik meines Wesens begründet gewesen wäre. Das war das Ergebnis eines Einflusses von außer mir her, der stets die besten Folgen hatte, sobald und so oft er sich geltend machte. Wie oft habe ich nach einem von mir selbst herbeigeführten Ereignisse dennoch voller Verwunderung dagestanden, wie oft nach einem von mir angestrebten Erfolge dennoch sagen müssen: »das habe nicht ich, sondern das hat Gott gethan!« ... Wie oft habe ich Situationen, an welche nach menschlichem Ermessen in meinem ganzen Leben nicht zu denken war, voraus empfunden, voraus durchlebt und dann, wenn sie sich genau nach diesem Seelenbild einstellten, zu

---

sehr bezweifeln, es giebt einen Willen, der hoch über allem irdischen Wollen erhaben ist. (Ebd., S. 292)
Es war, als ob ich nach einem von mir unabhängigen und doch in mir wohnenden Willen handeln müsse, welcher mir verbot, mich an ihm zu vergreifen, weil er, wenn er sich nicht bekehre, für ein ganz besonderes göttliches Strafgericht aufgehoben sei. (Ebd., S. 4)
[279] May: Winnetou I, wie Anm. 10, S. 126
[280] *»Es hält mich ein Etwas in mir, dem ich nicht widerstehen kann, davon ab, dem gerechten Walten Gottes vorzugreifen ...«* (May: Old Surehand III, wie Anm. 11, S. 80)
»Oder ist es auch eine Gottesfügung, daß ich hier und jetzt mit Ihnen zusammengetroffen bin? Sie sehen, ich, der frühere Gottesleugner, suche jetzt alles auf diesen höhern Willen zurückzuführen.« (Klekih-petra in May: Winnetou I, wie Anm. 10, S. 131)
[281] *»Die Hand Gottes treibt den Mörder ...«* (May: Old Surehand III, wie Anm. 11, S. 532)
... und desto inniger hält er [der Westmann] die Ueberzeugung fest, daß er selbst in der tiefsten Einsamkeit von einer Hand geleitet wird, die stärker ist als alle irdische Gewalt. (May: Winnetou III, wie Anm. 40, S. 358)
Wieviel glücklicher ist da doch derjenige, welcher glaubt, daß Gottes Auge ihn bewacht ...! (May: »Weihnacht!«, wie Anm. 1, S. 528)

meinem dankbaren Erstaunen einsehen müssen, daß mit diesem Vorausgefühle mein Vorteil, ja mein Heil bezweckt gewesen war.[282]

Das Wollen Gottes liegt demnach eindeutig außerhalb des Menschen. Gott handelt <u>am</u> Menschen. Von Gott spricht May wie von einer Person, einem eigenständigen Subjekt außerhalb des Menschen.

Hatte sich in Mays Zufallsmotiv zuvor ein aufklärerisches Wunderverständnis gezeigt, so zeigt sich hier zugleich, daß er den charakteristischen 'Subjektwechsel' des Neuprotestantismus nicht vollzogen hat. Er hält daran fest, über Mensch und Gott als Handelnde unabhängig Aussagen zu machen.

Bei May dienen dem Glaubenden, den in Gottes Walten Vertrauenden – so könnte man in Anlehnung an Röm 8, 28 sagen –, »alle Dinge zum Besten«.[283] Es ist nicht zuletzt diese strikte Verneinung des Zufalls, die May in seinen Erzählungen *»das Gute dem Bösen stets überlegen«*[284] sein läßt. Personenkonstruktion und Handlungskonstellation hängen hier aufs engste zusammen. Bösewichter und 'Grenzgänger' ereilt die gerechte Strafe nicht zufällig, sondern häufig aufgrund eines Gottesurteiles: Ein Stakeman richtet sich selbst und hilft damit seinen Verfolgern aus einer Verlegenheit,[285] Jonathan Melton stirbt, wie prophezeit, durch seine eigene Hand,[286] Santer, in Erfüllung eines Traumes Old Shatterhands, in einer Sprengfalle des toten Winnetou,[287] Old Wabble gemäß einer wiederholten Ahnung Old Shatterhands,[288] Dan Etters, von Gottes Hand

---

[282] May: Old Surehand III, wie Anm. 11, S. 155f.
[283] Einmal kommt Old Shatterhand sogar der Wind rechtens zu Hilfe, *»als ob er ein vernünftiges Wesen wäre und die Absicht hätte, uns beizustehen.«* (May: Old Surehand I, wie Anm. 7, S. 521)
[284] May: Old Surehand III, wie Anm. 11, S. 293
[285] May: Winnetou III, wie Anm. 40, S. 138
[286] *Solche Augenblicke muß man erleben, aber darüber sprechen, darüber schreiben kann man nicht. Das ist das Gericht Gottes, welches schon hier auf Erden beginnt und sich bis jenseits des jüngsten Tages in alle Ewigkeit erstreckt! Auf derselben Stelle auch ganz derselbe Tod! Erstochen! Ich hatte ihm gesagt, er werde sterben wie Ischariot – von seiner eigenen Hand. Wie schnell war das in Erfüllung gegangen!* (May: Satan und Ischariot III, wie Anm. 27, S. 609)
[287] May: Winnetou III, wie Anm. 40, S. 623f.
[288] Vgl. May: Old Surehand II, wie Anm. 52, S. 646f. – ders.: Old Surehand III, wie Anm. 11, S. 491, S. 496.

getrieben,[289] am Orte seiner früheren Verbrechen – just auf dieselbe Weise wie der von ihm zu Tode gefolterte Wabble, mit eingepreßtem Unterleib.[290] Mr. Hiller entgeht dem Urteilsspruch, den er zuvor unwissentlich über sich selbst verhängt hatte,[291] nur knapp aufgrund einer Vision des sterbenden Carpio.[292]

Viele dieser gewagten Handlungskonstrukte fallen dem, die Abenteuerhandlung rasch verschlingenden, Leser vielleicht gar nicht auf. Wenn May aber in '»Weihnacht!«' das Motiv der zufälligen Begegnung derart auf die Spitze treibt, daß selbst der unbefangenste Leser stutzig werden muß, ergreift er die Möglichkeit zur Flucht nach vorn und expliziert in einem eigenen Zufallsexkurs etwas ausführlicher das, was man anderenorts in seinen Werken zwar immer wieder angedeutet, aber nicht so konkret wie hier ausformuliert findet:

Wie oft in meinem Leben habe ich jene große Potenz bewundern müssen, welche aus uns unbekannten Gründen und Ursachen Folgen und Ereignisse zieht, die uns überraschend kommen, weil wir eben nichts von der Veranlassung dazu wußten! Diese Macht wird von dem gewöhnlich denkenden Menschen Zufall genannt. Man macht es sich da leicht; man braucht keine geistige Anstrengung dazu; man hat keine Verantwortung; man riskiert nicht, wegen des »Ammenmärchens« von Gottes Weisheit ausgelacht zu werden; man sagt eben von jeder auf unerwartete und unerklärliche Weise eingetretenen Thatsache, daß sie dem Zufalle zu verdanken sei. Ich beneide die Anhänger der Zufallslehre nicht. Sie beugen ihre Häupter vor dem bloßen, aller Intelligenz baren Ohngefähr, vor einem seelen- und willenlosen Etwas, welches ihnen keinen Halt bieten kann, sondern ihnen denselben nur zu rauben vermag. Wieviel glücklicher ist da doch derjenige, welcher glaubt, daß Gottes Auge ihn bewacht und Gottes Vaterhand ihn durch das Leben leitet! Für ihn sinken die in sein Leben eingreifenden Ereignisse nicht zu unmotivierten Vorgängen herab, welche sich auch ganz anders hätten gestalten können, sondern alles, was geschieht, trägt einen zurückgreifenden Grund und eine weise, in die Zukunft blickende Absicht in sich, der man sich mit beruhigendem Vertrauen hingeben kann, obgleich man sie nicht zu begreifen vermag.

---

[289] Vgl. May: Old Surehand III, wie Anm. 11, S. 532.
[290] Ebd., S. 561
[291] May: »Weihnacht!«, wie Anm. 1, S. 569
[292] Ebd., S. 594

So fiel es mir auch gar nicht ein, meine Begegnung mit Hiller und dem alten Amos Sannel für Zufall zu halten; Gott hatte es gewollt, daß wir uns treffen sollten.[293]

Gott hatte es gewollt, mit diesem Pfeil im Argumentationsköcher kann man allerdings jeden Handlungspudel schießen! Es ist H. Schmiedt also vorerst nicht zu verübeln, wenn er diese Vorgehensweise des Autors als phantasielosen, religiös verbrämten Kunstgriff abtut.[294] Nun ist es aber eben gerade nicht so, daß, wie ich mich zu zeigen bemüht habe, May diesen Kunstgriff nur dann als 'Notnagel' verwendet, wenn er die Handlung nicht mehr anders 'zusammenschustern' kann und nur mehr der 'Zufalls-Joker' zu stechen verspricht, vielmehr ist das 'Motiv der Fügung' als ein zentrales Handlungsprinzip der Mayschen Erzählungen zu sehen, das, um im Bild zu bleiben, nicht einfach als Joker aus dem Ärmel geschüttelt wird, sondern von Anfang an eine entscheidende Karte im Spiel ist.

Wenn sich für die Protagonisten in Mays Erzählungen immer wieder alles zum Besten fügt, so haben sie das natürlich weder dem Zufall noch dem Willen Gottes, sondern vielmehr dem ihres Autors zu verdanken. Man sollte aber daran denken, daß May als Autor seiner literarischen Geschöpfe dabei unter Umständen nicht anders verfährt, als er es in seinem glaubenden Selbstverständnis selbst als Geschöpf des Autors seiner Lebensgeschichte erfahren hat. Seine oftmals wiederholten Wie-oft-habe-ich-erlebt-Bekenntnisse[295] scheinen in ihrem Aussagegehalt doch deutlich über die literarische Figur des Old Shatterhand hinauszugehen. In 'Old Surehand III' verweist Shatterhand wiederholt auf seine (bzw. Mays) Glaubenserfahrungen als Kind. Auch in seiner Bestreitung des Zufalls erinnert er sich an ein nicht näher spezifiziertes Ereignis seiner Schulzeit, in dem er

---

[293] Ebd., S. 528
[294] Vgl. Anm. 254 (Man darf in diesem Zusammenhang vielleicht auf einen 'Trick' des Dramatikers Friedrich Dürrenmatt verweisen, der, als ihm im 'Besuch der alten Dame' eine Liebesszene im Wald nur »etwas peinlich« gelingen wollte, die Flucht nach vorne antrat und sie dadurch »erträglich zu machen« suchte, daß er durch eigene Baum-Darsteller den Bühnenraum dergestalt poetisch überzeichnete, so daß einem etwaigen Inszenator (und dessen Publikum) fortan gar keine andere Wahl blieb, als diese offensichtliche Überzeichnung schlichtweg zu akzeptieren. (Vgl. Friedrich Dürrenmatt: Der Besuch der alten Dame. Eine tragische Komödie (Neufassung 1980). Zürich 1985, Anmerkung I, S.141f.)).
[295] May: Old Surehand III, wie Anm. 11, S. 155f. – ders.: »Weihnacht!«, wie Anm. 1, S. 528

aus einer großen Gefahr errettet worden war.[296] In einem Gedicht, das er daraufhin in sein Tagebuch geschrieben haben, ihm allerdings *nicht den geringsten poetischen Wert*[297] zuerkennen will, heißt es dazu am Schluß der dritten Strophe:

> *Ich will die Jugendbilder mir erhalten*
> *Und glaub an Gottes unerforschlich Walten*
> *Wie ich's vertrauensvoll geglaubt als Kind.*[298]

---

[296] May: Old Surehand III, wie Anm. 11, S. 156
[297] Ebd.
[298] Ebd., S. 157

5. Von Fremden zu Blutsbrüdern: Rassen, Randgruppen und Religionen

Daß ein beachtlicher Teil der Gefährten des Ich-Helden Deutsche sind, so wie er selbst auch einer ist, wurde bereits erwähnt.[299] Old Shatterhand ist stolz auf seine deutsche Herkunft und verweist immer wieder auf deren Vorzüge: Deutsches Liedgut zeuge von *Innigkeit und Gemütstiefe*,[300] wie überhaupt nur der Germane *Gemüt*[301] besitze. Dieses hilft ihm, menschlich zu handeln und aufsteigende Bitterkeit zu überwinden.[302] Als Kara Ben Nemsi kann der Ich-Erzähler einer Beduinin versichern: *»Ein Almani oder Nemsi ist keines Menschen Feind; wir lieben den Frieden und halten Allahs Gebote«*.[303] (Andererseits weiß er, daß die deutsche Sprache auch ein trügerisches Erkennungszeichen sein kann[304] und nicht jeder Deutsche ein ehrenwerter Mensch ist.[305]) Old Shatterhand ist als ein *ehrlicher Deutscher* jedenfalls weniger gewissenhaften Arbeitskollegen (*echte Yankees*) gegenüber *ein Hemmschuh*.[306] Die Yankees sind schon rein äußerlich an ihrer *verkniffene(n) Yankeephysiognomie*[307] erkenntlich. Sie tragen die Schuld am Untergang der Indianer.[308] Mit ähnlich erschreckender erzählerischer Schablonenhaftigkeit werden die wenigen auftretenden Juden gezeichnet. Die Jüdin Judith Silberstein aus der 'Satan und Ischariot'-Trilogie könnte in

---

[299] Vgl. Kap. 3.1.
[300] May: Satan und Ischariot III, wie Anm. 27, S. 142
[301] May: Satan und Ischariot I, wie Anm. 27, S. 407
[302] *Der Mann, der Charakter in mir, wollte beleidigt thun, der Mensch in mir aber, das alte, gute, deutsche Gemüt, überwand die aufsteigende Bitterkeit.* (May: Old Surehand III, wie Anm. 11, S. 459)
[303] May: Satan und Ischariot II, wie Anm. 27, S. 340 (Es ist dabei zu beachten, daß Karl May den Begriff 'Allah' - ganz der arabischen Sprache entsprechend - als allgemeine Gottesbezeichnung, nicht aber als einer speziellen Religion zugehörig, verwendet.)
[304] May: Winnetou II, wie Anm. 35, S. 95
[305] Eine diesbezügliche Ausnahme stellt z. B. Carpios Onkel in '»Weihnacht!«' dar.
[306] May: Winnetou I, wie Anm. 10, S. 37
[307] May: Winnetou II, wie Anm. 35, S. 405
[308] *Der echte Yankee, der Native, wird nun und nimmermehr zugeben, daß er schuld am Untergange der Indsmen, am gewaltsamen Tode seines roten Bruders sei!* (May: Old Surehand III, wie Anm. 11, S. 289)

einer skizzenhaften Charakterisierung mit den Eigenschaftswörtern 'schön', 'geldgierig' und 'verschlagen' beschrieben werden.[309] Pauschale Schuldzuweisungen an das jüdische Volk findet man allerdings nicht.[310] Rainer Jeglin spricht von einem »Changieren zwischen einer im Ganzen tolerant-judenfreundlichen Grundhaltung des Autors und der Verwendung antijüdischer Stereotypen«,[311] dem aber »(wie überall bei May) jegliche rassistisch-antisemitische Argumentation oder Charakterisierung fehlt«.[312] May sei »in seiner Judenvorstellung im weitgehend positiven Sinn 'ungleichzeitig' und 'unmodern'«[313] geblieben, indem er noch dem frühaufklärerischen Judenideal anhing, als »die aktuellen Fieberkurven des kaiserzeitlichen Antisemitismus«[314] bereits wieder im Steigen begriffen waren.

Schlimmer in punkto Pauschalurteile ergeht es den Chinesen in Mays Reiseerzählungen: *... alle haben die häßlich aufgeworfenen Lippen, die eckig hervorstehenden Backenknochen, die schief geschlitzten Augen ...; überall sieht man in den häßlichen, nichtssagenden Zügen den Ausdruck, den man mit dem Worte leer bezeichnen möchte und der infolgedessen nicht einmal ein Ausdruck wäre, wenn nicht aus den zugeblinzten Augen ein Etwas blickte, welches sie alle kennzeichnet: die List.*[315]

---

[309] Vgl. z. B. May: Satan und Ischariot II, wie Anm. 27, S. 98ff. u. a. m. Dem ehemaligen Liebhaber Judiths gegenüber versichert Old Shatterhand, seine künftige Frau werde *»nicht die geringste Aehnlichkeit mit Ihrer Judith besitzen«.* (May: Satan und Ischariot I, wie Anm. 27, S. 544) Vgl. auch Helmut Schmiedt: Identitätsprobleme. Was 'Satan und Ischariot' im Innersten zusammenhält. In: Jb-KMG 1996. Husum 1996, S. 247-265 (257ff.)

[310] In seiner letzten, in Wien gehaltenen, Rede 'Empor ins Reich der Edelmenschen!' spricht May in überschwenglicher Hochachtung vom Volk Israel: *Und Israel, das Volk Gottes! Was haben wir von ihm überkommen und geerbt! Nie können wir genug dankbar sein! Was ist sein Gott für den Poeten! Welche Regeln der Menschlichkeit!* (Aus Mays Redekonzept, dokumentiert von Bartsch: wie Anm. 115, S. 59)

[311] Rainer Jeglin: Karl May und der antisemitische Zeitgeist. In: Jb-KMG 1990. Husum 1990, S. 107-131 (127)

[312] Ebd., S. 126

[313] Ebd., S. 128

[314] Ebd.

[315] May: Winnetou III, wie Anm. 40, S. 286f. (Diese einseitige Zeichnung der Chinesen wird May in seinem Spätwerk zu korrigieren suchen. Aber auch in 'Winnetou III' relativiert May den negativen Eindruck, der durch die Beschreibung des Äußeren entsteht. In den nächsten beiden Abschnitten charakterisiert er die Chinesen als fleißig, geschickt, geduldig und bescheiden.)

Schwarzen gegenüber müht sich May, ein differenzierteres Bild zu zeichnen. Er lehnt die abwertende Fremdbezeichnung 'Nigger' wiederholt ab[316] und zeigt auf, daß Weiße manche Lektion von den Schwarzen zu lernen hätten,[317] aber trotz aller gegenläufigen Versuche bleibt May den traditionellen Rollenmustern seiner Umwelt verhaftet. Die Schwarzen in seinen Handlungen kommen zumeist über die Rolle der lustig-listigen Dienstboten nicht hinaus. Die Charakterisierung des Negers Sam gestaltet sich in seiner konkreten Ausformulierung bisweilen verräterisch zweideutig.[318] Der Neger Bob – *die geistigen Schwächen seiner Rasse überhaupt nicht gerechnet*[319] – steht in ebenso zweideutigem Ruf.

Betrachtet man Zitate wie diese, ist man geneigt zu verstehen, wie Karl May zu einem der Lieblingsautoren Adolf Hitlers werden konnte. Klaus Mann schreibt gar, »Adolf, faul und ziellos, fühlte sich völlig zu Hause in diesem fragwürdigen Labyrinth eines krankhaften und infantilen Hirns.«[320] Es muß allerdings hinterfragt werden, inwieweit Hitler sich zu Recht in Mays Werken »zu Hause« fühlen durfte. Wiewohl man tendenziöse Aussagen Mays, wie die oben angeführten, nicht verschweigen kann oder darf, muß doch festgestellt werden, daß Mays Erzählungen im ganzen einem anderen Skopus folgen.

Dies wird gerade bei der Charakterisierung der Indianer allgemein und an der der Person Winnetous im besonderen deutlich. Rote und Weiße sind nicht kraft ihrer Volkszugehörigkeit oder Hautfarbe gut oder schlecht. Old Shatterhand betont, *»daß ich keine Rasse für besser als die andere halte; es giebt bei allen Völkern und in allen Ländern gute und auch böse Menschen.«*[321] Auch Winnetou teilt diese Meinung, wenn er meint, *»dann darf auch kein Volk denken, daß es besser als ein anderes sei, weil dieses nicht dieselbe Farbe*

---

[316] z. B. May: Old Surehand I, wie Anm. 7, S. 240f.
[317] May: Winnetou II, wie Anm. 35, S. 197
[318] *Dieser war zwar ein Schwarzer, stand aber an Begabung viel höher als gewöhnliche Leute seiner Farbe. Er diente Cortesio seit langen Jahren, war ihm treu ergeben und hatte ... sich in allen Fährlichkeiten höchst wacker gehalten ... Er war flink und sehr gefällig, hielt sich immer respektvoll hinter uns ...* (Ebd., S. 177f.)
[319] May: Old Surehand I, wie Anm. 7, S. 317
[320] Klaus Mann: Cowboy Mentor of the Führer. In: The Living Age 359 (1940), S. 217-222; zit. nach: Klaus Mann: Cowboy-Mentor des Führers (Auszug). In: Schmiedt, wie Anm. 123, S. 33f.
[321] May: Old Surehand III, wie Anm. 11, S. 109

hat.«[322] Winnetou liebt die Weißen, *wenn sie gut sind.*[323] Ganz entsprechend dreht May das Gut-Böse-Schema nicht einfach zugunsten der Roten und zuungunsten der Weißen um. Wie bereits erwähnt, (er)findet er hier wie da gute und böse Charaktere. Ob *weiße oder rote Halunken*[324] bleibt sich für Old Shatterhand bei der Verfolgung derselben gleich. Die Indianer sind nur häufig leichter zu entschuldigen,[325] da sie nicht selten erst von Weißen verdorben und zu ihren Untaten angestiftet wurden.[326] Es kann sein, »*daß sehr oft ein Indianer ein weit besserer Mensch als ein Weißer ist*«,[327] muß aber nicht. (Tusagha Saritsch, der Häuptling der Capote Utah z. B., wird – wie viele andere Weiße – als falsch und hinterlistig charakterisiert.[328] Zudem zeigt er rassistische Vorurteile, wenn er Old Surehand aufgrund dessen Mestizenblutes verachtet.[329]).

Daß Old Shatterhand sich bei der Beurteilung eines Menschen nicht nach dessen Hautfarbe richtet, bringt ihm schließlich selbst die Anerkennung des verfeindeten jungen Kiowa-Häuptlings Pida ein: ... ich [Old Shatterhand] *war bekannt geworden und hatte oft und oft bewiesen, daß ein roter Mensch für mich einen ebenso hohen Wert besaß wie ein weißer.*[330] Kurz vor seinem Tode beschließt Winnetou, keines Weißen Skalp mehr zu nehmen, mit der Begründung, auch die Weißen seien »*Söhne des guten Manitou, der auch die roten Männer liebt!*«[331]

Die Gleichwertigkeit der Menschen ist für Old Shatterhand in ihrer Geschöpflichkeit begründet. Dies betont er in den Gesprächen mit Schiba-bigk[332] und Old Wabble,[333] als diese Bob, einen schwar-

---

[322] May: Winnetou I, wie Anm. 10, S. 408
[323] May: Winnetou III, wie Anm. 40, S. 418
[324] May: Winnetou II, wie Anm. 35, S. 430
[325] Vgl. May: Old Surehand III, wie Anm. 11, S. 3.
[326] z. B. May: Winnetou II, wie Anm. 35, S. 551 – ders.: Old Surehand III, wie Anm. 11, S. 20, S. 81, S. 427f. u. a. m.
[327] May: Old Surehand II, wie Anm. 52, S. 425
[328] Vgl. May: Old Surehand III, wie Anm. 11, S. 382 (ganz ähnlich die Häuptlinge Vupa Umugi und Tangua).
[329] Ebd., S. 388
[330] May: Winnetou III, wie Anm. 40, S. 532
[331] Ebd., S. 429; vgl. Anm. 1085.
[332] »*Und weißt du nicht, daß der große Manitou alle Menschen erschaffen hat und alle gleich sehr liebt, mögen sie nun eine schwarze, rote oder weiße Haut besitzen?*« (May: Old Surehand I, wie Anm. 7, S. 385)
[333] »*Es sind alle, alle Menschen Gottes Geschöpfe und Gottes Kinder, und wenn Ihr Euch einbildet, daß er Euch aus einem ganz besonders kostbaren Stoffe*

zen Begleiter des Ich-Helden, aufgrund seiner Hautfarbe nicht akzeptieren wollen. Old Shatterhand verwahrt sich gegen das vorgeschobene Argument Old Wabbles, Bob wäre »*ein so niedriges Geschöpf*« und kein »*richtiger Mensch, sonst hätte ihn Gott nicht farbig gezeichnet*«,[334] mit den Worten, »*Mit ebenso großem Rechte könnte ein Neger sagen: Ein Weißer ist kein richtiger Mensch, sonst hätte ihn Gott nicht ohne Farbe geschaffen. Ich bin etwas weiter in der Welt herumgekommen als Ihr und habe unter den schwarzen, braunen, roten und gelben Völkern wenigstens ebenso viel gute Menschen gefunden wie bei den weißen, wenigstens, sage ich, wenigstens!*«[335]

Da alle Menschen gleichermaßen Geschöpfe Gottes und Gegenstand seiner Liebe sind, ist der einzelne Mensch in seiner Mitmenschlichkeit dem Nächsten zur Hilfe verpflichtet. Old Shatterhand bekennt: »*Westmann bin ich nur aus Gelegenheit. Vor allen Dingen bin ich Mensch, und wenn ein andrer Mensch sich in Not befindet und ich ihm helfen kann, so frage ich nicht, ob seine Haut eine grüne oder blaue Farbe hat.*«[336]

Genauso wenig wie vor einen rassistischen läßt Old Shatterhand sich vor einen allgemein fremden- oder ausländerfeindlichen Karren spannen. Einen mexikanischen Beamten, der den Wert eines Fremden an dessen Vermögenswerten mißt und ansonsten nach der Devise »*Was mit Ausländern geschieht, geht mich nichts an*«[337] lebt, überschüttet er mit beißendem Spott.[338] Und den Sheriff von Weston, der seine Autorität zur ausländerfeindlichen Beugung des Gesetzes mißbraucht, weist er in seine, vom Gesetz vorgeschriebenen, Schranken.[339]

---

geschaffen habe und daß Ihr sein ganz besonderer Liebling seiet, so befindet Ihr Euch in einem Irrtum, den man eigentlich gar nicht begreifen kann.« (Ebd., S. 242)

[334] Ebd., S. 240f.
[335] Ebd., S. 241
[336] Ebd., S. 242
[337] May: Satan und Ischariot I, wie Anm. 27, S. 92
[338] »*Ich habe nur ausländisches Geld bei mir, und da ich Ihnen nach Ihren eigenen Worten nicht zumuten darf, sich mit ausländischen Angelegenheiten, Personen, Verhältnissen und Dingen zu befassen und mein Geld doch sicher zu den ausländischen Dingen gehört, so kann ich doch unmöglich mich an Ihrer inländischen Selbstachtung dadurch versündigen, daß ich Ihnen eine fremde Münze anbiete.*« (Ebd., S. 93)
[339] May: »Weihnacht!«, wie Anm. 1, S. 263ff.

Ein unvergängliches Denkmal der Versöhnung sich ursprünglich fremd und verfeindet gegenüberstehender Menschen hat Karl May zweifellos in der Blutsbrüderschaft des Apachen-Häuptlings Winnetou mit dem weißen Westmann Old Shatterhand geschaffen. Wiewohl diese Freundschaft einige literarische Vorbilder – unter anderem in den Figuren James Fenimore Coopers – hat, bleibt sie doch in ihrer Generationen von Lesern prägenden Bedeutung von unverwechselbarem literarischen Wert.[340]

Karl May zelebriert den unvergleichlichen Wert dieser Freundschaft immer wieder mit pathetisch-ausschweifenden Formulierungen. Beim Bundesschluß deklamiert Intschu tschuna feierlich: *»Die Seele lebt im Blute. Die Seelen dieser beiden jungen Krieger mögen ineinander übergehen, daß sie eine einzige Seele bilden. Was Old Shatterhand dann denkt, das sei auch Winnetous Gedanke, und was Winnetou will, das sei auch der Wille Old Shatterhands. Trinkt!«*[341]

Immer wieder wird betont, wie die vormaligen Todfeinde in einer Freundschaft vollkommenster Art zusammenwachsen.[342] Sie sind unscheidbar.[343] Sie bilden *»ein Herz und eine Seele«*,[344] so daß *sich der eine in die Seele des andern hineinzudenken vermochte*.[345] Winnetou bekräftigt diese Freundschaft mit den mystischen Worten: *»Old Shatterhand und Winnetou sind eins. Beide haben einen Leib, eine Seele und auch nur ein Leben. Das seinige gehört mir und das meinige ihm. Howgh!«*[346] Sie sprechen sich gegenseitig ehrfürchtig als *Bruder* an,[347] bisweilen hängen sie an diesen 'Titel' den Namen

---

[340] Es ist natürlich nicht auszuschließen, daß sich mit der zunehmenden Verschiebung der Lesegewohnheiten zu Sehgewohnheiten durch Spielfilme wie Kevin Costners Überraschungserfolg 'Dances With Wolves' (1990) oder Walt Disneys Zeichentrick-Abenteuer 'Pocahontas' (1995) für die jüngste Generation mittlerweile diesbezüglich ein Paradigmenwechsel vollzieht.

[341] May: Winnetou I, wie Anm. 10, S. 417

[342] *Ja, wir waren Freunde, Freunde in des Wortes vollkommenster und bester Bedeutung, und waren doch einst Todfeinde gewesen! Sein Leben gehörte mir und das meinige ihm; damit ist alles gesagt.* (May: Satan und Ischariot I, wie Anm. 27, S. 255)

[343] May: Winnetou II, wie Anm. 35, S. 629f.

[344] May: Satan und Ischariot I, wie Anm. 27, S. 343 – vgl. ders.: »Weihnacht!«, wie Anm. 1, S. 550 (*ein Körper und eine Seele*).

[345] May: Satan und Ischariot I, wie Anm. 27, S. 367

[346] May: Old Surehand III, wie Anm. 11, S. 419

[347] *Dies war das erste Mal, daß er mich 'mein Bruder' nannte. Wie oft habe ich später dieses Wort aus seinem Munde gehört, und wie ernst, treu und wahr ist dasselbe stets gemeint gewesen!* (May: Winnetou I, wie Anm. 10, S. 365)

des anderen (wobei Winnetou den ursprünglich deutschen Vornamen 'Karl' als 'Scharlih' ausspricht). Ihre Abschiede und Wiedersehen werden in liturgisch anmutende Rituale gefaßt und in sprachlich ausladende Formulierungen (die bisweilen an die Parallelismi membrorum der Psalmensprache erinnern) gekleidet.[348]

Winnetou spricht von seinem Erkenntnisdurst,[349] der Ich-Erzähler rühmt Winnetous Liebe und Zärtlichkeit,[350] seine unbedingte Vertrauenswürdigkeit.[351] Winnetous Anerkennung wärmt ihn.[352] Winnetous außerordentliche Freundschaft erscheint der Umwelt als *ein wahres Wunder,*[353] seinem Blutsbruder als ein unvergleichliches Geschenk.[354] Sie bewährt sich, wie jede wahre Freundschaft, durch

---

[348] Beispiel einer Verabschiedung: *»Hier scheiden wir,« sagte er, indem er sich auf seinem Pferde zu mir herüberbeugte und den Arm um mich schlang, »der große Geist gebietet, daß wir uns jetzt trennen; er wird uns zur rechten Zeit wieder zusammenführen, denn Old Shatterhand und Winnetou können nicht geschieden sein. Mich treibt die Feindschaft fort; dich hält die Freundschaft hier; die Liebe wird mich wieder mit dir vereinigen. Howgh!«* (Winnetou in May: Winnetou II, wie Anm. 35, S. 629f.)
Beispiel einer Begrüßung: *»Schar-lih!« rief er frohlockend. Er öffnete die Arme, und wir lagen uns am Herzen. »Schar-lih, shi shteke, shi nta-ye – Karl, mein Freund, mein Bruder!« fuhr er, beinahe weinend vor Freude, fort. »Shi intá ni intá, shi itchi ni itchi – mein Auge ist dein Auge, und mein Herz ist dein Herz!«* ... *»Meine Hand ist euere Hand, und mein Leben ist euer Leben. Howgh!«* ... *»Der große Manitou, den wir verehren, beherrscht die Erden und die Sterne. Er ist mein Vater und dein Vater, o Winnetou; wir sind Brüder und werden uns beistehen in jeder Gefahr. Die Pfeife des Friedens hat unsern Bund erneut.«* (Winnetou und Old Shatterhand in May: Winnetou III, wie Anm. 40, S. 389-392)
[349] Ebd., S. 463
[350] *... jedoch lag auf seinen männlich schönen Zügen trotz dieses Ernstes stets ein Ausdruck der Güte und des Wohlwollens, und sein dunkles Sammetauge konnte bei Gelegenheit sogar außerordentlich freundlich blicken. Wie oft hat es auf mir mit einer Liebe und Zärtlichkeit geruht, deren Licht man sonst nur in Frauenaugen zu finden pflegt!* (May: Winnetou I, wie Anm. 10, S. 543f.)
[351] May: Old Surehand III, wie Anm. 11, S. 419
[352] *Wie freute ich mich im stillen über die Anerkennung Winnetous! Er sprach sie nicht in Worten aus, aber sie war in seinem Gesichte und in dem Blicke zu lesen, den er mit inniger Wärme auf mich gerichtet hielt. Diese Wärme machte auch mir das Herz warm. Ich gab ihm die Hand ...* (Ebd., S. 167f.)
[353] May: Winnetou III, wie Anm. 40, S. 397
[354] *Hatte ich doch – und das war eine der reichsten Gaben, die mir geworden sind, – meinen herrlichen, unvergleichlichen Winnetou kennen gelernt und mit ihm eine Freundschaft geschlossen, welche ich fast als einzig dastehend bezeichnen möchte. Diese Freundschaft allein wäre schon eine vollwichtige Ent-*

die Tat. Sie soll dem jungen Schiba-bigk als ein Beispiel der Versöhnung dienen und zur Nachahmung anregen.[355]

So sehr die Freundschaft der beiden Blutsbrüder das Geschehen dominiert, sie ist bei weitem nicht die einzig erwähnenswerte. Sie stellt vielmehr die ultimative Freundschaft in der Positiv-Protagonisten-Hierarchie dar (eine auf Seiten ihrer Gegner ist ohnedies ausgeschlossen). Einige der weiteren Freundschaften seien – ohne Anspruch auf Vollständigkeit – kurz herausgegriffen: Die schrullige Beziehung zwischen dem 'Greenhorn' Shatterhand und seinem 'Lehrer' Sam Hawkens,[356] die nicht minder herzliche Beziehung der beiden *verkehrten Toasts* Dick Hammerdull und Pitt Holbers,[357] die aufopfernde und bis zum Tode konsequente Freundschaft Klekih-petras zu Winnetou,[358] die aus dem in Apanatschka gesetzten Vertrauen resultierende Freundschaft desselben zu Winnetou und Old Shatterhand,[359] Old Shatterhands aufkeimende Freundschaft mit Pida, dem Sohn seines Erzfeindes Tangua,[360] die Freundschaft Josua Hawleys zu Old Shatterhand, die sich in seiner wiederholt bezeugten Dankbarkeit äußert.[361] Alle diese Freund-

---

schädigung für alle erlittenen Mühsale und Entsagungen gewesen ... (May: »Weihnacht!«, wie Anm. 1, S. 117)

[355] *»Denke an Winnetou! Wir waren Todfeinde und sind Brüder geworden, die allezeit bereit sind, ihr Leben für einander zu lassen. Ihr seid seine Feinde, und doch verzeiht er es euch, daß ihr ihm und den Seinen nach dem Leben trachtet ... Darum ... kann ich behaupten, daß es auch einem roten Krieger sehr wohl möglich ist, seinem Feinde zu verzeihen und ihm Wohlthat und Liebe zu erweisen. Ich wollte, mein junger Bruder könnte sein wie Winnetou!«* (Old Shatterhand in May: Old Surehand I, wie Anm. 7, S. 369f.)

[356] Vgl. z. B. May: Winnetou I, wie Anm. 10, S. 91 (*»Ja, Euer Freund bin ich, Sir, und wenn ich wüßte, daß Ihr mir auch ein klein wenig Liebe schenken wolltet, so würde das für mein altes Herz eine große, aufrichtige Freude und Wonne sein.«*) und ebd., S. 158 (*»Alle Teufel, ist das ein Mensch, wenn ich mich nicht irre! Habe ihn lieb wie einen Sohn und meinen ganzen Narren an ihm gefressen ...«*).

[357] Pitts Liebe und Anteilnahme am Geschick des dicken Dick zeigt sich z. B. in einer amüsanten Jagdszene in May: Old Surehand III, wie Anm. 11, S. 403f.

[358] *Sie knieten bei ihrem Freunde, der sich für seinen Liebling aufgeopfert hatte, ...* (May: Winnetou I, wie Anm. 10, S. 134)

[359] *»Ich bin stolz darauf, daß so berühmte Männer mir vertrauen und an mich glauben, und nie im Leben werde ich es vergessen, daß ihr mich für ohne Trug und Falschheit hieltet.«* (Apanatschka in May: Old Surehand I, wie Anm. 7, S. 580f.)

[360] May: Winnetou III, wie Anm. 40, S. 610f.

[361] May: Old Surehand I, wie Anm. 7, S. 44f., S. 50, S. 621

schaften basieren auf einem wechselseitigen Geben und Nehmen der Befreundeten.

Frauen sind in diesem Zusammenhang selten. Winnetou kommen zwar bisweilen explizit feminine Züge zu,[362] eigentliche, markante Frauenrollen finden sich aber leider selten. Eine Interpretation der angeführten Männerfreundschaften als homoerotisch würde – meines Erachtens – dem Text allerdings wenig gerecht werden.[363] In einer (etwas ausführlicheren) Nebenbemerkung soll hier noch kurz die Thematik des Frauenbildes Karl Mays in den untersuchten Romanen gestreift werden.[364] Leider gibt es mehr für biographische

---

[362] z. B. May: Winnetou I, wie Anm. 10, S. 544 – vgl. dazu Johanna Bossinade: Das zweite Geschlecht des Roten – Zur Inszenierung von Androgynität in der 'Winnetou'-Trilogie Karl Mays. In: Jb-KMG 1986. Husum 1986, S. 241-267.

[363] Die ehemals aufsehenerregenden Ausführungen Arno Schmidts (Arno Schmidt: Sitara und der Weg dorthin. Eine Studie über Wesen, Werk & Wirkung Karl Mays. Karlsruhe 1963) betreffen das Thema nicht wirklich. Vgl. dazu: Hans Wollschläger: Arno Schmidt und Karl May. In: Jb-KMG 1990. Husum 1990, S. 12-29. Zu dem Thema auch: Dieter Ohlmeier: Karl May: Psychoanalytische Bemerkungen über kollektive Phantasietätigkeit. In: Sudhoff/Vollmer, wie Anm. 65, S. 341-365.

[364] Als Winnetou einmal, durchaus frauenfeindlich, von der Nacht als einem Weibe spricht, dem man nicht trauen dürfe (May: Winnetou II, wie Anm. 35, S. 452), erklärt Old Firehand, daß es nur so scheine, als ob Winnetou Frauen hasse, in Wirklichkeit verhalte es sich nicht so. Der Leser erfährt, daß Winnetou einst Ribanna, eine Assineboin, begehrte, aber zugunsten seines Freundes Old Firehand auf die *Rose vom Quicourt* verzichtete, da sie diesen mehr liebte als ihn. Später starb sie durch die Hand Tim Finneteys einen sinnlosen Tod, der fortan Winnetou und Old Firehand verbitterte (ebd., S. 502-507).

Abgesehen von der Jüdin Judith, die zunächst eine verhalten positive, dann aber zunehmend negative Charakterisierung erfährt, lernt man Frauen vor allem auf Heldenseite, also in einem positiven Zusammenhang kennen. Es dominiert das Bild einer gestrengen, um das Familienwohl besorgten Hausmutter (vgl. Martha Vogel in 'Satan und Ischariot III', Mutter Thick in 'Old Surehand II', Frau Wagner und Franzls Frau in '»Weihnacht!«' (bes. S. 66f.)). Dieses bürgerliche 'Ideal' wird von May allerdings immer wieder gerne (z. B. mit Kolma Puschi, Nscho-tschi) gesprengt. Nscho-tschi weigert sich, als wilde Squaw abgetan zu werden (May: Winnetou I, wie Anm. 10, S. 387f.). Old Shatterhand empfindet Zuneigung zu ihr, teilt aber geraume Zeit nach ihrem Tod »*die Ansicht, welche vielleicht nur ein Vorurteil ist, daß man es* [das Familienglück] *nur an der Seite einer deutschen Frau zu finden vermag*« (May: Satan und Ischariot II, wie Anm. 27, S. 225f.). In 'Winnetou III' lehnt er die Heirat mit einer Kiowa-Indianerin, die ihm freilich unter fragwürdigen Umständen angetragen wird, mit der Begründung ab, sich ehrlich eingestehen zu müssen, diese Ehe nicht halten zu können (*Konnte ich ihm meine eigentlichen Gründe sagen? Daß ein gebildeter Europä-*

denn für theologische Spekulationen Raum. Soviel aber sei festgehalten: Von entscheidender Bedeutung ist für viele handelnden Personen ihre Mutterbeziehung. Dies gilt, abgesehen vom Ich-Erzähler, für den dies generell gilt, vor allem für die Charaktere der 'Surehand'-Trilogie: Apanatschka, Old Surehand und Old Wabble. Gerade für die beiden letzteren widerspiegelt die Suche nach der Mutter(liebe) die Suche nach einem liebenden, erbarmenden Gott. Die Liebe einer Frau, im besonderen die der Mutter, ist Old Shatterhand »*Abbild der Liebe Gottes*«.[365] Seine Großmutter ist ihm persönlich – und hier spricht ganz der Autor selbst – Ursache seines Glaubens an die Auferstehung.[366] Aus biographischer Sicht ist auch verständlich,

---

er nicht seine ganze Existenz dadurch vernichten kann, daß er ein rotes Mädchen heiratet? Daß einem solchen Manne die Ehe mit einer Indianerin nicht das bieten kann, was sie bieten soll und muß? Daß Old Shatterhand nicht zu den weißen Halunken gehört, die eine rote Squaw nehmen, nur um sie später zu verlassen; die oft gar bei jedem andern Stamme eine andere Frau haben? (May: Winnetou III, wie Anm. 40, S. 575)). Soviel ist klar: Old Shatterhand ist kein Sextourist. Der von ihm kolportierten indianischen Sichtweise einer Squaw als *verachtete Sklavin des Roten* (May: Winnetou II, wie Anm. 35, S. 224) kann er nichts abgewinnen. Die Mißhandlung einer Frau sieht er als ein Vergehen an, bei dessen Bestrafung er – ganz entgegen seiner sonstigen Gepflogenheiten – keine Milde walten lassen will. (May: Satan und Ischariot II, wie Anm. 27, S. 381f.)

Im allgemeinen sieht Old Shatterhand einen galanten Umgang mit Frauen als tugendhaft an. Freilich handelt es sich dabei um eine Form von Galanterie, die, weil sie Frauen auf überkommene (Opfer-)Rollen fixiert, von Feministinnen des 20. Jahrhunderts mittlerweile abgelehnt wird. Rückblickend mögen die Sozialbedingungen Mays den Leserinnen als 'kein *Schöner Tag* für Frauen' erscheinen und mag sie die geringe Rolle, die Frauen in Mays Werken weitgehend spielen, enttäuschen. Allerdings wußte schon May, daß sein Winnetou gerade auf Mädchen und Frauen faszinierend wirkt, und spiegelt dies in vielen humoristischen Handlungssplittern wider (z. B. May: Satan und Ischariot I, wie Anm. 27, S. 400ff.). Vgl. dazu Barbara Sichtermann: Die Mayschen Reiseerzählungen als Jugendlektüre. Überlegungen aus feministischer Sicht. In: Karl May – der sächsische Phantast. Studien zu Leben und Werk. Hrsg. von Harald Eggebrecht. Frankfurt a. M. 1987, S. 63-72.

[365] »*Ich gestatte meinem Herzen auch eine Stimme, und bin so glücklich, eine Mutter zu haben, welche mir in jeder Minute meines Lebens bewiesen hat, daß echte, wahre Frauenliebe, hier Mutterliebe, ein herrliches Abbild der Liebe Gottes ist; ...*« (May: Satan und Ischariot I, wie Anm. 27, S. 543f.)

[366] May: Old Surehand I, wie Anm. 7, S. 406, S. 409

warum sich für May Gottes Liebe vor allem in der Liebe der Mutter und nicht der des Vaters widerspiegelt.[367]

Der Ich-Erzähler begegnet auf seinen Reisen mancherlei Fremdem, das freilich nur dem Unwissenden, Ungelehrten fremd bleibt. Der gebildete Reisende Old Shatterhand bzw. Kara Ben Nemsi (in vermeintlicher Personalunion mit dem sächsischem Schriftsteller) schreibt das nieder, was er auf seinen (vermeintlichen) Reisen mit eigenen Augen gesehen und mit seiner Ratio erfaßt hat. So werden ihm, dem bekennenden Christen, die verschiedenen religiösen Anschauungen fremder Kulturen genauso zum Beobachtungsgegenstand wie etwa Orts-, Landschafts- und Klimaverhältnisse auch. Der Ich-Held erweist sich immer wieder als ein intimer Kenner der jeweiligen Verhältnisse, oft übertrifft er, der ferngereiste Gelehrte, die Ortsansässigen noch an Wissen über ihre ureigene Tradition. In 'Satan und Ischariot II' führt er mit dem Scheik der Uled Ayun ein religiöses Streitgespräch, das die Korankenntnisse des letzteren verblassen läßt.[368] Er erweist sich auch mit der Auslegungsgeschichte des Koran so vertraut, daß er schließlich rechthaberisch resümiert: *»Du siehst also abermals, daß ich, den du einen Giaur schimpfest, die Lehren, Gebote und Gesetze des Islam besser kenne als ihr, die ihr euch rühmt, gläubige und unterrichtete Anhänger des Propheten zu sein.«*[369]

Im Umgang mit den anderen Religionen zeigt sich bei May eine weitaus weniger aufgeschlossene Einstellung gegenüber dem Fremden. Wohl gibt der Ich-Held vor, alle relevanten Traditionen studiert zu haben, läßt sich aber, auf seinem hohen christlichen Rosse sit-

---

[367] Vgl. zu diesem teilweise kontrovers diskutierten Thema u. a. Hans Wollschläger: »Die sogenannte Spaltung des menschlichen Innern, ein Bild der Menschheitsspaltung überhaupt«. Materialien zu einer Charakteranalyse Karl Mays. In: Jb-KMG 1972/73. Hamburg 1972, S. 11-92 – Claus Roxin: »Dr. Karl May, genannt Old Shatterhand«. Zum Bild Karl Mays in der Epoche seiner späten Reiseerzählungen. In: Jb-KMG 1974. Hamburg 1973, S. 15-73 – Vollmer, wie Anm. 51 – Wolfram Ellwanger/Bernhard Kosciuszko: Winnetou – eine Mutterimago. In: Sudhoff/Vollmer, wie Anm. 65, S. 366-379. Zur Figur des Old Wabble s. außer Vollmer auch Walter Olma: Schuld, Sühne, Vergebung in Karl Mays 'Old Surehand'. In: Karl Mays »Old Surehand«, wie Anm. 51, S. 277-314. Weitere Literaturangaben finden sich bei Martin Lowsky: Karl May. Stuttgart 1987, S. 85f.
[368] May: Satan und Ischariot II, wie Anm. 27, S. 374ff.
[369] Ebd., S. 377 – ähnlich S. 376: *»Wir Christen kennen eure Lehre weit besser, als ihr selbst.«*

zend, nicht zu einem wirklichen Dialog mit ihnen herab. Die nichtchristlichen Religionen bilden für May lediglich den Hintergrund, vor dem sich das Christentum mit seiner Strahlkraft abheben soll.

Von wenigen Abschnitten in 'Satan und Ischariot II' abgesehen, befassen sich die der Arbeit zugrundeliegenden Romane allerdings nicht mit dem Islam. Karl Mays Islam-Bild müßte auf der Grundlage seiner Orient-Romane nachgezeichnet werden. Nur soviel sei diesbezüglich gesagt: »Die wichtigste Erkenntnis bei der Beschäftigung mit dem von May in seinen Reiseerzählungen ausgedrückten Islambild ist wohl die, daß sich dabei keineswegs ein eindeutiges Verständnis im Sinne von allgemeiner Ablehnung oder totaler Akzeptanz herausarbeiten läßt. Gerade die Vielfältigkeit der mit dem Islam zusammenhängenden Äußerungen zeigen das höchst ambivalente Verhältnis, welches May zu dieser Religion und ihren Anhängern hat.«[370]

Womit Old Shatterhand in den untersuchten Romanen allerdings wiederholt konfrontiert ist, sind die religiösen Rituale und Gepflogenheiten der Ureinwohner der Vereinigten Staaten. Als er zum ersten Mal den Tanz eines Medizinmannes beobachtet, befürchtet Winnetou, sein Blutsbruder könne dies im stillen lächerlich finden. Dieser beruhigt ihn mit den Worten »*Mir ist kein religiöser Gebrauch, und wenn ich ihn noch so wenig verstehen und begreifen kann, lächerlich*«.[371] Der Ich-Erzähler ehrt zwar das religiöse Selbstempfinden anderer Religionen, so wie er auch der frommen Andacht der Muslime Positives abgewinnen kann,[372] aber in seinem christlichen Selbstverständnis bleibt er davon unberührt. Die Beschreibungen indianischer Religiosität scheinen von distanzierter, objektivierender Sprache geprägt zu sein, verraten aber nicht selten eine innerliche Befremdung, Belustigung oder gar Spott. Von den Reiseorakeln der Medizinmänner wird stets mit lakonischem Unterton gesprochen.[373] Immerhin: Die Berufsgruppe der professionellen Religiosi der Indianer schneidet bei May genauso schlecht ab

---

[370] Bernhard Munzel: Zum Islambild bei Karl May. In: Mitteilungen der Karl-May-Gesellschaft (M-KMG) 112/1997, S. 33-41 (36) – fortgeführt in M-KMG 113/1997, S. 10-18. Der Aufsatz informiert auch ausführlich über die Sekundärliteratur zu diesem Thema.
[371] May: Winnetou I, wie Anm. 10, S. 464f.
[372] May: Satan und Ischariot II, wie Anm. 27, S. 379
[373] *Ich mochte, als das Pfauchen sich hören ließ, ein nicht grad feierliches Gesicht machen ...* (May: Winnetou I, wie Anm. 10, S. 464)

wie die der Weißen. Meist entpuppen auch sie sich als Betrüger und Hochstapler. Tibo taka, der Medizinmann der Comanchen,[374] am Ende nicht roter Religiosus, sondern weißer (bzw. wahrscheinlich kreolischer) Kapitalverbrecher, ist ein schönes Sinnbild dafür. Auch das Reiseorakel des Medizinmannes der Apachen erweist sich rückblickend als Lügenprophetie, die den 'großen Geist' bemühte, um die eigenen Standesinteressen zu wahren.[375] Auch Winnetou und Intschu tschuna wollen sich seinen Heils- und Unheilsreden nicht recht anvertrauen.[376] Winnetou kommt schließlich zu der Überzeugung, daß das Wort seines Blutsbruders mehr gilt »*als das Wort aller Medizinmänner und als die Worte aller weißen Lehrer.*«[377]

Die religiösen Erfahrungen der Roten tut der Ich-Erzähler als eingebildete *höhere Eingebungen*,[378] Traum oder *Hallucination*[379] ab und erkärt sie damit hinweg.

Es erübrigt sich zu erwähnen, daß er Gleiches für die christliche Religion nicht gelten lassen will. Er benutzt eine religionsgeschichtliche Sichtweise, um die Erkenntnisse anderer Religionen in kritischer Distanz von sich zu halten, läßt diese kritische Distanzierung aber nicht beim Christentum zu, um seinen Glauben, von dem er nicht lassen will, nicht zu gefährden und »*doppelt unerschütterlich im Herzen*«[380] zu bewahren. Auch unterläßt er bei allen anderen Religionen eine Differenzierung zwischen der 'wahren' Religion und ihrer empirisch feststellbaren Ausgestaltung, wie er es beim Christentum tut.[381] Daran kann ihm von vornherein nicht gelegen sein. Sein Interesse ist, sein (Vor-)Urteil über die Erhabenheit des Christentums sich immer wieder bestätigen zu lassen.

Unter dieser Prämisse nimmt es natürlich nicht wunder, daß ihm indianische Religion nur als Primitivreligion erscheinen kann. Sie ist anfällig, durchaus erklärbares Verhalten als geistergewirkt zu (miß)deuten. Diesem Aberglauben erscheint Bloody-Fox als *Aveng-*

---

[374] May: Old Surehand I, wie Anm. 7 und ders.: Old Surehand III, wie Anm. 11
[375] May: Winnetou I, wie Anm. 10, S. 466ff.
[376] Ebd., S. 467f.
[377] May: Winnetou III, wie Anm. 40, S. 427
[378] May: Winnetou I, wie Anm. 10, S. 256
[379] May: Satan und Ischariot I, wie Anm. 27, S. 237
[380] May: Old Surehand I, wie Anm. 7, S. 408
[381] Vgl. dazu das folgende Kapitel zum Thema 'Zivilisations- und Christentumskritik'.

ing-Ghost,³⁸² *ein 'flats ghost' reitet über die Ebene, um die weißen Männer in das Verderben zu locken*,³⁸³ und Kolma Puschi gilt als *Geist eines berühmten Häuptlings, den Manitou aus den ewigen Jagdgefilden zurückgeschickt habe, um nachzuforschen, wie es seinen roten Kindern ergehe.*³⁸⁴ Der Kenner, der mit den Anschauungen der Roten vertraut ist, zeigt sich *gewappnet*,³⁸⁵ er kann diese zu seinem eigenen Vorteil ausnutzen.³⁸⁶ Und das geschieht den Indianern laut Old Surehand ganz recht. *»Dumme Kerls, so abergläubisch zu sein!«*,³⁸⁷ urteilt er. Old Shatterhands Vermittlungspolitik bedient sich nicht selten der indianischen Furcht vor dem Verlust der Seele, wenn er androht, bei ausbleibender Kooperation in friedensstiftenden Maßnahmen einfach die Medizinen zu verbrennen.³⁸⁸ Dieses Vorgehen stellt natürlich selbst einen Akt abgründigster Gewalttätigkeit dar, wenn er auch einem ehernen und 'höheren' (?) Ziele dient, nämlich Blutvergießen zu vermeiden.³⁸⁹

Die Überlegenheit des christlichen Gottes zeigt sich für May vor allem in der konkurrenzlosen sittlich-ethischen Kompetenz seiner Lehre. Er ist der *»Geist, der größer ist, als alle Geister«*.³⁹⁰ Der christliche Friedensgott ist das genaue Gegenteil eines *Manitou des Blutes*.³⁹¹ Manitou ist ein zorniger, Feinde ausliefernder Geist,³⁹² er

---

³⁸² May: Old Surehand I, wie Anm. 7, S. 156; allerdings beschränkt sich dieser Aberglaube nicht auf die Indianer.
³⁸³ May: Winnetou II, wie Anm. 35, S. 400
³⁸⁴ May: Old Surehand III, wie Anm. 11, S. 182
³⁸⁵ May: Old Surehand I, wie Anm. 7, S. 491
³⁸⁶ Ähnliches geschieht im Orient feindlich gesinnten Arabern, wenn Kara Ben Nemsi sich deren *mohammedanische Ansicht vom Kismet zu statten* kommen läßt. (May: Satan und Ischariot II, wie Anm. 27, S. 359)
³⁸⁷ May: Old Surehand I, wie Anm. 7, S. 493
³⁸⁸ z. B. ebd., S. 259f., S. 489f. und ders.: Old Surehand III, wie Anm. 11, S. 171 (hier bedient sich allerdings auch Winnetou dieses Mittels)
³⁸⁹ Fast möchte man dem armen, derart vergewaltigten, Nale-Masiuv das Jesus-Logion aus Lk 12,4-5 vorlesen!
³⁹⁰ May: Winnetou III, wie Anm. 40, S. 210
³⁹¹ *»Die roten Männer und Völker müssen untergehen, weil sie nicht aufhören, sich untereinander selbst zu zerfleischen; ihr Manitou ist ein Manitou des Blutes und der Rache, der ihnen selbst in den ewigen Jagdgründen keinen Frieden, sondern Schlachten und Kämpfe ohne Ende bietet. Unser Manitou aber hat uns ein großes Gebot gegeben, welches alle, die an ihn glauben, schon hier auf Erden glücklich und nach dem Tode ewig selig macht.« »Will Old Shaterhand [!] mir dieses Gebot sagen?« »Es lautet: wir sollen ihn allein verehren und alle Menschen lieben wie uns selbst, mögen sie nun unsre Freunde oder unsre Feinde sein.« »Auch unsre Feinde?« fragte er, indem er mich mit weit offenen, er-*

will Racheblut fließen sehen,[393] er verspricht Skalpe,[394] *steten Kampf und Sieg*,[395] ewige Knechtschaft für Besiegte, mit denen der Sieger *»in den ewigen Jagdgründen vor allen Abgeschiedenen prangen kann«*.[396] Dagegen *»(sind) Christen ... alle Brüder«*, die kein Kalumet des Friedens zu rauchen brauchen, um sich zu vertragen,[397] kein Kalumet des Schwurs, um sich zu vertrauen.[398] Die 'Listige Schlange' hingegen – Nomen est omen! – (ge)braucht die Pfeife des Schwures sehr wohl, denn *»wer einen solchen Schwur bricht, kann nie in die ewigen Jagdgründe gelangen, sondern irrt als Schatten vor den Thoren derselben umher.«*[399]

Ist die sittlich-ethische Kompetenz des christlichen Gottesbildes damit hinreichend evident, verbittet sich der Ich-Held einen irgendwie gearteten Synkretismus, der christliche und indianisch-heidnische Elemente miteinander vereint. Der Synkretismus der Acoma-Puebloindianer ist ihm ein Unding.[400] Indianische Gebräu-

---

staunten Augen ansah. (Old Shatterhand und Schiba-bigk in May: Old Surehand I, wie Anm. 7, S. 369)

Allerdings kann man auch andere Worte vernehmen. In einer Rede an Comanchen sagt Old Shatterhand u. a. folgendes: *»Meine roten Brüder glauben an einen großen Geist, und sie haben recht, denn ihr Manitou ist auch mein Manitou; er ist der Herr des Himmels und der Erde, der Vater aller Völker und will, daß alle Menschen in Frieden und Eintracht bei einander wohnen.«* (May: Winnetou III, wie Anm. 40, S. 236 – Inkonsequenz Mays oder Opportunismus Old Shatterhands?)

[392] Vgl. May: Winnetou III, wie Anm. 40, S. 395.

[393] *»So ist Blut gewesen an dieser Hand, und Blut wird nicht gewaschen mit Wasser, sondern wieder mit Blut: so will es Manitou, und so will es der große Geist der Savanne.«* (Winnetou in ebd., S. 167)

[394] Vgl. ebd., S. 156.

[395] *Der rote Krieger ist um so angesehener und geachteter, je mehr Feinde er besiegt hat; sogar sein Himmel bietet ihm nicht ewigen Frieden, sondern steten Kampf und Sieg.* (May: »Weihnacht!«, wie Anm. 1, S. 489)

[396] May: Satan und Ischariot III, wie Anm. 27, S. 117

[397] May: Winnetou I, wie Anm. 10, S. 423

[398] Vgl. Mt 5,37.

[399] May: Satan und Ischariot II, wie Anm. 27, S. 164

[400] *Meist Katholiken, sind sie doch eigentlich keine Christen. Sie beten noch immer heimlich zu ihrem Manitou und hängen an alten, heidnischen Gebräuchen, welche dem Christentume widerstreben. Daran trägt die alte, iberische Indolenz die Schuld, welche alles gehen läßt, wie es eben geht, das Auftreten und Umsichgreifen der Scheinheiligkeit begünstigt, es aber nicht zu einem wahren, begeisterten und überzeugungstreuen Glauben kommen läßt. Beschimpfe man die heilige Religion, der Puebloindianer wird ruhig bleiben und lachen; greift man ihn aber bei seinem Aberglauben an, den er aus der heidni-*

che beim Begräbnis Klekih-petras, eines Christen, sind ihm heidnischer *Mummenschanz*,[401] der ihm außerordentlich widerstrebt, den er aber gleichwohl aus Rücksicht auf seine indianischen Gastgeber geschehen läßt. Auf die Bitte Winnetous hin errichtet er schließlich ein Kreuz auf Klekih-petras Grab.[402] Old Shatterhand berichtet: *Das war meine erste Leichenfeier unter Wilden. Sie hatte mich tief ergriffen. Ich will nicht die Anschauungen kritisieren, welche Intschu tschuna dabei vorgebracht hatte. Es war viel Wahrheit mit viel Unklarheit vermengt gewesen; aber aus allem hatte ein Schrei der Erlösung geklungen, nach einer Erlösung, welche er, wie einst das Volk Israel, sich äußerlich dachte, während sie doch nur eine innerliche, eine geistliche sein konnte.*[403]

Sucht Karl May das Christentum als die letztlich einzig wahre Religion von den anderen deutlich zu unterscheiden, so heißt das nicht, daß er mit der Erscheinungsform des Christentums, so wie er es in seiner Umwelt kennengelernt hatte, zufrieden wäre. Vielmehr unterscheidet er zwischen zwei gegensätzlichen Typen von Christen, zwischen – ich will es einmal so ausdrücken – einem 'Herr Müller oder Maier' und einem 'Ikwehtsi'pa'.

---

schen Zeit überkommen hat, so kann der sonst so harmlose Mann sich in einen rachsüchtigen und gefährlichen Starrkopf verwandeln. (May: Satan und Ischariot III, wie Anm. 27, S. 171)
[401] May: Winnetou I, wie Anm. 10, S. 411
[402] Ebd., S. 412
[403] Ebd., S. 419

6. 'Ikwehtsi'pa und Herr Müller': Zivilisations- und Christentumskritik[404]

»... Und verzeihen? Mein Bruder spricht wie ein Christ, welcher stets nur das von uns fordert, dessen gerades Gegenteil er thut! Verzeihen die Christen uns? Haben sie uns überhaupt etwas zu verzeihen? Sie sind zu uns gekommen und haben uns die Erde genommen. Wenn bei euch einer einen Grenzstein weitersetzt, oder ein Tier des Waldes tötet, so steckt man ihn in das finstere Gebäude, welches ihr Zuchthaus nennt. Was aber thut ihr selbst? Wo sind unsere Prairien und Savannen? Wo sind die Herden der Pferde, Büffel und anderer Tiere, welche uns gehörten? Ihr seid in großen Scharen zu uns gekommen, und jeder Knabe brachte ein Gewehr mit, um uns das Fleisch zu rauben, dessen wir zum Leben bedurften. Ein Land nach dem andern entriß man uns ohne alles Recht. Und wenn der rote Mann sein Eigentum verteidigte, so wurde er ein Mörder genannt, und man erschoß ihn und die Seinigen.«[405]

Der sonst recht einsilbige Winnetou richtet in 'Winnetou II' eine lange Rede an den weißen Scout Old Death, als dieser von ihm, dem Indianer, Verzeihung fordert. Wie viele Rote (und wenige Weiße) wird er bei Karl May zum Advokaten einer aussterbenden Rasse. Indem May, einer weitverbreiteten Tradition der Abenteuerliteratur des 18. und 19. Jahrhunderts folgend, die Ureinwohner des amerikanischen Kontinentes idealisiert,[406] schafft er damit einen Hintergrund, vor dem er sein eigentliches Anliegen entfalten kann: eine Kritik der ihn im deutschen Alltag umgebenden Gesellschaft, die sich selbst stolz 'zivilisiert' nennt.

Winnetou oder ein anderer fiktiver Vertreter der sogenannten Wilden wird ihm zum Spiegel seiner Zivilisations- und Christentumskritik. Mit seinem nur scheinbar naiven Blick kann er Rechtsprechungspraktik, Erziehungsmethoden und ähnliche Errungenschaften weißer Zivilisation in ein kritisches Licht rücken.

Solche kritischen Ansätze findet man in einzelnen ausführlicheren Reden oder auch als, in die Handlung verschiedentlich eingestreute, Splitter. Zu ersteren zählen neben der Rede Winnetous an Old

---

[404] Vgl. auch Schmiedt, wie Anm. 80, S. 181ff.
[405] May: Winnetou II, wie Anm. 35, S. 347f.
[406] z. B. James Fenimore Cooper, Balduin Möllhausen u. a. m.; vgl. Jeglin, wie Anm. 121, S.14-19, S. 29, S. 33.

Death,[407] deren Anfang oben zitiert wurde, auch noch die Anklage des Comanchen-Häuptlings To-kei-chun in 'Winnetou III',[408] Schahko Mattos Anklage gegen die weiße 'Gerechtigkeit' in 'Old Surehand III',[409] Klekih-petras erwähnte Lebensbeichte in 'Winnetou I'[410] und die 'Predigt' des Farmers Harbour in 'Old Surehand III'.[411]

Die weißen Eroberer gründen ihre Existenz auf Besitz und Geld und geben sich oft dem entwürdigenden 'Feuerwasser' hin bzw.

---

[407] May: Winnetou II, wie Anm. 35, S. 347-349

[408] *»... Da kamen die Bleichgesichter, deren Farbe ist wie der Schnee, deren Herz aber ist wie der Ruß des Rauches. Es waren ihrer nur wenige, und die roten Männer nahmen sie auf in ihre Wigwams. Doch sie brachten mit die Feuerwaffen und das Feuerwasser; sie brachten mit andere Götter und andere Priester; sie brachten mit den Verrat, viele Krankheiten und den Tod. Es kamen immer mehr von ihnen über das große Wasser; ihre Zungen waren falsch und ihre Messer spitz; die roten Männer glaubten ihnen und wurden betrogen. Sie mußten das Land hergeben, wo die Gräber ihrer Väter lagen; sie wurden aus ihren Wigwams und ihren Jagdgebieten verdrängt, und wenn sie sich wehrten, so tötete man sie. Um sie zu besiegen, säten die Bleichgesichter Zwietracht unter die Stämme der roten Männer, die nun getötet werden und sterben müssen, wie die Coyoten in der Wüste. Fluch den Weißen, Fluch ihnen, so viel Sterne am Himmel sind und Blätter auf den Bäumen des Waldes!«* (May: Winnetou III, wie Anm. 40, S. 232f.)

[409] May: Old Surehand III, wie Anm. 11, S. 84f., S. 98f., S. 105-109

[410] May: Winnetou I, wie Anm. 10, S. 126-131

[411] *»Was versteht Ihr denn eigentlich unter Civilisation und Christentum? Kennt Ihr beide so genau, wie es den Anschein hat, so sagt mir doch einmal, was sie dem roten Manne gebracht haben! 'An ihren Früchten sollt Ihr sie erkennen,' steht in der heiligen Schrift. Nun zeigt mir gefälligst die Früchte, welche die Indsmen von den so sehr civilisierten und christlichen weißen Gebern geschenkt bekommen haben! Geht mir mit einer Civilisation, die sich nur von Länderraub ernährt und nur im Blute watet! ... Schaut in alle Erdteile, mögen sie heißen, wie sie wollen! Wird da nicht überall und allerwärts grad von den Civilisiertesten der Civilisierten ein fortgesetzter Raub, ein gewaltthätiger Länderdiebstahl ausgeführt, durch welchen Reiche gestürzt, Nationen vernichtet und Millionen und Abermillionen von Menschen um ihre angestammten Rechte betrogen werden? Wenn Ihr ein guter Mensch seid, und der wollt Ihr doch gewiß wohl sein, so dürft Ihr Euer Urteil nicht nach der Ansicht der Eroberer richten, sondern nach den Meinungen und Gefühlen der Besiegten, der Unterdrückten, Unterjochten ... Ich wiederhole es noch einmal: Sprecht mir ja nicht von Eurer Civilisation und von Eurem Christentum, so lange noch ein Tropfen Menschenblut durch Stahl und Eisen, durch Pulver und Blei vergossen wird!«* (Harbour in May: Old Surehand III, wie Anm. 11, S. 127f.)

brachten es den Indianern mit.[412] Sie nutzen die Gastfreundschaft der Roten schamlos aus,[413] sind aber selbst nicht gastfreundlich.[414] Während man sich auf das Wort eines Indianers verlassen kann,[415] sind ihre weißen Mörder nicht verlegen, sich auf irgendeine *praktische Moral*[416] auszureden, die ihr Handeln rechtfertigen soll.[417] Sie verachten den indianischen Rat der Alten und dessen Rachedenken, üben aber selbst Lynchjustiz.[418] Sie mißbrauchen ihre Bekanntschaften zum Geldborgen, anstatt ihre Güter zu teilen.[419] Der Häuptling der Blutindianer, Peteh, spottet, »*Die Bleichgesichter haben mehrere hundert Sonnen lang nichts anderes gethan, als uns belogen und betrogen; wir aber sollen ehrlich sein?*«[420] Nscho-tschi verwehrt sich dagegen, eine 'Wilde' zu sein, nur weil sie die Marterung eines Mörders billigt: »*Ich bin ein junges, unerfahrenes Mädchen und werde von euch zu den 'Wilden' gerechnet; aber ich könnte dir noch vieles sagen, was eure zarten Squaws thun, ohne daß sie dabei den Schauder empfinden, den ich fühlen würde. Zähle*

---

[412] Der betrunkene Rattler ermordet Klekih-petra (May: Winnetou I, wie Anm. 10, S. 134); vgl. auch die Rede To-kei-chuns (May: Winnetou III, wie Anm. 40, S. 232f.).

[413] »*Sie wurden von den roten Männern gastfreundlich aufgenommen, vergalten aber diese Gastfreundschaft mit Diebstahl, Raub und Mord!*« ('Eine-Feder' in May: Winnetou III, wie Anm. 40, S. 569)

[414] »*Wenn Bleichgesichter nicht als Feinde zu uns kommen, so erhalten sie alles, was sie brauchen, ohne daß sie uns etwas dafür zu geben haben; suchen aber wir sie auf, so müssen wir nicht nur alles bezahlen, sondern doppelt so viel geben, als weiße Wanderer geben würden.*« (Winnetou in May: Winnetou I, wie Anm. 10, S. 458)

[415] z. B. May: Winnetou III, wie Anm. 40, S. 210

[416] Ebd., S. 492

[417] »*Die Indianer sind alle Halunken, welche ausgerottet werden müssen!*« (Ebd., S. 491) »*Nun, wenn sie alle vom Erdboden verschwinden müssen und unrettbar verloren sind, so ist es sehr gleichgültig, ob zwei von ihnen einige Tage eher zu Grunde gehen, als es ihnen eigentlich bestimmt gewesen ist. Das ist der praktische Standpunkt, auf welchem ich stehe. Von diesem aus ist derjenige, der ihren Tod herbeigeführt hat, kein Mörder, sondern er hat dem Schicksal nur ein wenig vorgegriffen.*« (Ebd., S. 492)

[418] May: Old Surehand III, wie Anm. 11, S. 84f.

[419] *Wie viele, viele, viele Male hat sich mir jemand mit dem Worte Freund genähert, und dann folgte gleich die sehr einseitig beliebte Prozedur, welche Hammerdull so unästhetisch mit dem plumpen Worte »anpumpen« bezeichnete. Der Indianer bringt das nicht fertig; dem Durchschnitts-»Bleichgesichte« aber scheint es sehr leicht zu fallen;* ... (ebd., S. 463f.)

[420] May: »Weihnacht!«, wie Anm. 1, S. 421

die vielen Tausende von zarten, schönen, weißen Frauen, welche ihre Sklaven zu Tode gepeinigt und mit lächelndem Munde dabei gestanden haben, wenn eine schwarze Dienerin totgepeitscht wurde!«[421] Und Vete-Ya, der Häuptling der Yumas weiß dazu, *»... nur Bleichgesichter kaufen und verkaufen Menschen. Oder willst du leugnen, daß die schwarzen Leute auch Menschen sind?«*[422]

Das zivile Gesetz bestraft vorschnell einzelne Gesetzesbrecher als die einzig Schuldigen, ohne nach der gesellschaftlichen Bedingtheit ihrer Tat zu fragen.[423] Es bestraft einzelne Individuen für die Erziehung, die die Gesellschaft ihnen doch selbst hat angedeihen lassen.[424] 'Zivilisierte' Eltern erziehen ihre Kinder aus Eigennutz und Prestigedenken.[425] Winnetou beobachtet dazu treffend: *»Eure Väter haben das Recht, das Gehirn ihrer Kinder durch den Zwang, etwas werden zu sollen, was sie nicht werden können, zu morden und sie um das Glück ihres Lebens zu bringen. Und wenn dieses Gehirn*

---

[421] May: Winnetou I, wie Anm. 10, S. 388
[422] May: Satan und Ischariot I, wie Anm. 27, S. 364
[423] Vgl. May: Old Surehand III, wie Anm. 11, S. 2f.
[424] *Es sind die tausend und abertausend Verhältnisse des Lebens, welche oft tiefer und nachhaltiger auf den Menschen wirken als das Thun oder Lassen derjenigen Personen, welche nach landläufiger Ansicht seine Erzieher sind. Ein einziger Abend im Theater, das Lesen eines einzigen schlechten Buches, die Betrachtung eines einzigen unsittlichen Bildes kann alle Früchte einer guten, elterlichen Erziehung in Fäulnis übergehen lassen. Welche Menge, ja Masse von Sünden hat die millionenköpfige Hydra, welche wir Gesellschaft nennen, auf dem Gewissen! Und gerade diese Gesellschaft ist es, welche mit wahrer Wonne zu Gerichte sitzt, wenn der Krebs, an dem sie leidet, an einem einzelnen ihrer Glieder zum Ausbruche kommt! Mit welch' frommem Augenaufschlage, mit welchem abweisenden Nasenrümpfen, mit welcher Angst vor fernerer Berührung zieht man sich da von dem armen Teufel zurück, der das Unglück hatte, daß die allgemeine Blutentmischung grad an seinem Körper zur Entzündung und zur Eiterung führte!* (Ebd.)
[425] *Aber Carpio war eines der vielen, vielen Opfer der landläufigen und doch so falschen Ansicht vieler studierter Väter, daß es eine Schande für sie sei, einen nicht studierten Sohn zu haben. Auch Väter, welche es zu einer guten Lebensstellung brachten, ohne eine höhere Schule besucht zu haben ..., setzen einen Trumpf darauf, wenigstens einen ihrer Söhne irgend einer Alma mater womöglich mit Gewalt in die widerstrebenden Arme zu treiben. Die Folgen bleiben niemals aus; die Enttäuschung läßt nicht auf sich warten, und wenn man zehn Menschen in die berühmte Klage vom »verfehlten Leben« einstimmen hört, so kann man getrost behaupten, daß acht oder neun von ihnen Söhne solcher Väter sind.* (May: »Weihnacht!«, wie Anm. 1, S. 347)

sodann den Dienst versagt, klagen sie über ungeratene Söhne!«[426] Wie schon zuvor der weiße Lehrer Klekih-petra geißelt hier Winnetou eine egoistische Erziehung, die sich lediglich am Wohl des Erziehers orientiert, indem er sie als 'Mord' an den zu Erziehenden bezeichnet.

Ähnlich spannungsvoll wie die elterliche Autorität sieht May die des Staates. Seine Westmänner fliehen die Zivilisation und ihre staatlichen Autoritäten. Der Jagdrock eines Westmanns hat hier mehr zu bedeuten als die Uniform eines Dragoneroffiziers.[427] Stolze Uniformträger werden der Lächerlichkeit preisgegeben. In der Wildnis gilt die Autorität des an der Praxis Erfahrenen. Hier entsteht eine 'vernünftige Rangordnung', die keiner staatlichen Sanktionierung bedarf.[428] Eine schöne Episode dazu findet sich in '»Weihnacht!«': Der Sheriff von Weston sieht sich selbst *»bekleidet mit der Staatsgewalt«,*[429] mißbraucht aber seine Autorität, um die Gesetze fremdenfeindlich zu umgehen.[430] Als er zur Aufklärung eines Diebstahles herbeigerufen wird, handelt er dermaßen unvernünftig, daß Old Shatterhand seine Autorität nicht anerkennt und ihm entgegenhält: *»Als ein Herrscher von Gottes Gnaden steht Ihr nicht vor mir, und wenn mir Eure Fragen nicht gefallen, so bekommt Ihr eben keine Antwort darauf. Ich würde nicht in dieser Weise zu Euch sprechen, Sir, wenn Euer Benehmen gegen mich das richtige gewesen wäre!«*[431] Rechte Autorität gründet sich demnach auf rechtes Handeln. Sie muß sich einer kritischen Hinterfragung stellen. In den Abenteuergeschichten seines Helden Old Shatterhand im weiten Wilden Westen war die überkommene feudalistische Gesellschaftspyramide bereits zusammengebrochen, in Karl Mays

---

[426] Ebd., S. 382
[427] Vgl. May: Old Surehand I, wie Anm. 7, S. 494.
[428] In 'Old Surehand I' weigert sich Old Shatterhand, als Dolmetscher in die Dienste eines Dragonerkommandanten zu treten: *»Und Eure Uniform? Ich sage Euch, daß Nale-Masiuv vor meinem ledernen Jagdrocke und meinem Stutzen hundertmal mehr Respekt hat als vor Eurer Uniform und vor Eurem Säbel. Streiten wir uns nicht um Rangunterschied! Ich sage Euch, was geschehen soll, und Ihr kommandiert in diesem Sinne Eure Untergebenen; ich aber bin Euch nicht subordiniert.«* (Ebd., S. 471f.)
[429] May: »Weihnacht!«, wie Anm. 1, S. 264
[430] Vgl. Anm. 339.
[431] May: »Weihnacht!«, wie Anm. 1, S. 264

sächsisch-bürgerlichem Leben behielt sie wohl bis zuletzt Gültigkeit und göttliche Autorität.[432]

Old Shatterhand jedenfalls tut, wie ihm beliebt,[433] er braucht nicht lange nach Gesetzen anderer Leute zu fragen.[434] Die wahren Autoritäten sind Winnetou und Old Shatterhand, »*nicht weil sie uns zu befehlen haben, sondern weil ihnen unsere Achtung gehört*«, so der alte Pedrillo in 'Satan und Ischariot'.[435] Westmänner haben »*den Atem der Prairie getrunken*«,[436] ihnen wird jede zivilisierte Wohnung zu einem Gefängnis,[437] Winnetou und Old Shatterhand »*müssen überhaupt niemals müssen*«.[438] Jeglin verweist darauf, daß das Motiv der Zivilisationsflucht aus der Tradition des aufklärerischen Abenteuerromans stammt und bereits in der »'One-Man-Utopia' 'Robinson Crusoe' (1719) von Daniel Defoe«[439] angedeutet wird.

Das Ineinander von Expedition, Bildungsreise und Flucht aus dem Alltag hat Defoes Roman zu einem Grundbuch der späteren Abenteuerliteratur werden lassen. 'Robinson Crusoe und seine Nachfolger bis hin zu den Hel-

---

[432] In 'Mein Leben und Streben' erinnert sich May eines Kindheitserlebnisses der Unruhejahre: *Ich ging nach unserm Hof. Da stand ein Franzäpfelbaum. Unter den setzte ich mich nieder und dachte über das nach, was der Herr Kantor gesagt hatte. Also Gott, König und Vaterland, in diesen Worten liegt das wahre Glück; das wollte und mußte ich mir merken! Später hat dann das Leben an diesen drei Worten herumgemodelt und herumgemeißelt; aber mögen sich die Formen verändert haben, das innere Wesen ist geblieben.* (May: Mein Leben und Streben, wie Anm. 79, S. 46) – Hier bleibt natürlich unklar, was May z. B. an dem Begriff 'König' für 'Form', und was für 'inneres Wesen' hält. So ist auch die Episode mit dem Sheriff von Weston durchaus zweideutig: Kommt ihm aufgrund seines Handelns oder lediglich aufgrund seines gewöhnlichen Standes als gewähltem Funktionär keine göttliche Autorität zu? (Das Thema ist in der Sekundärliteratur ausführlich erörtert worden; vgl. z. B. Gert Ueding: Glanzvolles Elend. Versuch über Kitsch und Kolportage. Frankfurt a. M. 1973 – Volker Klotz: Abenteuer-Romane. Sue, Dumas, Ferry, Retcliffe, May, Verne. München/Wien 1979 – Stefan Schmatz: Karl Mays politisches Weltbild. Ein Proletarier zwischen Liberalismus und Konservatismus. Sonderheft der Karl-May-Gesellschaft Nr. 86/1990.)

[433] Vgl. z. B. May: Old Surehand I, wie Anm. 7, S. 441.

[434] Vgl. May: Satan und Ischariot II, wie Anm. 27, S. 74f.

[435] May: Satan und Ischariot I, wie Anm. 27, S. 510

[436] May: Winnetou III, wie Anm. 40, S. 42

[437] May: Winnetou II, wie Anm. 35, S. 475

[438] May: Satan und Ischariot II, wie Anm. 27, S. 196

[439] Jeglin, wie Anm. 121, S. 15

den Karl Mays fahren aus, weil ihnen das Zuhause nur Schranke und Gefängnis bedeutet; sie fliehen vor der Langeweile eines gleichförmigen Lebens und versuchen sich als Baumeister eines neuen'.[440]
Der ethnographische Abenteuerroman übernimmt aus dieser Tradition zwei sich widersprechende Gedankenfiguren: a) Die optimistischen Frühaufklärer konstruieren in ihren Utopien eine Welt, in der Agrarwirtschaft, Handwerk und einfacher Tauschhandel im Gegensatz zu Ausbeutung und Entfremdung regieren. Durch religiöse Bekehrung (s. Defoes Freitag oder Mays Winnetou), durch Einheirat in die europäische Utopiegesellschaft und durch Arbeitserziehung sollen die 'Wilden' an diesem Glückszustand partizipieren. b) In der skeptischen Spätaufklärung werden die Utopien evasiv und zivilisationskritisch. Eine Versöhnung des Naturzustandes der 'edlen Wilden' mit der europäischen Lebenswelt erscheint angesichts der fortschreitenden Kolonisation unmöglich, so daß der unaufhaltsame Untergang der exotischen Enklaven nur noch betrauernd geschildert werden kann.[441]

Ein oft wiederholter Kritikpunkt Mays ist, daß die Ausbreitung einer fragwürdigen Zivilisation, die ihr nicht angehörende Menschen als *Wilde* oder *Halbcivilisierte*[442] abtut, auch noch im Namen des Christentums vonstatten gehen kann. Verbrechen, Mord und Verrat werden von den Weißen scheinheilig getarnt.[443] Das Christentum muß den Indianern als die 'Religion der Mörder' schlechthin erscheinen.[444] *»Sprecht mir ja nicht von Eurer Civilisation und von*

---

[440] Ebd., S. 16; Binnenzitat Ueding, wie Anm. 432, S. 80
[441] Jeglin, wie Anm. 121, S. 18f.
[442] May: Old Surehand I, wie Anm. 7, S. 1
[443] Winnetou klagt: *»Es soll ein Verbrechen geschehen; die Yumas sollen helfen, es auszuführen, aber die Bleichgesichter sind die Anstifter. So ist es immer gewesen. Man rottet die roten Männer aus, weil man ihnen Thaten vorwirft, deren Schuld doch nur die Weißen tragen. Und hier haben wir es nicht einmal mit gewöhnlichen Bleichgesichtern zu thun, sondern mit Leuten, welche sich so außerordentlich fromm stellen und sich den Namen 'Die Heiligen der letzten Tage' gegeben haben!«* (May: Satan und Ischariot I, wie Anm. 27, S. 381)
[444] *»Old Wabble hat noch nie einem roten Manne, der in seine Hände fiel, Gnade gegeben; er ist auf der ganzen Savanne als Indianertöter bekannt; ... Old Wabble nennt sich einen Christen; er wird Winnetou einen Heiden nennen; aber wie kommt es doch, daß dieser Christ so gern Blut vergießt, während der Heide das zu vermeiden sucht?«* (Winnetou in May: Old Surehand I, wie Anm. 7, S. 331)
»... Meine Religion gebietet mir, für Rattler zu bitten.« »Deine Religion? War sie nicht auch die seinige?« »Ja.« »Hat er nach den Geboten derselben gehandelt?« »Leider nein.« »So hast du nicht nötig, ihre Gebote seinetwegen zu erfüllen. Deine und seine Religion verbietet den Mord; er hat trotzdem gemordet, folglich sind die Lehren dieser Religion nicht auf ihn anzuwenden.« (Winnetou

Eurem Christentum, so lange noch ein Tropfen Menschenblut durch Stahl und Eisen, durch Pulver und Blei vergossen wird!«,[445] fährt Harbour Treskow erbost an. Hinter der Erkenntnis Old Shatterhands *Ich habe überhaupt mehr sogenannte als wirkliche Wilde getroffen, ebenso, wie man sehr leicht dazukommen kann, mehr sogenannte als wirkliche Christen kennen zu lernen,*[446] verbergen sich die Erfahrungen Mays aus seinem Lehrerseminar: *Ich lernte zwischen dem Christentum und seinen Bekennern unterscheiden. Ich hatte Christen kennen gelernt, die unchristlicher gegen mich verfahren waren, als Juden, Türken und Heiden verfahren würden.*[447] Dementsprechend kann Kara Ben Nemsi auch die vorbildhafte Andacht der Muslime loben[448] und Old Shatterhand über den Einfluß Klekihpetras bei den Apachen staunen: *»Diese Roten haben vom wahren, innern Christentume mehr in sich aufgenommen, als sie ahnen.«*[449]

So stellt sich die Frage nach dem Gehalt dieses *wahren, innern Christentum(s)*, das sich von dem äußeren Scheinchristentum abhebt, wie es May ausgerechnet bei 'professionellen' Gläubigen wie dem Prayer-man in '»Weihnacht!«' oder den Mormonen in 'Satan und Ischariot I' parodiert.[450] Die Antwort auf diese Frage kann hier noch nicht vollständig gegeben werden, aber soviel ist vorerst klar: Ein Hauptproblem der Christen ist, daß bei ihnen Wort und Tat allzu oft auseinanderfallen. Winnetou spottet, *»Die Bleichgesichter aber haben nur schöne Worte und böse Thaten.«*[451] Daß das Handeln der Christen ihrer eigenen Lehre nicht entspricht, will auch Harbour aufzeigen.[452] Winnetou goutiert dieses Bemühen mit der Bemerkung, dessen Rede sei *»die Rede eines wahren Priesters der Chri-*

---

und Old Shatterhand über den Mörder Klekih-petras in May: Winnetou I, wie Anm. 10, S. 393)

[445] May: Old Surehand III, wie Anm. 11, S. 128 (s. auch Anm. 411)

[446] May: »Weihnacht!«, wie Anm. 1, S. 383

[447] May: Mein Leben und Streben, wie Anm. 79, S. 102; vgl. Old Shatterhand zu Winnetou: *»Du mußt unterscheiden zwischen der Religion und dem Anhänger derselben, welcher sich nur äußerlich zu ihr bekennt, aber nicht nach ihr handelt!«* (May: Winnetou I, wie Anm. 10, S. 425)

[448] *Die Soldaten lagen alle auf den Knieen, die Gesichter gen Mekka gerichtet und verrichteten ihr Gebet mit einer Andacht und Hingebung, welche man manchem Christen wünschen möchte.* (May: Satan und Ischariot II, wie Anm. 27, S. 379)

[449] May: Winnetou I, wie Anm. 10, S. 397

[450] z. B. May: Satan und Ischariot I, wie Anm. 27, S. 30

[451] Ebd., S. 448

[452] May: Old Surehand III, wie Anm. 11, S. 127f.

sten«[453] gewesen. Diese Aussage setzt freilich voraus, Winnetou hätte bereits eine Vorstellung von dem, was eine wahrhaftige christliche Verkündigung sei. In 'Winnetou II' wird dies auch bestätigend angedeutet.[454] Winnetou honoriert dort die Bemühungen christlicher Missionare, die, von einem einheitlichen Kirchenverständnis beseelt, sich nicht in internem Gezänk verlieren, sondern entsprechend ihrer Worte selbst tätig werden. Dies darf *»nicht durch den Vortrag gelehrter Dogmen und spitzfindiger Sophismen«*[455] geschehen, nicht durch *gelehrte Wortklauberei,*[456] sondern durch tätige Überzeugungsarbeit. Es ist gut vorstellbar, daß der Autor Karl May – selbst natürlich nicht indianischer Schüler einer christlichen Missionsschule – hier über eigene Erfahrungen mit dem Widerstreit der beiden christlichen Konfessionen, die ihn geprägt haben, reflektiert, über damit verbundene Lehren lutherischer Hochorthodoxie oder über Erfahrungen mit jener aufklärerischen Hochschultheologie, deren Praxisrelevanz im täglichen Leben ihm uneinsichtig bleibt.

Zu den *»größten Feinde(n) des wahren Christentums«* zählt Old Shatterhand nun ausgerechnet nicht bloß jene gottlosen Hochschul-Freigeister, wie Klekih-petra einer in seiner Vergangenheit gewesen sein soll, sondern vor allem die sonntäglichen Durchschnittschristen eines ihn umgebenden bürgerlichen Protestantismus.[457]

---

[453] Ebd., S. 129

[454] *»Ich kenne einen Glauben der Christen, welcher gut war. Diesen lehrten die frommen Patres, welche in unser Land kamen, ohne uns töten und verdrängen zu wollen. Sie bauten Missionen bei uns und unterrichteten unsere Eltern und Kinder. Sie wandelten in Freundlichkeit umher und lehrten uns alles, was gut und nützlich für uns war. Das ist nun viel anders geworden. Die frommen Männer haben mit uns weichen müssen, und wir mußten sie sterben sehen, ohne Ersatz für sie zu erhalten. Dafür kommen jetzt Andersgläubige von hundert Sorten. Sie schmettern uns die Ohren voller Worte, die wir nicht verstehen. Sie nennen sich gegenseitig Lügner und behaupten doch, daß wir ohne sie nicht in die ewigen Jagdgründe gelangen können. Und wenn wir, von ihrem Gezänk ermüdet, uns von ihnen wenden, so schreien sie Ach und Wehe über uns und sagen, sie wollen den Staub von ihren Füßen schütteln und ihre Hände in Unschuld waschen.«* (Winnetou in May: Winnetou II, wie Anm. 35, S. 349; nebenbei bemerkt, spricht hier nicht der Winnetou, der den christlichen Glauben durch Klekih-petra kennenlernte ('Winnetou I'), sondern derjenige aus der früher verfaßten Erzählung 'Der Scout' (May: Der Scout, wie Anm. 36))

[455] May: Winnetou III, wie Anm. 40, S. 427

[456] May: Old Surehand I, wie Anm. 7, S. 407

[457] *»Was giebt es doch in dieser Beziehung für sonderbare Menschen! Da fährt sich der Herr Müller oder Maier Sonntags mit dem Waschlappen über das von den sieben Wochentagen her schmutzige Gesicht, bindet ein neugewaschenes*

Während diese Müllers und Maiers sozusagen die Negativ-Folie des Christentums abgeben, zeichnet May in der Gestalt des geheimnisvollen Indianerpredigers Ikwehtsi'pa das positive Gegenbild. Er, der rote Lehrer Harbours, der unter den Navajos als Prediger gewirkt haben soll, erweist sich in 'Old Surehand III' als der ermordete Bruder 'Wawa Derrick' der Schwestern Tokbela und Tehua Bender, welcher von den Spaniern 'Padre Diterico', von den Indianern aber wahlweise 'Sikis-sas' oder 'Ikwehtsi'pa' genannt wurde, was beides 'Großer Freund' bedeuten soll. Er sei »*ein Priester und Verkündiger des wahren Christentums*«[458] gewesen, und in ihm sei »*dem Christentum ein Prediger verschwunden, wie es von einem Meere bis zum andern keinen je gegeben hat.*«[459] Auch Winnetou kann sich einer frühen Begegnung mit ihm erinnern und ihn beschreiben.[460] Seine Predigt und sein Handeln repräsentieren das wahre Christentum, das das bürgerliche Sonntagschristentum eines Herrn Maier oder Müller oder das Scheinchristentum einiger 'professioneller' Vertreter kontrastiert.

Das Auseinanderfallen von 'wahrem Christentum' und empirisch vorfindbarem Christentum (etwa in der Anzahl nominell getaufter

---

Vorhemdchen um, nimmt das Gesangbuch in die Hand und geht in die Kirche, natürlich auf seinen 'Stammplatz' Nummer fünfzehn oder achtundsechzig. Da singt er einige Lieder, hört die Predigt an, wirft einen Pfennig, zwölf Stück auf den Groschen, die jetzt nicht mehr gelten, in den Klingelbeutel und geht dann hoch erhobenen Hauptes und sehr befriedigten Herzens nach Hause. In seinem Gesichte ist deutlich die Ueberzeugung zu lesen, die er im Herzen trägt: 'Ich habe für eine ganze, volle Woche meine Pflicht gethan; nun, du Gott, der alles geben kann, thue du auch die deine; dann gehe ich nächsten Sonntag wieder in die Kirche! Wenn nicht, so werde ich mir die Sache überlegen!'- Glaubt Ihr, Mr. Surehand, daß es so sonderbare Menschen giebt?« »Da Ihr es sagt, muß es wohl so sein.« »O, es giebt solche Maiers und Müllers zu hunderttausenden. Diese Christen sind die größten Feinde des wahren Christentums. Sie stellen sich zu Gott auf denselben Fuß, auf welchem ein Fuhrherr zu seinem Kutscher steht, der Woche für Woche seinen Lohn ausgezahlt bekommt.« (May: Old Surehand III, wie Anm. 11, S. 468f.)

[458] Ebd., S. 129
[459] Ebd., S. 130
[460] »*Seine Seele gehörte dem großen, guten Manitou, sein Herz der unterdrückten Menschheit und sein Arm jedem weißen oder roten Manne, der sich in Gefahr befand oder sonst der Hilfe bedurfte. Seine Augen strahlten nur Liebe; seinem Worte konnte kein Mensch widerstehen, und alle seine Gedanken waren nur darauf gerichtet, Glück und Heil um sich her zu verbreiten. Er war Christ geworden und hatte zwei Schwestern, die er auch zu Christinnen machte ...*« (Ebd., S. 129f.)

Menschen), stellt – spätestens seit der Zeit der sog. 'Konstantinischen Wende' – ein gewichtiges ekklesiologisches Problem dar. Wenn May immer wieder vom *wahren Christentum* spricht, muß man sich vergegenwärtigen, daß er diese Formel mehr umgangssprachlich denn theologisch exakt verwendet. An die 'ecclesia vera' der altprotestantischen Orthodoxie im Sinne einer 'ecclesia visibilis' als »Kirche, deren öffentlich geltende Lehre dem Wort Gottes entspricht«,[461] ist jedenfalls nicht gedacht.

Ikwehtsi'pa begegnet dem Leser freilich nur in der Erinnerung der handelnden Personen, betritt aber nie selbst die Szene. Das handelnde Vorbild (im mehrfachen Sinn des Wortes) ist Old Shatterhand. Bei ihm fallen Wort und Tat zusammen. Er fordert keine Feindesliebe, die er nicht selbst praktiziert, und kann er selbst nicht mehr handeln, so bittet er nicht für sich, sondern für andere.[462] Sein Verhalten ist die gültige Antwort auf alle Zivilisations- und Christentumskritik. Winnetou sagt von ihm anerkennend, *»mein Bruder Shatterhand weiß stets, was er thut, und wenn alle roten, weißen und schwarzen Menschen der Erde zu Verrätern würden, er allein bliebe treu!«*[463] Und selbst seine Feinde geben zu: »*Wären alle roten Männer so, wie Winnetou war, und folgten alle Bleichgesichter dem Beispiele, welches Old Shatterhand ihnen giebt, so würden die roten und die weißen Völker wie Brüder neben einander leben, sich lieben und einander helfen und die Erde hätte Raum für alle ihre Söhne und ihre Töchter.«*[464]

Eine Antwort auf den Völkermord, auf den Mißbrauch des Christentums und die indianische Kritik am 'real existierenden' Christentum kann und darf nicht mit Worten formuliert werden, sie muß in der Praxis erfolgen. Old Shatterhand ist die (fiktiv) gelebte Antwort darauf. Winnetou klagt: »*Warum sind nicht alle weißen Männer wie mein Bruder Schar-lih? Wären sie so wie er, so würde Winnetou ihren Priestern glauben!*«[465]

---

[461] Wilfried Joest: Dogmatik Bd. 2: Der Weg Gottes mit dem Menschen. Göttingen ³1993, S.533
[462] May: Winnetou III, wie Anm. 40, S. 593f.
[463] May: Satan und Ischariot I, wie Anm. 27, S. 334
[464] May: Winnetou III, wie Anm. 40, S. 571
[465] Ebd., S. 426

7. 'Old Shatterhand' oder Feindesliebe als Christenpflicht

Wenn man von der Sonderstellung Winnetous einmal absieht – ihr wird das 16. Kapitel gelten –, ist Old Shatterhand als Ich-Erzähler nicht nur der Anführer der Protagonisten seiner Seite, sondern bildet zugleich die Spitze ihrer Tugend-Pyramide.[466] »Der Führer der Gruppe herrscht autoritär. Seine Autorität wird aber nicht von außen bestimmt, sie ist keine Amtsautorität, sondern ergibt sich daraus, daß er die guten Eigenschaften und Strebungen der Gruppenmitglieder in ihrer Vollkommenheit verkörpert«.[467]

7.1. Ethische Konflikte und humanes Handeln

Der alte Sam Hawkens macht es von Anfang an klar: *»Grad so, wie Ihr denkt und redet, muß jeder Mensch und Christ denken, reden und handeln.«*[468]

Er richtet diese Worte schon an das deutsche Greenhorn und bezeichnet damit von Anfang an für den Leser den ethischen Orientierungspunkt 'Old Shatterhand'. Dessen Werte und Normen an dieser Stelle vollständig aufzuzählen wäre müßig; ganze Monographien haben sich bereits an dieser Thematik versucht.[469] Gertrud Oel-Willenborg erstellte eine Rangliste der deklarierten Normen nach der numerischen Häufigkeit in den Reiseerzählungen: »1. Achtung vor dem Leben 2. Strafe bzw. 'Gerechtigkeit' 3. Menschlichkeit (...) 4. Wahrhaftigkeit 5. Selbstdisziplin 6. Brüderlichkeit 7. Vorurteilslosigkeit 8. Gehorsam gegen Old Shatterhand 9. Armut 10. Keuschheit«.[470] Unter dem dritten Punkt subsumierte sie dabei die Begriffe »Menschlichkeit, Christlichkeit, Nächstenliebe«. In das Ranking der

---

[466] Vgl. Kap. 3.1.
[467] Ingrid Bröning: Die Reiseerzählungen Karl Mays als literaturpädagogisches Problem. Ratingen-Kastellaun-Düsseldorf 1973, S. 97
[468] May: Winnetou I, wie Anm. 10, S. 80
[469] Vgl. z. B.: Gertrud Oel-Willenborg: Von deutschen Helden. Eine Inhaltsanalyse der Karl-May-Romane. Weinheim-Basel 1973 (vgl. zu dieser Arbeit Schmiedt, wie Anm. 80, S. 263f.); Ulrich Melk: Das Werte- und Normensystem in Karl Mays Winnetou-Trilogie. Paderborn 1992.
[470] Oel-Willenborg, wie Anm. 469, S. 78

tatsächlich befolgten Normen wollte sie sie gar nicht mehr einbeziehen, da sie ihr inhaltlich als allzu vage »Leerformeln«[471] erschienen: Sie beschränkt sich letztlich auf »1. Brüderlichkeit 2. Gehorsam gegen Old Shatterhand 3. Strafe bzw. 'Gerechtigkeit' 4. Achtung vor dem Leben 5. Vorurteilslosigkeit 6. Wahrhaftigkeit«.[472] Ulrich Melk hält dagegen bei seiner differenzierten Untersuchung der Winnetou-Trilogie fest: »Shatterhand ist u. a. tapfer, eine Persönlichkeit von charismatischer Autorität, dabei tief religiös und von enormer Bildung.«[473] Seine Liste führen »Religion« (an erster Stelle) und »Bildung« (an zweiter Stelle) an.[474]

Die Untersuchung der Handlungsmaximen Old Shatterhands sei auf einige wenige Aspekte beschränkt:

Wort und Tat bilden für Old Shatterhand eine Einheit. Seinen Worten folgen stets Taten (*»Was Old Shatterhand spricht, das geschieht.«*[475]). Kein Feind konnte ihn je einer Lüge bezichtigen.[476] *»Sein Auge ist offen, und sein Mund spricht wahr; er ist stark wie der Bär, den er von vorn angreift; er ist aufrichtig wie die Blume, die ihren Kelch nicht verschließt«*, urteilt auch Yakonpi-Topa.[477] Allein der Name 'Old Shatterhand' ist ein *unumstößlichster Beweis* von Ehrlichkeit.[478] Sein Wort gilt *»als hätte es der große Manitou gesagt«*,[479] Wortbruch ist ihm *häßlich und unmoralisch*.[480]

Die Nächstenliebe ist ihm eine Pflicht, die ihm schon die reine Mitmenschlichkeit gebietet. Ist jemand in Gefahr, sein Leben oder sein Recht bedroht, so sieht er es als *Pflicht*[481] und *Verpflichtung*[482] an, helfend zu handeln. Christlichkeit und Menschlichkeit sind ihm hierin eins. Schiba-bigk erklärt er das christliche Doppelgebot der

---

[471] Ebd.
[472] Ebd., S. 79
[473] Melk, wie Anm. 469, S. 183
[474] Vgl. ebd., S. 183ff.
[475] May: »Weihnacht!«, wie Anm. 1, S. 509
[476] *»Old Shatterhand ist das gefährlichste der Bleichgesichter und mein ärgster Feind, aber er hat nie mit zwei Zungen gesprochen.«* (Tangua in May: Winnetou III, wie Anm. 40, S. 547) Ähnlich: May: Winnetou I, wie Anm. 10, S. 156 – ders.: Old Surehand I, wie Anm. 7, S. 477, S. 538 – ders.: Old Surehand III, wie Anm. 11, S. 389 – ders.: »Weihnacht!«, wie Anm. 1, S. 455 u. v. a. m.
[477] May: »Weihnacht!«, wie Anm. 1, S. 441
[478] Ebd., S. 261
[479] May: Satan und Ischariot III, wie Anm. 27, S. 571
[480] May: Old Surehand I, wie Anm. 7, S. 257
[481] May: Winnetou III, wie Anm. 40, S. 55
[482] Ebd., S. 72

Liebe: *»Es lautet: wir sollen ihn allein verehren und alle Menschen lieben wie uns selbst, mögen sie nun unsre Freunde oder unsre Feinde sein.«*[483] Da er sich in seiner Mitmenschlichkeit vor Gott verantwortlich weiß, sieht er Waffengewalt gegenüber Mitmenschen – unabhängig welcher Hautfarbe – nur in Fällen der Notwehr gerechtfertigt.[484] Der roten Rasse gegenüber sucht er Wege der friedlichen Koexistenz, um ihr Überleben zu sichern.[485] Er setzt sich bei seinen Begleitern und in seiner Umgebung immer wieder für die Schonung von Gefangenen und die Vermeidung unnützen Blutvergießens ein.[486] Er versucht seine Reisebegleiter davon zu überzeugen, daß *Mildherzigkeit* nicht *Zeitversäumnis*,[487] sondern letztlich ein Vorteil sei.[488] Ist eine Konfrontation unvermeidlich, sucht er seine Gegner nur zu verwunden.[489] Bei seinen Feinden erntet er,

---

[483] May: Old Surehand I, wie Anm. 7, S. 369

[484] z. B.: *»Für mich giebt es hier keine Mitte. Wenn die Comantschen sich wehren, werden wir allerdings unsre Waffen brauchen; wenn sie sich aber ergeben, darf keinem von ihnen ein Leid geschehen. Das ist meine Ansicht, von der ich auf keinen Fall abweiche.«* (Old Shatterhand in ebd., S. 460)
... es widerstrebte meinen innersten Gefühlen, selbst gegen Mörder die Waffe zu richten, wenn dies nicht von erlaubter Notwehr geboten war. (May: Winnetou III, wie Anm. 40, S. 176)
Sollte ich ihn töten? Sollte ich dies junge, hoffnungsvolle Leben zerstören? Nein. (Ebd., S. 206)
Vgl. auch: May: Winnetou I, wie Anm. 10, S. 364 – ders.: Winnetou II, wie Anm. 35, S. 207f. – ders.: Satan und Ischariot III, wie Anm. 27, S. 134.

[485] *»Old Shatterhand geht nicht auf Skalpe aus; er ist ein Freund der roten Männer und wünscht, sie vor dem Tode zu bewahren.«* (May: Old Surehand I, wie Anm. 7, S. 474f.)
»Du weißt, daß ich es gut mit allen roten Männern meine. Ich will auch jetzt alles zum Guten führen und euch zum Frieden mit euern Feinden bringen.« (Ebd., S. 481)
»... stets die Freunde aller roten Männer gewesen« (May: Old Surehand III, wie Anm. 11, S. 462)

[486] z. B. May: Old Surehand I, wie Anm. 7, S. 76 – ders.: Satan und Ischariot III, wie Anm. 27, S. 465

[487] May: Winnetou II, wie Anm. 35, S. 588

[488] *Diese Milde hat uns zuweilen in spätere Verlegenheiten gebracht; das gebe ich wohl zu; aber die Vorteile, welche wir indirekt durch sie erreichten, wogen das reichlich wieder auf.* (May: Old Surehand III, wie Anm. 11, S. 3)

[489] *»Ich will Euch sagen, Fred, daß ich mich auf allen meinen Streifzügen möglichst gehütet habe, einen Menschen zu töten, denn Menschenblut ist die kostbarste Flüssigkeit, welche es giebt. Ich habe lieber großen Schaden getragen, ehe ich zur tödlichen Waffe griff, und wenn es doch geschehen mußte, so geschah es sicherlich im äußersten Grade der Notwehr. Und selbst da habe ich*

weil er damit gegen das Gesetz des Westens[490] und die indianische Sitte[491] verstößt, sowohl Verachtung[492] als auch Bewunderung.[493] Kann er ein Blutvergießen nicht durch List und Geschicklichkeit umgehen, etwa durch die Androhung, bei Bruch des Waffenstillstands die Medizinen feindlicher Häuptlinge zu zerstören,[494] oder begangene Gewaltverbrechen hinreichend bestrafen, so beteiligt er sich selbst an den Auseinandersetzungen und Bestrafungen, allerdings nicht ohne – zumindest in späteren Jahren – deren Abscheulichkeit hervorzuheben. Verglichen mit dem Schlachtenpathos seines Schriftsteller- und Zeitgenossen Balduin Möllhausen[495] wirken seine Beschreibungen allerdings deutlich zurückhaltender.[496] Wo die Nicht-Bestrafung einer Untat als das unverantwortlichere Übel ge-

---

lieber den Feind kampfunfähig gemacht, als daß ich ihm das Leben nahm – « (Old Shatterhand in May: Winnetou III, wie Anm. 40, S. 409f.)
Vgl. auch ebd., S. 448f., S. 450f.

[490] *»... nehmt es als junges Greenhorn mit dem erfahrensten Westläufer auf, werft alle die grausamen und blutigen Gesetze des wilden Westens über den Haufen, indem Ihr selbst den ärgsten Todfeind schont, und sperrt dann das Maul vor Erstaunen darüber auf, daß man von Euch redet!«* (Mr. Henry in May: Winnetou II, wie Anm. 35, S. 394)

[491] May: Old Surehand I, wie Anm. 7, S. 512

[492] *»Old Shatterhand aber ist ein Weißer, den wir schon deshalb hassen müssen. ... Dieser Hund sagt nämlich, daß er seinen Feinden nur dann das Leben nehme, wenn er von ihnen dazu gezwungen werde; er giebt ihnen die Kugeln seines Zaubergewehres entweder in die Knie oder in die Hüfte und nimmt ihnen also für ihr ganzes Leben die Fähigkeit, zu den Männern, zu den Kriegern gerechnet zu werden. Das ist entsetzlicher als der langsamste Martertod.«* (Schahko Matto in May: Old Surehand III, wie Anm. 11, S. 24)

[493] *»Er ist ein großer Häuptling der weißen Jäger und hat niemals einem roten Krieger unnötige Schmerzen bereitet.«* (Pida in May: Winnetou III, wie Anm. 40, S. 552)

[494] z. B. May: Old Surehand I, wie Anm. 7, S. 259f. (s. Anm. 389)

[495] Vgl. dazu einen Ausschnitt aus 'Ein Tag auf dem Ufer des Colorado'. In: Möllhausen, wie Anm. 64, S. 220-232: »Wo ein brauner Arm sich zeigte oder ein bemalter Kopf sich hob, da machte eine Kugel ihn schnell wieder zurücksinken; (...) wo eine Hand sich an das Pfahlwerk anklammerte, um den Körper nach demselben hinaufzuziehen, da war ein Beil bereit, oft nur von Weiberfaust geführt, sie zu verstümmeln (...).« (S. 228ff.)

[496] *Das war fürchterlich! ... Es gab Scenen, welche jeder Feder spotten, und als ich am frühen Morgen die Leichen hoch getürmt übereinandergeschichtet sah, da mußte ich mich fröstelnd abwenden. Ich mußte unwillkürlich an das Wort eines neueren Gelehrten denken, daß der Mensch das größte Raubtier sei.* (May: Winnetou III, wie Anm. 40, S. 449)

genüber einer gewalttätigen Bestrafung erscheint,[497] da läßt er sie zu, delegiert sie aber oft an dritte.[498] Um das Leben seiner Widersacher zu schonen, gibt er sich meist mit der Prügelstrafe zufrieden. Sein Verhältnis zur Todesstrafe ist nicht eindeutig: Einerseits lehnt er sie einmal rundweg ab,[499] andererseits steht er nicht an, mit ihr zu drohen (ohne sie dann allerdings zu vollziehen).[500] So gerne Old Shatterhand – im Vertrauen auf eine höhere, ausgleichende Gerechtigkeit[501] – einen gewaltsamen Strafvollzug umgeht, so weiß er doch von Grenzen eines humanen Strafvollzuges.[502] Ein Mordanschlag darf nicht ohne Ahndung[503] und die Mißhandlung einer Frau nicht ohne die verdiente Strafe[504] bleiben. Er unterscheidet ausdrücklich zwischen Strafe und Rache.[505] Während erstere für den Menschen

---

[497] *»Dennoch aber kann es mir nicht einfallen, einen Bösewicht oder gar eine ganze Schar solcher Kerls ruhig laufen zu lassen. Das hieße ja, ihr Mitschuldiger werden und diese Rotte gegen brave Leute loszulassen.«* (Old Shatterhand in ebd., S. 410)

[498] *Ich ging mit Winnetou fort, um nicht Zeuge der Vollstreckung dieses Urteiles zu sein. Ein Ebenbild Gottes prügeln zu sehen, ist nicht jedermanns Sache. Leider aber giebt es Menschen, bei denen selbst eine solche Strafe ohne alle Wirkung bleibt,* ... (May: Old Surehand I, wie Anm. 7, S. 642)
Der Mensch hatte seine Hundert wohl verdient; aber die Szene wurde mir immer widerwärtiger, und als er sechzig Hiebe empfangen hatte, ließ ich aufhören und ihn fortschaffen. Das moralische Wehe, welches ich ihm angethan hatte, war jedenfalls wenigstens ebenso groß wie das körperliche ... (May: Satan und Ischariot II, wie Anm. 27, S. 384f.)

[499] *»Ein Christ darf selbst seinen ärgsten Feind nicht töten; die Rache ist allein Gottes.«* (Old Shatterhand in ebd., S. 435)

[500] *»Nein; ich bin kein Mörder. Ob ich einen Menschen ermorde, oder ob ich ihn mit dem wohlverdienten Tode bestrafe, das ist ein großer Unterschied.«* (Old Shatterhand in May: Winnetou II, wie Anm. 35, S. 573)

[501] z. B.: *»Du siehst, daß sich alles belohnt und alles bestraft. Wer Gutes thut, wird Gutes ernten.«* (Old Shatterhand in May: Satan und Ischariot I, wie Anm. 27, S. 327)

[502] May: Old Surehand III, wie Anm. 11, S. 307f. (s. u.)

[503] Ebd., S. 37

[504] May: Satan und Ischariot II, wie Anm. 27, S. 381f.; vgl. Anm. 364.

[505] *»Es ist ein Unterschied zwischen Strafe und Rache, Harry! Die erstere ist eine notwendige Folge der Sünde und eng verbunden mit dem Begriffe göttlicher und menschlicher Gerechtigkeit; die zweite aber ist häßlich und betrügt den Menschen um die hohen Vorzüge, welche ihm vor dem Tiere verliehen sind.«* (Old Shatterhand in May: Winnetou II, wie Anm. 35, S. 507)
Es ist ein großer Unterschied zwischen Rache und Strafe. Ein rachsüchtiger Mensch ist kein guter Mensch; er handelt nicht nur unedel, sondern verwerflich; er greift, ohne irgend ein Recht dazu zu besitzen, der göttlichen und der

legitim sei, gehöre zweitere allein Gott.[506] Der Mensch solle strafen, nicht sich rächen.[507] In der Zivilisation habe der Staat mit seinem Gewaltmonopol[508] die Verpflichtung übernommen, dem sozialen Umfeld und der Vorgeschichte des Verbrechens nachzugehen[509] und dementsprechend gerecht zu strafen. In der Wildnis ist Old Shatterhand, will er die Todesstrafe nicht vollziehen, meist auf die Prügelstrafe verwiesen. In 'Old Surehand III' bezeichnet der Ich-Erzähler sie einmal als *heilsame Arznei*.[510] Die Rache hingegen könne das

---

menschlichen Gerechtigkeit vor und läßt dadurch, daß er seinem Egoismus, seiner Leidenschaft die Zügel überwirft, nur merken, wie verächtlich schwach er ist. Ganz anders steht es um die Strafe. Sie ist eine ebenso natürliche wie unausbleibliche Folge jeder That, die von den Gesetzen und von der Stimme des Gewissens verurteilt wird. Nur darf nicht jedermann, auch nicht einmal derjenige, an dem sie begangen wurde, denken, daß er zum Richter berufen sei. Sie kann in dem einen Falle unerlaubt sein, in dem andern leicht den Charakter eines ebenso verwerflichen Racheaktes annehmen. Welcher Mensch ist so rein, so frei von Schuld und sittlich so erhaben, daß er sich, ohne von der Staatsgewalt dazu berufen zu sein, zum Richter über die Thaten seines Nächsten aufwerfen darf? (May: Old Surehand III, wie Anm. 11, S. 1f.)

[506] May: Satan und Ischariot II, wie Anm. 27, S. 435; vgl. Anm. 499.
»Rächen? Ein Christ rächt sich nie in seinem Leben, denn er weiß, daß der große und gerechte Manitou alle Thaten der Menschen so vergelten wird, wie sie es verdienen.« (May: Old Surehand I, wie Anm. 7, S. 366)
[507] *»Ich habe allerdings gesagt, daß die Rache mit Winnetou begraben sein soll; aber zwischen Rache und Strafe ist ein Unterschied. Das Christentum kennt zwar keine Rache, doch um so strenger verlangt es die Bestrafung jeder Schuld. Auf jedes Verbrechen soll die Sühne folgen. Ich werde mich also nicht an Euch rächen, aber Eurer Strafe dürft Ihr dennoch nicht entgehen.«* (Old Shatterhand in May: Winnetou III, wie Anm. 40, S. 521; zum Thema 'Rache' vgl. Hammer, wie Anm. 133.)
[508] Vgl. May: Old Surehand III, wie Anm. 11, S. 1f.
[509] *Man forsche nach der Vorgeschichte jeder solchen That!* (Ebd., S. 2)
[510] *Strafe mußte hier sein; aber was für eine? Gefängnis? Gab es nicht. Geldstrafe? Diese Menschen hatten ja nichts. Ihnen die Pferde und Waffen nehmen? Da waren sie verloren, und wir standen in ihren Augen als Diebe da. Prügel? Hm, ja, eine sehr heilsame Arznei! Wie denke ich überhaupt über die Prügelstrafe? Sie ist für jeden Menschen, der noch einen moralischen Halt besitzt, fürchterlich; sie kann sogar diesen letzten Fall vollends zerstören. Aber der Vater straft sein Kind, der Lehrer seinen Schüler mit der Rute, um ihm grad diesen moralischen Halt beizubringen! Ist ein solches Kind etwa schlimmer, gefährlicher, ehrloser als der Verbrecher, welcher nicht geschlagen werden darf, obgleich er zwanzigmal rückfällig im Gefängnisse sitzt und sofort wieder »mausen« wird, sobald er entlassen ist? Wenn ein Rabenvater, wie es vorgekommen ist, sein vor Hunger abgeschwächtes Kind wochenlang an das Tischbein bindet und ohne allen Grund täglich wiederholt mit Stöcken, Ofengabeln,*

Menschenherz nicht befriedigen,[511] sie kurble nur die Spirale der Gewalt an.[512] Winnetous Rachewunsch aus 'Winnetou I'[513] wird in 'Winnetou III' schließlich überwunden.[514] Von einem grundsätzli-

---

Stiefelknechten und leeren Bierflaschen prügelt und dafür einige Monate Gefängnis bekommt, ist diese Strafe seiner Roheit oder vielmehr seiner Bestialität kongruent? Denn eine Bestie ist so ein Kerl! Er bekommt im Gefängnisse umsonst Wohnung, reichliche Nahrung, warme Kleidung, Ruhe, Ordnung, Reinlichkeit, Bücher zum Lesen und noch anderes mehr. Er sitzt die paar Monate ab und lacht hernach darüber! Nein, so eine Bestie müßte als Bestie behandelt werden! Prügel, Prügel, aber auch tüchtige Prügel und womöglich täglich Prügel, das würde für ihn das einzig Richtige sein! Hier macht die Humanität das Uebel nur ärger. Oder wenn ein entmenschtes, schnapssüchtiges Weib ihre Kinder mit Absicht und teuflischer Ausdauer zu Krüppeln macht, um mit ihnen zu betteln oder sie gegen Geld an Bettler zu verborgen, was ist da wohl richtiger, eine zeitweilige Einsperrung nach allen Regeln und allen Errungenschaften des humanitären Strafvollzuges oder eine Gefängnispönitenz mit kräftigen Hieben rundum garniert? Wer als Mensch sündigt, mag human bestraft werden; für die Unmenschen aber müßte neben dem Kerker auch der Stock vorhanden sein! Das ist die Meinung eines Mannes, der jeden nützlichen Käfer von der Straße aufhebt und dahin setzt, wo er nicht zertreten wird, eines Weltläufers, der überall, wohin er seinen Fuß setzte, bedacht war für den Nachruf: »er war ein guter Mensch«, und endlich eines Schriftstellers, der seine Werke nur in der Absicht schreibt, ein Prediger der ewigen Liebe zu sein und das Ebenbild Gottes im Menschen nachzuweisen! Also Prügel für die Tramps! Ich gestehe, daß es mir widerstrebte, zumal ich Partei war; aber es gab nichts anderes, und sie hatten sie verdient. (Ebd., S. 306ff.)

[511] »... der Menschengeist hat nach höheren Zielen zu streben, als dasjenige ist, welches Ihr Euch vorgesteckt habt, und das Menschenherz ist eines heiligeren und größeren Glückes fähig, als es die Befriedigung auch des glühendsten Rachegefühles bietet.« (Old Shatterhand in May: Winnetou II, wie Anm. 35, S. 510)

[512] Vgl. May: Old Surehand III, wie Anm. 11, S. 20.

[513] May: Winnetou I, wie Anm. 10, S. 496f.

[514] *Santer und Rache! Dieser Mann und dieses Verlangen nach Wiedervergeltung hatten einst sein ganzes Innere eingenommen. Auch später noch? Es war ihm nicht gelungen, des Thäters in der Weise habhaft zu werden, daß er ihn bestrafen konnte. Jetzt stand ich hier und erwartete den Mörder. War ich nicht der wohlberechtigte Erbe meines Freundes, der Erbe seiner Rache? Hatte nicht der heiße Wunsch nach Vergeltung auch in mir gelebt? War es nicht eine Versündigung gegen ihn und die beiden Toten, wenn ich Santer hier in meine Hand bekam und seiner schonte? Aber da hörte ich im Geiste seine letzten Worte ...* (May: Winnetou III, wie Anm. 40, S. 503)
Und in Winnetous zerstörtem Testament finden sich die Wortfetzen: »*.... eine Hälfte erhalten .... weil Armut .... Felsen bersten .... Christ. .... austeilen .... keine Rache ....*« (ebd., S. 625)

chen Gewaltverzicht im Sinne eines konsequenten Pazifismus kann bei Old Shatterhand (Bärentöter und Henrystutzen) freilich keine Rede sein. Er verzichtet nicht im Grundsatz auf Gewaltandrohung oder Gewalt, wohl aber zieht er – wenn irgend möglich – gewaltlose Aktionen gewalttätigen vor. Man könnte sagen: Old Shatterhand handelt 'gewaltlos', nicht aber 'gewaltfrei'.[515] *»Die Klugheit ist stärker als die Gewalt, und die Milde mächtiger als der Mord.«*[516]

Fragt man nach dem Motiv seines Handelns, muß man sich mit einer etwas vagen Antwort zufriedengeben: Menschlichkeit! Wohl werden auch christlich verankerte Traditionen geltend gemacht (z. B.: 4. Gebot, 7. Gebot, Doppelgebot der Liebe etc.[517]), aber dann stets in einem moralischen Allgemeinsinn verstanden. Christlichkeit und Menschlichkeit gehen für May weithin miteinander einher, sind für ihn hier fast synonyme Begriffe. *»Wir sind Menschen und Christen, Mesch'schurs«*, ermahnt Old Death seine Reisebegleiter vor einer Auseinandersetzung und spricht damit Old Shatterhand *ganz aus der Seele.*[518] Der Tod vieler Menschen ist Old Shatterhand entsetzlich,[519] die Marter eines Verurteilten lehnt er als unmenschlich ab.[520] Old Wabble, der sich weigert, einem 'Nigger' zu helfen, antwortet er: *»Vor allen Dingen bin ich Mensch, und wenn ein andrer Mensch sich in Not befindet und ich ihm helfen kann, so frage*

»Ich bin allerdings kein Mörder, das ist richtig. Ihr habt den Tod vielfach verdient. Noch vor wenig Wochen hätte ich Euch unbedingt erschossen, falls ich auf Euch getroffen wäre; aber Winnetou ist tot, ist als Christ gestorben; mit ihm soll auch die Rache begraben sein.« (Old Shatterhand zu Santer in ebd., S. 521)
[515] Die beiden Begriffe sind zu trennen: 'Gewaltlosigkeit' meint einen zeitweilig begründeten Verzicht auf Gewalt, 'Gewaltfreiheit' meint einen grundsätzlichen und konsequenten Verzicht auf jegliches Gewaltpotential.
[516] Old Shatterhand in May: Satan und Ischariot III, wie Anm. 27, S. 466
[517] Siehe Kap. 15.2.
[518] May: Winnetou II, wie Anm. 35, S. 132f.
[519] May: Satan und Ischariot I, wie Anm. 27, S. 293
[520] *»Hm! Vielleicht würde ich es thun* [den Verurteilten losschneiden]*, weil ich als Christ den Tod selbst meines grimmigsten Feindes am Marterpfahle verabscheue.«* (Old Shatterhand in ebd., S. 315)
»... Der Kerl [Rattler] *hat den Tod verdient und wird auf indianische Weise hingerichtet; das ist alles!« »Aber es ist Grausamkeit.« »Pshaw! Redet doch bei so einem Subjekte nicht von Grausamkeit! Sterben muß er doch! Oder seid Ihr etwa auch damit nicht einverstanden?« »O ja. Aber sie mögen es kurz mit ihm machen! Er ist ein Mensch!«* (Sam Hawkens und Old Shatterhand in May: Winnetou I, wie Anm. 10, S. 390)

ich nicht, ob seine Haut eine grüne oder blaue Farbe hat.«[521] Winnetou zeigt sich von Nana-pos schlichter Selbstaufopferung für einen Verletzten beeindruckt,[522] Old Shatterhand von Winnetous bescheidener Mildtätigkeit.[523] Der Ich-Erzähler achtet keinen Menschen gering,[524] auch keinen Gewaltverbrecher.[525] Mit aufklärerischem Optimismus glaubt er an das Gute im Menschen, wenn es sich nur durch rechte Erziehung entfalten kann. Einen jungen Mimbrenjoknaben ermuntert er: *»Ich wünsche ... daß du lebst, um nicht nur ein tapferer Krieger, sondern auch ein guter Mensch zu werden. Zu einem guten Menschen kann ich dich nicht machen; du mußt dich selbst bestreben, gut zu sein und nie ein Unrecht zu begehen«.*[526] Der aufgeklärte Pädagoge Klekih-petra macht die Apachen geradezu zu einem Exempel an Humanität unter den Indianerstämmen.[527] Für Claus Roxin ist klar, »daß May Unheil von

---

[521] May: Old Surehand I, wie Anm. 7, S. 242
[522] *»... Er nahm sich eines Sambitschekriegers an, welcher vom Felsen gestürzt war, und pflegte ihn so lange, bis er zu den Seinen zurückkehren konnte ... Wer so an einem Fremden handelt, der ist ein guter Mann ...«* (Winnetou in May: »Weihnacht!«, wie Anm. 1, S. 296)
[523] *Er [Winnetou] war gegen seine Mitmenschen, ganz gleichgültig, ob rot oder weiß, von einer Aufopferung und Mildthätigkeit, die selbst den Tod nicht scheute, pflegte aber kein Wort darüber zu verlieren.* (Ebd., S. 295)
[524] *»Es ist kein Mensch so gering, daß er dem andern nicht einen großen Dienst erweisen könnte, und wenn es auch nur aus reinem Zufalle wäre.«* (Old Shatterhand in May: Satan und Ischariot I, wie Anm. 27, S. 149)
... es war also nicht wohl zu ersehen, was mir der Schutz des armen Teufels nützen sollte; aber es ist kein Geschöpf Gottes, am allerwenigsten aber kein Mensch, so schwach, gering und klein, daß man seine Liebe von sich weisen darf. (May: Satan und Ischariot II, wie Anm. 27, S. 474)
[525] *Diese Gefühllosigkeit und Herzenshärte brachte mich ... zum Grauen ... Kann es wirklich solche Menschen geben? Ja, es giebt welche! Sind sie aber dann noch Menschen zu nennen? Allerdings, und gerade weil sie Menschen sind, darf man bis zum letzten Augenblicke nicht an der Möglichkeit der Besserung zweifeln.* (May: Satan und Ischariot III, wie Anm. 27, S. 610)
[526] Old Shatterhand in May: Satan und Ischariot I, wie Anm. 27, S. 347
[527] *»Eigentlich sollten sie [die Kiowas] getötet werden. Jeder andere Stamm würde sie zu Tode martern, aber der gute Klekih-petra ist unser Lehrer gewesen und hat uns über die Güte des großen Geistes belehrt. Wenn die Kiowas einen Preis der Sühne zahlen, dürfen sie heimkehren.«* (Nscho-tschi in May: Winnetou I, wie Anm. 10, S. 313)

Dummheit und Fanatismus und alle Besserung der menschlichen Zustände von Vernunft und Aufklärung erwartet.«[528]

Aber auch Old Shatterhands Menschenliebe hat ihre allzu menschlichen Grenzen: Er gesteht, daß es durchaus zu einem Zwiespalt zwischen dem Menschen und dem Westmann in ihm kommen kann[529] und ihm der Finger am Abzug zucken will.[530] Ab und zu verrät er selbst einen Rachegedanken,[531] wäre er selber zu einer Tötung bereit[532] oder erpreßt er ein Geständnis unter Gewaltanwendung.[533] Und beruft sich ein Widersacher gar zu unverschämt auf Old Shatterhands berühmte Menschlichkeit, kann ihm mitunter auch eine recht windige Definition derselben zuteil werden.[534]

Einen normativen Maßstab dessen, was nun menschlich sei (und was nicht), findet man bei May kaum. Die Mitmenschlichkeit ist dem Menschen schlicht aufgetragen, sie erhält ihm ein ruhiges Gewissen. Das Gewissen als moralische Kontrollinstanz wird zwar

---

[528] Claus Roxin: »Winnetou« im Widerstreit von Ideologie und Ideologiekritik. In: Sudhoff/Vollmer, wie Anm. 65, S. 283-305 (286)

[529] *Ich gestehe aufrichtig, daß dieser Kampf dem Westmanne in mir sehr interessant vorkam, während ich als Mensch glaubte, ihn verwerfen zu müssen ...* (May: Old Surehand III, wie Anm. 11, S. 356)

[530] *Meine Finger zuckten, ihm eine sichere Kugel als Antwort zu geben ...* (May: Winnetou II, wie Anm. 35, S. 426)

[531] *»Sie entkommen uns nicht, nun erst recht nicht, da wir die Schmerzen zu rächen haben, welche dieser Tote* [Old Wabble] *hat ausstehen müssen.* (May: Old Surehand III, wie Anm. 11, S. 502)

[532] *»Ich kenne Euch und Eure zwecklose Humanität. Wahrscheinlich wollt Ihr diesem Mörder das Leben erhalten.« »Fällt mir nicht im Traume ein! ... Auch ich will diesen Santer haben ... Und sobald ich sehe, ... daß ich ihn lebend nicht bekommen kann, so gebe ich ihm eine Kugel in den Kopf...« »Das ist es ja eben: eine Kugel in den Kopf! Ihr wollt nicht, daß er gemartert werden soll. Auch ich bin kein Freund von solchen Hinrichtungen; diesem Schurken aber gönne ich einen solchen qualvollen Tod von ganzem Herzen...«* (Sam Hawkens und Old Shatterhand in May: Winnetou I, wie Anm. 10, S. 521f.)

[533] May: Satan und Ischariot III, wie Anm. 27, S. 343f. (die Ausübung der Gewalt überläßt Old Shatterhand aber wieder bezeichnenderweise anderen)

[534] *»Master, ich habe oft und viel von Euch gehört, und bei allem, was man über Euch redet und von Euch erzählt, steht die Menschlichkeit obenan, mit welcher Ihr selbst den ärgsten Feind behandelt. Wie kommt es da, daß Ihr diese schöne Eigenschaft nicht auch jetzt, gegen mich, in Anwendung bringen wollt?« »Pah! Ich will menschlich gegen Euch sein; aber Ihr scheint Euch einen falschen Begriff von Menschlichkeit zu machen. Menschlich ist derjenige, welcher seinen Nächsten eben als Mensch behandelt, und das thue ich allerdings. Das heißt: einen guten Menschen behandle ich gut und einen schlechten schlecht.«* (May: Satan und Ischariot I, wie Anm. 27, S. 483)

häufig erwähnt,[535] aber kaum inhaltlich definiert. Jeder einzelne hat für sich darauf zu achten, daß er sein ruhiges Gewissen behalten kann[536] und dieses ihn nicht straft.[537] Karl May zeigt hier immer wieder einen betont individual-ethischen Zugang.[538] Es kommt auf rechte Gesinnung und Handlung des einzelnen an.[539] Der einzelne ist in seinen Entscheidungen frei. Er hat sogar die Aufgabe, durch Erwerb von Bildung und Geschicklichkeit, das Feld seiner freien Möglichkeiten zu vergrößern. Aus dem Feld dieser Möglichkeiten erwächst ihm aber die Pflicht, jene Möglichkeit(en) zu wählen, die dem Allgemeinwohl dient (dienen).[540] Deutlich tritt hier die aufklärerische Tradition hervor, in der May steht, im besonderen der kategorische Imperativ. Der Verweis auf Immanuel Kant drängt sich um so mehr auf, als Old Shatterhands Sprachgebrauch auch anderenorts an ihn erinnert: In einer Diskussion mit dem Kriminalisten Treskow, einem Vertreter staatlicher Autorität, argumentiert er: *»... und wenn Ihr dieses mein Verhalten nicht verstehen könnt, so werdet Ihr doch wenigstens nicht bestreiten, daß es im Innern, in der Seele, im Herzen des Menschen Gesetze giebt, welche unübertretbarer, unerbittli-*

---

[535] May: Winnetou I, wie Anm. 10, S. 17f., S. 129 – ders.: Winnetou II, wie Anm. 35, S. 374 – ders.: Satan und Ischariot I, wie Anm. 27, S. 73, S. 84 – ders.: Old Surehand III, wie Anm. 11, S. 156 u. v. a. m.

[536] *Die Lehre aus allem, allem, was ich in dieser Zeit erfahren und erlebt hatte, bestand in den wenigen und doch so schwerwiegenden Worten: Bewahre dir allezeit ein gutes Gewissen!* (May: Satan und Ischariot III, wie Anm. 27, S. 524)

[537] *»Ich beneide Euch; es ist eine Strafe, ein böses Gewissen zu haben! Kein Galgen und kein Zuchthaus reicht da hinan!«* (Old Death in May: Winnetou II, wie Anm. 35, S. 374)

[538] *... denn dieser Punkt war ein für mich heikler, obgleich ich überzeugt war, das, was ich beabsichtigte, vor meinem Gewissen vollständig verantworten zu können.* (May: Satan und Ischariot II, wie Anm. 27, S. 97)
»Wir werden natürlich nur thun, was wir vor unserm Gewissen verantworten können ...« (Old Shatterhand in May: »Weihnacht!«, wie Anm. 1, S. 538)

[539] Eine eindeutig gesinnungsethische Zuspitzung hat die Geschichte von den beiden deutschen Schieferdeckern, die Old Shatterhand dem unglücklichen Jos Hawley zum Trost erzählt, der einst aus Versehen im 'Mistake-Cannon' einen seiner besten Freunde erschoß. (Vgl. May: Old Surehand I, wie Anm. 7, S. 40-44.)

[540] Als Emery Bothwell, ein englischer Abenteurer und Reisegefährte, gegenüber Kara Ben Nemsi/Old Shatterhand anerkennend bemerkt, dieser hätte *»ganz bedeutende Anlagen zum Taschendiebe«*, entgegnet dieser: *»Ein Mann muß alles können, was er will; er darf es aber nur dann thun, wenn es gut und nützlich ist.«* (May: Satan und Ischariot II, wie Anm. 27, S. 293)

cher und mächtiger als alle Eure geschriebenen Paragraphen sind.«[541]

Ulrich Melk schreibt über die »universelle Moral«[542] des Ich-Erzählers: »Shatterhand als ihr optimaler Vertreter weist die Dignität seiner ethischen Konzeption dadurch nach, daß er unter Inkaufnahme kurzfristig gravierender, mitunter lebensgefährlicher Wettbewerbsnachteile tunlichst so handelt, als ob deren Normen schon allgemeines Gesetz wären. Die Zumutungen einer solchen, dem kategorischen Imperativ gehorchenden Handlungsweise werden indes durch die nicht ausbleibenden erfreulichen Folgen gemildert, mit denen die Umwelt langfristig das vorbildliche Handeln des Helden belohnt. Die Handlungsverpflichtung und die damit gegebene Selbstbeschränkung des Christen Shatterhand gilt gegenüber: Mit-Christen, Nicht-Christen und selbst gegenüber ausgewiesenen Schurken.«[543]

Daß der Ich-Erzähler, im festen Vertrauen auf die Möglichkeit einer moralischen Besserung all seiner Mitmenschen, gerne und allzugerne erzieherisch auf diese einwirkt, zeigt sich schon bei einem nächtlich-jugendlichen Ulk mit seinem Schulfreund Carpio, wenn er diesem rät: »*Halte fest an deiner Pflicht, und bleibe ein ehrlicher Mensch! Und nun Gutenacht, mein teurer Sohn!*« »*Gute Nacht, lieber Urgroßvater!*«[544] antwortet Carpio. Und Karl May, der Autor, der bisweilen allzu altväterliche *Lehrer und Verbreiter der Humanität*,[545] zwinkert selbstironisch.

---

[541] May: Old Surehand III, wie Anm. 11, S. 80 – vgl.: »Zwei Dinge erfüllen das Gemüt mit immer neuer und zunehmenden Bewunderung und Ehrfurcht, je öfter und anhaltender sich das Nachdenken damit beschäftigt: Der bestirnte Himmel über mir, und das moralische Gesetz in mir.« (Immanuel Kant: Kritik der praktischen Vernunft. In: Immanuel Kant. Schriften zur Ethik und Religionsphilosophie. Werke in zehn Bänden. Bd. 6, Sonderausgabe. Hrsg. von Wilhelm Weischedel. Darmstadt 1983, S. 300).
[542] Melk, wie Anm. 469, S. 92
[543] Ebd., S. 92f.
[544] May: »Weihnacht!«, wie Anm. 1, S. 76
[545] May: Old Surehand III, wie Anm. 11, S. 4

7.2. Karl Mays Ethik als Rezeption der Bergpredigt?

Von Alters her haben christliche Apologeten versucht, die Feindesliebe »*als das christliche Propium und Novum*«[546] der christlichen Verkündigung herauszustreichen. Dies geschah vor allem in Berufung auf die sechste Antithese der matthäischen Bergpredigt Mt 5,43ff. Auch wenn in den untersuchten Reiseerzählungen eine direkte Anspielung auf diese Bibelstelle fehlt, kann kein Zweifel darüber bestehen, daß Old Shatterhands Friedensethik, durch die er sich nicht ohne Stolz von seinen Widersachern unterscheidet, letztlich in der matthäischen Bergpredigt wurzeln muß. Sie kontrastiert das, stets in negativem Zusammenhang zitierte, alttestamentliche Talionsprinzip genauso wie die indianisch-heidnischen Vorstellungen von den 'ewigen Jagdgründen'. Sie macht selbst auf seine Feinde Eindruck und seine ursprünglichen Gegner Winnetou (Apache), Schiba-bigk (Comanche) und Pida (Kiowa) gar zu Freunden. Sie wird als moralisch weit überlegen dargestellt.

Tatsächlich finden sich neben der offensichtlichen Verwandtschaft zur matthäischen Antithese von der Feindesliebe auch unmittelbare Belege dafür, daß Old Shatterhands Ethos sich an der Bergpredigt orientiert. Sie wird insgesamt siebenmal zitiert.[547] Einmal fordert Harbour dazu auf, die Christen »*an ihren Früchten*«[548] zu erkennen (Mt 7,16a), zweimal[549] wird durch ein Zitat aus der Bergpredigt die Bedeutung des Gebetes unterstrichen,[550] und viermal findet man eine Entsprechung zu Mt 5,34 bzw. 37: Old Shatterhand betont: »*... Eide schwöre ich nicht. Bei mir pflegt das Wort zu gelten, grad so wie ein Schwur.*«[551] Und auch Winnetous Rede ist nur Ja oder Nein: »*Winnetou schwört nie; sein Wort gilt als Schwur!*«[552] Wer

---

[546] Vgl. Ulrich Luz: Das Evangelium nach Matthäus. 1. Teilband: Mt 1-7. Evang.-kath. Kommentar zum Neuen Testament I/1. Zürich ³1992, S. 307.
[547] Siehe dazu die Bibelstellenregister in Kap. 15.1.
[548] May: Old Surehand III, wie Anm. 11, S. 127
[549] Ebd., S. 468, S. 470
[550] Siehe dazu Kap. 9.
[551] May: Winnetou I, wie Anm. 10, S. 156 – ähnlich: ders.: Old Surehand I, wie Anm. 7, S. 477 (»*Die Worte von Häuptlingen müssen wie Schwüre gelten. Ich habe versprochen, keine Waffe mitzubringen, und so habe ich keine mit; das brauche ich dir nicht erst zu zeigen und zu beweisen.*«) und ebd., S. 538 (»*Ich habe es schon gesagt und brauche es also nicht noch einmal zu versprechen,*« erklärte ich. »*Was Old Shatterhand sagt, ist wie ein Schwur.*«)
[552] May: »Weihnacht!«, wie Anm. 1, S. 568

schwört, »sagt, es sei wahr, daß er die Wahrheit sage«[553] und überführt sich damit indirekt selbst. Winnetou und Old Shatterhand bedürfen – ganz gemäß der jesuanischen Forderung – keiner inflationären Wahrheitsverdopplung, die die Wahrheit letztlich nur entwerten würde. Sie sprechen stets wahr.

Wie die Forderungen der Bergpredigt denen der Welt radikal entgegenstehen, so handeln auch die beiden Blutsbrüder konsequent dem *Gesetz der Wildnis* entgegen, das stets nur *'Gleiches mit Gleichem'*[554] vergelten will und nur Sieger und Besiegte kennt. Freilich funktioniert der praktische Vollzug der Mayschen Friedensethik nur in dem Konstrukt der Mayschen Erzählungs- und Mythenwelt.

An einer wörtlichen Erfüllbarkeit der matthäischen Forderungen von Gewaltverzicht und Feindesliebe konnte in der Alten Kirche auch nur festgehalten werden, solange sich die Ekklesia von der Welt geschieden wußte. Sobald sie aber in der Verlegenheit stand, sich selbst auf längere Zeit in dieser Welt einzurichten und sie im Sinne ihres Glaubens verantwortlich mitzugestalten, machte dies »eine Neubewertung der Forderungen Jesu auf alle Fälle nötig«.[555] May entflieht dieser Diskrepanz, indem er seinen Ich-Erzähler der Zivilisation, der Welt, wie er sie kennt, entfliehen läßt. Dort, wo es keine verbindlichen Autoritäten, kein Gebundensein an gesellschaftliche Normen und Verpflichtungen gibt, dort, an einem Ort wilder Unschuld, scheinen die (als allgemein christlich verstandenen) matthäischen Forderungen erfüllbar. Sie werden auf die Individualethik einzelner umherziehender Protagonisten beschränkt. Doch auch dieses Konstrukt erweist sich als brüchig. Treskow, der Polizist, macht Old Shatterhand immer wieder Vorhaltungen wegen der zu milden Behandlung von Feinden: »*Ich begreife Euch nicht, Mr. Shatterhand! ... Ich lasse jede Art erlaubter oder verständiger Humanität gelten; aber Euer Erbarmen für diesen Menschen ist geradezu eine Sünde!*«[556] Auch Mr. Hiller (Nana-po) scheint Old Shatterhand die Erkenntnis, daß sich mit der Bergpredigt letztlich nicht regieren lasse, vorauszuhaben. Er reiht sich damit in die lange Reihe derjenigen Christentumskritiker ein, an deren Anfang schon der heidnische Kaiser Julian ('Apostata') gestanden hatte, der sich überlegte, wie es wäre, wenn die Christen ihre eigenen Gebote ernst

---

[553] Eberhard Jüngel: Geistesgegenwart. Predigten. München 1974, S. 44
[554] May: Satan und Ischariot III, wie Anm. 27, S. 568
[555] Luz, wie Anm. 546, S. 302
[556] May: Old Surehand III, wie Anm. 11, S. 290

nähmen.[557] Mr. Hiller formuliert spöttisch: »*Wenn Raub und Mord und Totschlag ungeahndet bleiben sollen, so hört auf Erden alles auf, und wenn man die Bestrafung jemandem überlassen soll, den es gar nicht giebt* [Gott], *so mögen die roten und weißen Halunken nur immer drauflos sündigen, weil ihnen nichts geschehen wird. Wie verhält sich denn aber diese Eure christliche Barmherzigkeit damit ..., Mr. Shatterhand?*«[558]

Wenngleich sich die Handlung dann natürlich zugunsten des Ich-Erzählers weiterentwickelt, behält Mr. Hiller inhaltlich nicht ganz Unrecht. Old Shatterhand verrät einmal beinahe seine heikle Gesinnung, als er von einem Stakeman sagt: »*Er hat sich selbst gerichtet, ... wohl uns, daß wir es nicht zu thun brauchten!*«[559] Hier tut sich tatsächlich eine Diskrepanz zwischen Old Shatterhands Worten und Taten auf; er verlangt zwar Gerechtigkeit, will sich aber nicht immer selbst 'die Hände schmutzig machen'. Letztlich nimmt auch er der Bergpredigt ihre Radikalität, wenn er versucht, sie praktikabel zu machen. Selbst er umgeht sein Wort zum Teil mit List[560] und wägt die *Umstände* des Tötens ab.[561] Die Bergpredigt kennt kein Abwägen der Umstände, ihre Forderungen stehen »vor *allen realistischen Strategien 'intelligenter' Liebe*«.[562] Sie kennt dementsprechend auch keine 'Entfeindungsliebe', wie sie Old Shatterhand bisweilen betreibt,[563] also eine Feindesliebe, durch deren Vollzug Feinde zu Freunden werden sollen. Gemessen an dieser bedingungslosen Liebe bleibt diejenige Old Shatterhands bedingt und deutlich hinter ihrem Vorbild zurück.[564] Ulrich Luz betont, daß in der Bergpredigt

---

[557] Vgl. Luz, wie Anm. 546, S. 302.
[558] May: »Weihnacht!«, wie Anm. 1, S. 533
[559] May: Winnetou III, wie Anm. 40, S. 139
[560] z. B. May: Old Surehand I, wie Anm. 7, S. 80
[561] May: Satan und Ischariot III, wie Anm. 27, S. 522
[562] Luz, wie Anm. 546, S. 318
[563] »*Wie oft hat er* [Old Shatterhand] *... es auf ganz unbegreifliche Weise dahin gebracht, daß sie aus grimmigen Feinden sich in seine allerbesten Freunde verwandelten.*« (May: Satan und Ischariot I, wie Anm. 27, S. 70)
[564] »*So hat man mich falsch berichtet, und das, was ich über euch Christen gehört habe, ist nicht wahr.*« »*Was hat man dir gesagt?*« »*Daß ein Christ, ohne daß er einen Nutzen davon hat, alles thut und das größte Opfer bringt, wenn er dadurch aus einem bösen Manne einen guten machen kann.*« »*Das ist freilich wahr; aber ich will dir aufrichtig gestehen, daß ich in diesem Falle ein schlechter Christ bin. Wenn ich etwas für einen Menschen thue, oder gar ein Opfer für ihn bringe, muß ich einen Nutzen davon haben.*« (Vete-Ya und Old Shatterhand in ebd., S. 288)

»der heimliche Hintergedanke, daß der Feind durch Liebe zum Freund gemacht werden könnte«,[565] völlig fehlt. »Jesus sprach vom Feind in seiner ganzen Härte und Brutalität. Er verband die Liebe nicht mit einem Zweck. Feindesliebe war keine Chance oder gar Bewährungsprobe für den Feind, etwas Besseres zu werden.«[566]

Es soll mit diesen Beobachtungen selbstverständlich nicht einer These das Wort geredet werden, Old Shatterhands Handeln wäre, weil es den Forderungen der Bergpredigt nachstehe, letztlich ein 'unchristliches'. Auch darf man Karl May keine Vorhaltungen machen, daß er in seinen Erzählungen die theologischen Implikationen seines Bergpredigtverständnisses nicht hinreichend reflektiert habe – ganz so, als ob dies die Aufgabe eines Abenteuerschriftstellers wäre! Aber es muß doch festgehalten werden, daß Mays Umgang mit der Bergpredigt – bewußt oder unbewußt – ein reduktionistischer ist. Als Bürger einer durch die Aufklärung geprägten Kultur fragt er vor allem nach der sittlich-moralischen Kompetenz der Bergpredigt; ihre eschatologische Dimension hat er nicht im Blick.

---

[565] Luz, wie Anm. 546, S. 308
[566] Ebd., S. 317

8. Der Westmann als Pilger: Natur und Schöpfung

Zu den Frühwerken des Kolportage-Autors Karl May gehören seine sog. 'Geographischen Predigten' aus den Jahren 1875/76.[567] Er schrieb darüber: *Dieser Titel sagt, was er schon damals wollte und was er auch heute noch will ... Geographie und Predigten! Kenntnis der Erde und ihrer Bewohner und Aufschau nach einer lichteren Welt als sie es ist!*[568]

Gerade in den Landschaftsbeschreibungen seiner besten Romane, die ihn durchaus von den Schilderungen seines Zeitgenossen Balduin Möllhausen (1825-1905) unterscheiden, spiegelt sich diese *ganze, vollständig festgestellte Disposition*[569] immer wieder. Obwohl bei diesem, der selbst den Westen einst als Trapper durchstreifte, die Natur- und Landschaftsschilderungen anteilsmäßig einen viel größeren Raum einnehmen (und bisweilen auch durchaus eindrucksvoller geraten sein mögen), verzichtet er auf jede Qualifikation der Natur als 'Schöpfung' oder deren Auswirkung auf die Frömmigkeit des sie Betrachtenden.[570]

Während sich Möllhausens Schilderungen mehr an der realen Topographie zu orientieren scheinen, geht Mays Ich-Erzähler gerne rasch in eine Beschreibung seines inneren Gemüts über. *Ein nächtlicher Ritt durch die im Mondenscheine sich dehnende Wüste*[571] (in der Fußnote nur sehr verkürzt wiedergegeben) gerät ihm zu einer ungebunden-grenzenlosen Meditation, die Old Shatterhand wie in Trance durchlebt.[572]

---

[567] Karl May: Geographische Predigten. In: Schacht und Hütte. 1. Jg. (1875/76); Reprint in: Schacht und Hütte. Dresden (1875/76). Hildesheim-New York 1979

[568] »Karl May als Erzieher« und »Die Wahrheit über Karl May« oder Die Gegner Karl Mays in ihrem eigenen Lichte von einem dankbaren May-Leser. Freiburg 1902, S. 12f.; Reprint in: Karl May: Der dankbare Leser. Materialien zur Karl-May-Forschung Bd. 1. Ubstadt ²1982 – der Text stammt unzweifelhaft von May selbst; ähnlich äußerte er sich schon 1899 in der 'Frankfurter Zeitung' (Karl May: May gegen Mamroth. Antwort an die »Frankfurter Zeitung« (20.8.1899). In: Jb-KMG 1974. Hamburg 1973, S. 133).

[569] May: Der dankbare Leser, wie Anm. 568, S. 13

[570] Vgl. Möllhausen, wie Anm. 64, bes. S. 7-10, S. 49-58, S. 59-61, S. 71-74, S. 176-177, S. 220-224, S. 270-271 u. a. m.

[571] May: Old Surehand I, wie Anm. 7, S. 396

[572] *Ich habe zuweilen geträumt, ich könne fliegen; der Körper ist vorhanden, hat aber weder Umfang noch Gewicht und scheint sich in eine durchaus rein*

Die Natur ist May allerdings nicht nur der Ort mystischer Verklärung, sondern auch (wie zu erwarten) handfester Zivilisations- und Christentumskritik. Seine Westleute stören nicht den öko-sozialen Lebenszusammenhang der Eingeborenen, indem sie willkürlich deren Büffelherden schlachten. Old Shatterhand bedauert und verurteilt die verantwortungslose Ausrottung des Büffels durch die Weißen wiederholt:

Wenn der Buffalo jetzt ausgestorben ist, so trägt nur der Weiße allein die Schuld daran. Es haben sich da zum Beispiele ganze Gesellschaften von »Sauschützen« zusammengethan und Bahnzüge gemietet ... Von dem Zuge aus wurde dann aus reiner Mordlust unter die Tiere hineingeschossen, bis man die Kracherei satt bekam ... So sind Tausende und Abertausende von Bisons nur aus Blutgier niedergepafft oder todkrank geschossen worden und Millionen von Zentnern Fleisch verfaulten, ohne daß ein Mensch den geringsten Nutzen davon hatte ... Und wenn der Redman sich gegen diese Sauschießereien zu wehren versuchte, wurde er ebenso schonungslos wie die Büffel niedergeknallt.[573]

Kolma Puschi, die Schwester Ikwehtsi'pas, betont, der große Manitou habe *»die Erde für alle guten Menschen <u>geschaffen</u>«.*[574] Auch Klekih-petra spricht als Christ zu seinen Apachen *»von dem großen Geiste, welcher der <u>Schöpfer und Ernährer</u> aller Menschen ist.«*[575]

---

geistige Potenz verwandelt zu haben, die frei in alle Richtungen streben kann, ohne durch den hindernislosen Raum gestört zu werden ... Nicht so wie in einem solchen Traume, aber ähnlich ist es, wenn man auf leichtfüßigem Pferde oder Dromedar über die Wüste fliegt. Man kennt nichts Störendes, nichts Hemmendes, denn das einzige Hindernis, welches es giebt, ist der Boden, der hinter einem verschwindet und mehr einen Halt als eine Hemmung bietet. Das Auge haftet nicht auf ihm, sondern auf dem Horizonte, der sich wie eine sichtbare aber nicht zu greifende Ewigkeit immer von neuem gebiert; ... Und wenn der Sehnerv an dieser Anfangs- und Endlosigkeit ermüdet, und die staunend erhobene Wimper sich niedersenkt, so währt die Unendlichkeit im eigenen Innern fort, und es entstehen Gedanken, die nicht auszudenken sind; es steigen Ahnungen auf, die man vergeblich in Worte fassen möchte, und es wallt und wallt Gefühle und Empfindungen empor, ... eine einzige, endlose Woge ...; immer tiefer und tiefer hinein in ein andächtiges Staunen und ein beglückendes Vertrauen auf die unfaßbare und doch allgegenwärtige Liebe, welche der Mensch trotz des Wörterreichtums aller seiner Sprachen und Zungen nur durch die eine Silbe anzustammeln vermag: – – Gott – – Gott – – Gott – –! (Ebd., S. 396f.)
[573] May: Old Surehand III, wie Anm. 11, S. 427f. – ähnlich ebd., S. 510
[574] Ebd., S. 184 (Hervorhebung d. Verfasser)
[575] May: Winnetou I, wie Anm. 10, S. 334 (Hervorhebungen d. Verfasser)

Dadurch, daß die Umwelt Schöpfung Gottes und zur Ernährung aller bestimmt ist, ist für den Ich-Erzähler die mutwillige Zerstörung derselben auch Sünde.[576] Sie wird von den Menschen zerstört, die *keine Gelegenheit ... versäumen, da zu ernten wo von ihnen nicht gesäet worden war.*[577]

Während diesen die Natur zu einem Spielplatz ihrer Maßlosigkeit wird, stellt sie sich dem Glaubenden als Schöpfung und Mahnmal seiner Begrenztheit und Sterblichkeit dar. Als *Sohn des Staubes dünkt* [er] *sich so klein wie der Wurm, der sich dort vergeblich bemüht, an der Rinde der gigantischen Eiche emporzuklimmen. Ehe er die Spitzen derselben erreicht, ist er längst tot; so auch der Mensch, der sich Herr der Schöpfung dünkt und doch nur von der Gnade Gottes den obersten Platz unter den sterblichen Kreaturen als unverdientes Geschenk erhielt.*[578]

Aufgabe des Menschen ist es, die ihm anvertraute Schöpfung zu bewahren. May lobt entsprechend den Beschluß des Vereinigte-Staaten-Kongresses, den Yellowstone Park gesetzlich zu schützen, bevor *die Spekulation und Gewinnsucht sich seiner bemächtige.*[579] Beim Ritt durch das Yellowstone-Gebiet erfährt Old Shatterhand wieder einmal seine menschliche Begrenztheit gegenüber dem Schöpfer. Er faßt dabei seine Empfindungen in eine Ausdrucksweise, die der der Schöpfungspsalmen ähnelt und wie diese dem Lobe des Schöpfers dient.[580]

Obwohl Karl May immer wieder biblische Zitate in seine Erzählungen einfließen läßt, begegnen sie einem doch nirgends häufiger und gedrängter als in seinen Landschaftsbeschreibungen. Offensichtlich sah May keine besseren Möglichkeiten, den religiösen

---

[576] *»Ich halte das für eine Versündigung an den Tieren und an den roten Menschen, denen dadurch ihre Nahrung geraubt wird.«* (Old Shatterhand in ebd., S. 80)
[577] May: Old Surehand III, wie Anm. 11, S. 511
[578] May: Winnetou III, wie Anm. 40, S. 332f.
[579] Ebd., S. 354
[580] *Man möchte sagen, hier habe nicht die Hand, sondern die Faust des Schöpfers gewaltet. Wo sind die Cyklopen, die solche Basteien zu türmen vermögen? Wo sind die Titanen, die solche Lasten bis über die Wolken treiben könnten? Wo ist der Meister, der jene Firnen mit ewigem Schnee und Eise krönte? Hier hat der Schöpfer 'ein Gedächtnis seiner Wunder' errichtet, welches nicht imposanter und ergreifender sein könnte.* (Ebd., S. 355) Zu diesen Textpassagen vgl. auch Bernhard Kosciuszko: »Eine gefährliche Gegend«. Der Yellowstone Park bei Karl May. In: Jb-KMG 1982. Husum 1982, S. 196-210.

Empfindungen seines Ich-Helden Ausdruck zu verleihen, als sich der Sprachkanäle biblischer Überlieferung zu bedienen. Er führt Zitate aus verschiedensten alt- und neutestamentlichen Büchern an, vor allem aber aus dem Psalter. Bei der Erstbeschreibung der Rocky Mountains in 'Old Surehand III' drängt sich ihm nicht nur der obligatorische Vers Ps 121,1, sondern eine ganze Palette biblischer Assoziationen auf.[581] Das befreiende Schreiten unter hohen Bäumen nach der beschwerlichen Durchdringung eines Unterholzes vergleicht er gar mit der Erfahrung eines Kirchbesuches[582] und den Versen eines Liedes.[583]

Die Betrachtung der Schöpfung führt den Ich-Erzähler ins Staunen[584] und ins Gebet,[585] und er beginnt, seine menschliche Begrenztheit zu erahnen.[586] Die Schöpfung relativiert das Geschöpf und der Schöpfer die Schöpfung. Dieses doppelte Empfinden von

---

[581] *Glich die Savanne einer keinen Anfang und kein Ende bietenden Tafel, auf welcher die große, erhabene Rune »Ich, der Herr, bin das Alpha und das Omega!« zu lesen war, so steigen jetzt die in Stein erklingenden Hymnen von der Erde auf und jubilieren: »Die Himmel erzählen die Ehre Gottes, und die Berge verkündigen seiner Hände Werk; ein Tag sagt es dem andern, und eine Nacht thut es der andern kund!« Und dieser steinerne Jubel ruft den Widerklang der Seele wach; es falten sich die Hände, und die Lippen öffnen sich zum Gebete: »Herr, wie sind deine Werke so groß und viel! Deine Weisheit hat sie geordnet, und die Erde ist voll von deiner Liebe und Güte!«* (May: Old Surehand III, wie Anm. 11, S. 340) (Angeführte Zitate stammen aus Apk 1,8; Ps 19,2-3 und Ps 92,6a.)

[582] *Ein solcher Urwald macht auf das empfängliche Gemüt ganz denselben Eindruck, den das Gotteshaus auf ein Kind hervorbringt, welches dasselbe zum erstenmale betritt.* (May: Winnetou III, wie Anm. 40, S. 332)

[583] *»Du hast die Säulen dir aufgebaut / Und deine Tempel gegründet; / Wohin mein gläubiges Auge schaut, / Es dich, Herr und Vater, nur findet!«* (Ebd.)

[584] *... hinein in ein andächtiges Staunen ...* (May: Old Surehand I, wie Anm. 7, S. 397)

[585] *Ich war, ohne daß ich darauf achtete, lange, lange Zeit vorangeritten, mich nur und ganz der stillen, wortlosen Anbetung hingebend, die mir die Hände gefaltet und die Zügel aus ihnen hatte sinken lassen.* (Ebd., S. 398)

[586] *Es war ein unvergleichliches Wandelpanorama, nur wandelten wir, und Gottes Berge standen. Schon sandte uns der hohe Wald seine Ausläufer grüßend entgegen: »Willkommen! Mein Dom ist ein Tempel, von keines Menschen Hand gemacht!« ... Und die Winde, welche uns bei jeder Biegung des Weges entgegenwehten und die Wangen kühlten, sie säuselten uns zu: »Du weißt nicht, von woher wir kommen und wohin wir gehen; uns leitet der Herrscher aller Dinge. So ist auch das Leben des Menschen; du kennst weder seinen Beginn noch seinen Verlauf; der Herr allein weiß es und leitet es!«* (May: Old Surehand III, wie Anm. 11, S. 341f.)

Begrenztheit erlebt der Ich-Erzähler als befreiend und wohltuend, weil es die gegenwärtige Wirklichkeit transzendiert.[587] Es verweist auf eine jenseitige Wirklichkeit und führt den Andächtigen so in die Ruhe, die er sonst vergeblich sucht.[588] Als *ein ohnmächtiger Knecht der Zeit und des Raumes*[589] erfährt er bestätigend *die demütige und vertrauensvolle Seligkeit, daß allmächtige Liebe mich trug und immer weiter und weiter führte.*[590]

Was H. Conzelmann und A. Lindemann in ihrem 'Arbeitsbuch zum Neuen Testament' als »Karl-May-Regel«[591] bezeichnet haben, nämlich die schlichte Erkenntnis, daß ausführlich Geschildertes noch lange keine hinreichende Bezeugung von Selbsterlebtem darstellt, trifft hier auf Karl May selbst nur bedingt zu. Natürlich hatte der sächsische Schriftsteller, als er 'Old Surehand III' und '»Weihnacht!«' schrieb, noch niemals selbst staunend vor den Rocky Mountains gestanden. Was die Berge selbst betraf, so mußte er auf ihm zur Verfügung stehende topographische Quellen zurückgreifen, was aber sein frommes Empfinden beim Betrachten massiver Gebirgszüge betraf, konnte er für 'Old Surehand III' auf die Eindrücke zurückgreifen, die er als *Schweizerreisende(r)* (der *umständliche und umfangreiche Vorbereitungen* trifft, wie der Erzähler schon früher ironisch bemerkt hatte[592]) gesammelt hatte.[593]

---

[587] ... *wie für uns wunderbar es ist, daß jene Millionen Himmelslichter, welche Körper bedeuten, gegen die unsere Erde nur ein winziges Stäublein ist, uns doch als nie irrende Führer durch die pfadlosesten Gegenden und durch die irdischen Nächte dienen. Genau so wahr und ohne Falschheit ist auch der Fingerzeig, mit welchem sie den Blick des Sterblichen nach dem Jenseits lenken und die große, angstvolle Frage nach dem spätern Leben mit einem Glück und Ruhe bringenden Ja beantworten.* (Ebd., S. 44f.)
[588] *Auf der Savanne flieht er* [der Horizont] *fort und fort ins Weite, in die Endlosigkeit; das Auge bittet förmlich um einen festen Halt, doch ohne ihn zu finden; es ermüdet und blickt doch immer wieder sehnend – – vergeblich, vergeblich! Der wie ein Halm im grenzenlosen Grasmeere sich fühlende Mensch wird zum Ahasver, der nach Ruhe schreit und doch keine findet. Da endlich tauchen nach langem Sehnen und Wünschen in der Ferne die grauen Schleier auf, hinter denen das Kanaan des Auges seine Berge gen Himmel streckt. Sie bilden nicht einen Horizont, welcher, unerbittlich zurückweichend, immer treulos flieht; nein, dieser Vorhang ist treu, hält Wort!* (Ebd., S. 339f.)
[589] May: Old Surehand I, wie Anm. 7, S. 396
[590] Ebd.
[591] Hans Conzelmann/Andreas Lindemann: Arbeitsbuch zum Neuen Testament. Tübingen ⁹1988, S. 48
[592] May: Winnetou III, wie Anm. 40, S. 357

Interessant ist auch die Beschreibung der Rocky Mountains in '»Weihnacht!«', da sie sich, wie May selbst betont, von der in 'Old Surehand III' unterscheidet.[594] Im Winter erscheinen sie dem Ich-Erzähler ganz anders, bedrohlicher. In dieser Schilderung finden sich Attribute wie *kalt, trübe, hohnlächelnd* und *vorwurfsvoll*, Verben wie *erdrücken* und *zermalmen* und Substantive wie *Klage, Thränen, Schmerz* und *Stöhnen*. Hier findet May keine ruhestiftende, tröstende, allmächtige Liebe; hier müßte er ein ganz anderes Bild – eventuell das eines strafenden Gottes? – zeichnen. May unterläßt daher an dieser Stelle jegliche religiöse Assoziation (und spricht statt dessen von *einer Shakespeare-Landschaft*).

Dies ist durchaus nicht inkonsequent. Sein Ich-Erzähler zieht ja auch keine Rückschlüsse vom Erscheinungsbild der Natur auf sein Gottesbild, sondern genau umgekehrt: Weil er an Gott glaubt, glaubt er auch an die Natur als von Gott geschaffene Schöpfung. Er betont, daß die beschriebenen Naturerfahrungen nur *auf das empfängliche Gemüt*[595] oder *auf ein gläubiges Menschenherz*[596] (nämlich das seinige) den beschriebenen Eindruck hinterlassen. Er erliegt keiner Volksfrömmigkeit, die in der Natur Gott selbst zu finden vermeint. Er sieht in ihr keinen Offenbarungsanspruch, der sich auch einem Nicht-Christen erweisen müßte.

Der Glaube an die Schöpfung ist auch Old Shatterhand einer Soteriologie nachgeordnet. Der Glaube an *den Heiland*, an *»ein Leben nach dem Tode«*[597] geht ihm inhaltlich voraus, wenn er auf ihn auch – im konkreten Falle mit Old Wabble – erst später zu sprechen kommt. An der Beobachtung der Natur erfreut und zeigt sich seine Frömmigkeit, sie entspringt aber nicht aus ihr. Sie bewirkt nur, daß *der Glaube ... seine Wurzeln tiefer und fester (schlägt)*.[598]

Einem, *der seinen Gott verloren hat*, bedeutet der nächtliche Wüstenritt, der Old Shatterhand veranlaßt, die Silbe 'Gott' *anzustammeln*,[599] nichts anderes als *Sand und Sand und wieder Sand*.[600] Ein

---

[593] Vgl. Roxin, wie Anm. 13, S. 240: »Die amerikanischen Rocky Mountains (...) scheinen (...) der eigenen Anschauung nachgestaltet zu sein, die May im Sommer 1893 im Berner Oberland vom Hochgebirge gewonnen hatte (...).«
[594] May: »Weihnacht!«, wie Anm. 1, S. 539ff.
[595] May: Winnetou III, wie Anm. 40, S. 332
[596] May: Old Surehand I, wie Anm. 7, S. 397
[597] Ebd., S. 402
[598] May: Winnetou III, wie Anm. 40, S. 332
[599] May: Old Surehand I, wie Anm. 7, S. 397

solcher Mensch kann auch durch kein Naturerleben bekehrt werden. *Für solch einen Unglücklichen kann man nichts thun, als nur beten.*[601]

---

[600] *Könnte mir jemand eine Feder geben, aus welcher die richtigen Worte flössen, den Eindruck zu beschreiben, den ein solcher nächtlicher Wüstenritt auf ein gläubiges Menschenherz hervorbringt! Es senkt sich von den leuchtenden Sternen des Firmamentes eine große, himmlische Bestätigung nieder auf das Gemüt: Du hast das rechte Teil erwählet, und das soll nicht von dir genommen werden! Der aber, der seinen Gott verloren hat, der reitet durch Sand und Sand und wieder Sand; er sieht nichts als Sand; er hört ihn stunden- und stundenlang von den Hufen des Pferdes rieseln, und wie die traurige Oede sich vor ihm immer und immer erneut und ihm nichts bringt und bietet als Sand und wieder Sand, so giebt es in den verlorenen Tiefen seines Innern auch nur eine unsagbar elende Wüste, einen trostlosen, toten Sand, der keinem Hälmchen, keinem Würzelchen Leben bieten kann.* (Ebd., S. 397f.)
[601] Ebd., S. 398

9. »Also betet, Mr. Surehand, betet!«[602]

Karl Mays Helden beten häufig – dies ging schon aus Kap. 3.1. hervor. Auch in sieben der zehn untersuchten Reiseerzählungen wird gebetet, vornehmlich aber in den (späteren) Erzählungen '»Weihnacht!«' und 'Old Surehand I' und 'III'. Hier wird zum Teil das Gebet als solches zu einem zentralen Thema. Zunächst sei aber ein Überblick über die verschiedenen Arten des Gebetes in den untersuchten Erzählungen gegeben:

Zweimal, bei einer Schiffskatastrophe und einem Großbrand, bricht Old Shatterhand in ein kurzes Stoßgebet aus.[603] Der Leser erfährt auch von seiner Gewohnheit, vor der Nachtruhe ein kurzes Nachtgebet zu sprechen.[604] Frau Wagner betet – auch in fremder Umgebung – bei Tische laut,[605] ihr kranker Vater tut es leise.[606] Sie betet in tiefer Not[607] und nach der glücklichen Errettung aus einer solchen.[608] Ihr Mann, Nana-po, berichtet von einer lebensrettenden Gebetserhörung.[609] Emil Reiter, der Sohn von Sapphos Kantor, dankt Gott für eine Gewissenserleichterung.[610]

---

[602] Old Shatterhand in May: Old Surehand III, wie Anm. 11, S. 470

[603] *»Herrgott, hilf, und rette mich!«* (May: Winnetou II, wie Anm. 35, S. 8)
– – *Herr Gott, hilf, ich kann nicht liegen bleiben* – (Ebd., S. 421) – Ein drittes kurzes Stoßgebet in May: »Weihnacht!«, wie Anm. 1, S. 172, eine ironische Bitte um die Bewahrung vor eigenen Freunden, sei hier nicht mitgezählt.

[604] *Ich empfahl mich dem Schutze Gottes, schloß die Augen ...* (May: Winnetou III, wie Anm. 40, S. 202)

[605] *Die Frau hatte, ehe sie nach dem ersten Bissen langte, laut gebetet, und man sah es ihr dabei an, daß sie das nicht unsertwegen, sondern aus Gewohnheit und Ueberzeugung that; am Schlusse des Mahles betete sie wieder ...* (May: »Weihnacht!«, wie Anm. 1, S. 47f.)

[606] *Jetzt, als er schwieg, faltete er die Hände und bewegte leise betend die Lippen.* (Ebd., S. 48)

[607] *»Es war fast wie Scham, was da über mich kam. Ich ging hinaus vor die Mühle und ein Stück in den Wald hinein. Dort kniete ich nieder und betete – betete – – betete. Herr, mein Gott, ich konnte wieder beten!«* (Ebd., S. 164)

[608] *»Endlich, endlich hat Gott sich unser erbarmt; wie danke ich ihm dafür!«* (Ebd., S. 299)

[609] *»Im Reichtum und auf hoher Staffel geboren, war ich das ganze Leben hindurch mein eigener Gott gewesen, um jetzt, am Ende desselben, nichts zu sein als ein elender, armseliger Raubtierfraß, der nicht einmal nach Hilfe rufen durfte! Ich mußte schweigen, denn jeder Ruf hätte den Bären auf mich gelenkt; aber meine ganze Seele war ein einziger Schrei, ein einziges Gebet um Rettung aus dieser Todesnot. Und Gott erhörte dieses Gebet; er sandte in seiner Weis-*

Auch Carpio betet wiederholt; vor seinem bevorstehenden Tode tut er dies gemeinsam mit seinem Jugendfreund Old Shatterhand,[611] später freut er sich an der Gebetserhörung.[612] Der sterbende Winnetou bittet seinen Blutsbruder um dessen Fürbitte.[613] Old Shatterhand betet, aber nicht nur für diesen, sondern auch für den sterbenden Wabble,[614] und ermuntert ihn, auch selbst zu beten.[615] Der in ähnlicher Weise sterbende Dan Etters schlägt ein entsprechendes Angebot wiederholt aus.[616] Am Grabe eines Ermordeten betet Old Shatterhand (Kara Ben Nemsi) leise *für das ewige Heil des Toten, der so ohne alle Vorbereitung aus dem Leben geschieden war.*[617] Klekih-petra[618] und Old Wabble[619] sterben im Gebet zu Gott, nachdem sie beide dessen Gnade erfahren haben.

---

heit grad die zu meiner Befreiung, deren Feind ich ohne Veranlassung von ihnen geworden war.« (Ebd., S. 612f) – Eine ähnliche Gebetserhörung erlebt der namenlose Mann in May: Old Surehand III, wie Anm. 11, S. 152ff.

[610] *»Gott sei Preis und Dank, denn nun kann ich endlich ruhig und ohne Vorwürfe schlafen!«* (May: »Weihnacht!«, wie Anm. 1, S. 608)

[611] *»Sappho, bete mit mir, daß unser Herrgott mich noch bis zum Christtag leben läßt!« Er faltete seine Hände in die meinigen, und wir beteten still, ganz still, aber um so brünstiger.* (Ebd., S. 593)

[612] *»Weißt du, wir haben vorgestern miteinander zum Herrgott gebetet, daß er mich diesen Weihnachtsglanz noch erleben lassen möge. Er hat uns unsere Bitte erfüllt; dann sterbe ich aber sogleich; das fühle ich.«* (Ebd., S. 607)

[613] *»Mein Bruder vergesse den Apachen nicht. Er bete für ihn zum großen, guten Manitou!«* (May: Winnetou III, wie Anm. 40, S. 473)

[614] *Ich kniete nieder und betete, nicht leise, sondern laut, daß Old Surehand und Old Wabble es hörten. Was ich betete? Ich weiß es nicht mehr, und wenn ich es noch wüßte, würde ich es hier nicht wiederholen.* (May: Old Surehand III, wie Anm. 11, S. 492f.)

[615] *»Seine Gnade reicht so weit, so weit die Himmel reichen; sie ist ohne Anfang und auch ohne Ende. Bittet ihn, Mr. Cutter, bittet ihn!«* (Ebd., S. 499)

[616] *»Habt Ihr einen Wunsch?« »Verdammt in alle Ewigkeit, du Hund!« »Der Tod hält Euch gepackt. Ich möchte mit Euch beten!« »Beten? Hahahahaha! Willst du nicht lieber – –« Es war gräßlich, unmenschlich, was er sagte! Ich fragte trotzdem weiter; andre fragten, baten, ermahnten und warnten ihn. Er hatte nur Flüche und Lästerungen zur Antwort. Um nicht das Allerschlimmste hören zu müssen, gingen wir fort.* (Ebd., S. 564)

[617] May: Satan und Ischariot II, wie Anm. 27, S. 460

[618] *»Herrgott, vergib – – vergieb! – – Gnade – – Gnade – –! Ich komme – – komme – – – Gnade – –!« Er faltete die Hände – – noch ein krampfhafter Bluterguß aus der Wunde, und sein Kopf sank zurück; er war tot!* (May: Winnetou I, wie Anm. 10, S. 135)

[619] *Da legte er die unverletzte Hand in diejenige des gebrochenen Armes, faltete beide und sagte: »So will ich denn gern beten, zum ersten und zum letzten Mal*

Den meisten dieser Gebete ist, neben der Ansprache *Herrgott!* (so oder in getrennter Schreibung) und der germanischen Gebetsgeste des Händefaltens, inhaltlich vor allem der soteriologische Impetus gemein. Allerdings wird nicht nur in existentiellen Grenzsituationen gebetet, sondern auch einfach nur zum Lobe Gottes und seiner Schöpfung. Der Ich-Erzähler tut dies nicht selten in der Sprache der Psalmen.[620]

Diese auszugsweise Übersicht zeigt deutlich, daß in den Reiseerzählungen Mays alle drei grundsätzlichen Gebetsarten der christlichen Gebetstradition vorkommen, nämlich »das Lob-, das Dank- und das Bittg[ebet]«.[621] Das ist insofern erwähnens- und betonenswert, als gerade letzteres mit der Neuzeit zunehmend in die Krise geriet.[622] Die Abkehr von einem theonomen Gottesbild und die zunehmend anthropologische Begründung des Gebetes ließen das Bittgebet schließlich in letzter Konsequenz als einen innerlichen Monolog erscheinen. May hielt demgegenüber an Gott als einem handelnden Gegenüber fest.[623] Gott ist ihm eine rettende Macht außerhalb des menschlichen Wirkungskreises, die man auch noch da anrufen kann, wo menschliches Tun an seine Grenzen gerät.[624] Sein Old Shatterhand möchte in einem Gespräch mit Old Wabble nicht als ein *Betbruder*[625] im negativen Sinne gelten und verwehrt sich ausdrücklich gegen eine Sichtweise des Gebetes, die dieses als

---

in diesem meinem Leben! Herrgott, ich bin der böseste von allen Menschen gewesen, die es gegeben hat. Es giebt keine Zahl für die Menge meiner Sünden, doch ist mir bitter leid um sie, und meine Reue wächst höher auf als diese Berge hier. Sei gnädig und barmherzig mit mir, wie meine Mutter es im Traume mit mir war, und nimm mich, wie sie es that, in Deine Arme auf. Amen!« Welch ein Gebet! Er, der keine Schule genossen und nie mit seinem Gotte gesprochen hatte, betete jetzt in so geläufiger Weise, wie ein Pfarrer betet! (May: Old Surehand III, wie Anm. 11, S. 499f.)

[620] Vgl. Kap. 8.

[621] Vgl. Hermann Häring: Gebet A. In: Wörterbuch des Christentums. Hrsg. von Volker Drehsen u. a. Sonderausgabe. München 1995, S. 385f.

[622] Vgl. z. B. Gotthold Müller: Gebet VIII. Dogmatische Probleme gegenwärtiger Gebetstheologie. In: Theologische Realenzyklopädie 12. Studienausgabe Teil I. Hrsg. von Gerhard Krause und Gerhard Müller. Berlin-New York 1993, S. 84-94.

[623] Vgl. Kap. 4. und 13.

[624] z. B.: *Ich konnte nichts mehr für diese verlorene Seele thun. Es gab nur eine Macht, die helfen konnte, und das war nicht die meinige ... Ich kniete nieder und betete ...* (May: Old Surehand III, wie Anm. 11, S. 492)

[625] May: Old Surehand I, wie Anm. 7, S. 400

bloßes Lamentieren abtut. Seiner Meinung nach käme jedem Vater eine katechetische Pflicht und jeder Mutter die Unterweisung ihrer Kinder im Gebet zu.[626]

Der Autor May tut sich freilich leicht, die Gebete seiner Helden in Erfüllung gehen und die nachfolgende Handlung ihre frommen Erwartungen bestätigen zu lassen, aber es verbergen sich wohl auch authentische Glaubenserfahrungen hinter seinen Geschichten. Wenn der Erzähler in 'Old Surehand I' das Nachlassen von Zahnschmerzen im Kindesalter als Gebetserhörung interpretiert und es sich als Beispiel einer Gebetserhörung überhaupt anzuführen getraut,[627] so ist diese Erhörung nicht nur allzu leicht angreifbar, sondern – in den Mund des großen Westmannes Old Shatterhand gelegt – von solch geradezu ungeschützter Lächerlichkeit, daß man dahinter nur ein

---

[626] »*Was ich aber noch nicht gesehen habe, das ist ein Reiter, der mit gefalteten Händen reitet, als ob er in einem Bet- und Lamentierstuhle ritte. Das waret nämlich jetzt Ihr, Mr. Shatterhand.*« »*Bet- und Lamentierstuhl? Wie kommt Ihr zu dieser Zusammenstellung?*« »*Ist meine Ansicht, Sir.*« »*So ist Beten und Lamentieren bei Euch dasselbe?*« »*Yes.*« »*Hört, das ist ein dummer Scherz!*« »*Scherz? Es ist mein Ernst!*« »*Unmöglich! Welcher Mensch kann das Gebet als Lamentation bezeichnen!*« »*Ich!*« *Da zog es mein Gesicht mit einem Rucke nach ihm hin. Ich fragte:* »*Ihr habt doch oft und viel gebetet?*« »*Nein.*« »*Dann aber doch zuweilen?*« »*Auch nicht.*« »*Wohl gar nie?*« »*Nie!*« *nickte er, und das klang fast wie ein Stolz in seinem Tone.* »*Herrgott, das glaube ich nicht!*« »*Glaubt's, oder glaubt es nicht; mir gleich; aber ich betete noch nie.*« »*Aber doch in Eurer Jugend, als Kind?*« »*Auch nicht.*« »*Hattet Ihr denn keinen Vater, der von Gott zu Euch redete?*« »*Nein.*« »*Keine Mutter, die Euch die Hände faltete?*« »*Nein.*« »*Keine Schwester, die Euch ein kurzes Kindergebet lehrte?*« »*Auch nicht.*« »*Wie traurig, wie unendlich traurig! Es giebt auf dieser Gotteswelt einen Menschen, der über neunzig Jahre alt geworden ist und in dieser langen, langen Zeit noch nicht ein einziges Mal gebetet hat! Tausend Menschen könnten mir dies beteuern, ich würde es nicht glauben, ja, ich würde und könnte es nicht glauben, Sir.*« (Old Wabble und Old Shatterhand in ebd., S. 399f.)

[627] »*Ich habe als Knabe des Abends und des Morgens und auch noch viel außerdem dem lieben Gott alle meine kleinen Wünsche und Bitten vorgetragen. Ich erinnere mich, daß einst ein Schwesterchen schlimmes Zahnweh hatte; kein Mittel half; da tröstete ich sie:* '*Paulinchen, ich gehe jetzt hinaus in die Schlafstube und sag's dem lieben Gott; paß auf, da hört's gleich auf!*' *Werdet Ihr mich auslachen, Sir, wenn ich Euch versichere, daß es wirklich aufgehört hat?*« »*Fällt mir nicht ein! Wehe dem Menschen, der über so etwas zu lachen vermag!*« »*Ich könnte Euch viel erzählen, von höchst sonderbaren Wünschen, die ich da dem lieben Gott vorgetragen habe; ...*« (Old Shatterhand und Old Surehand in ebd., S. 406f.)

tatsächliches Glaubenserleben seines Autors vermuten kann.[628] Auch hinter der Versicherung Old Shatterhands: *Ich habe weder in guten noch in schlimmen Lagen jemals vergessen, daß das Gebet eine heilige Pflicht ist und Erleichterung bringt,*[629] kann man die Ansicht des Autors vermuten.

Wenn man Gebet als »bewußtes Wahrnehmen der eigenen Gottesbeziehung als ausdrückl[iche] Anrede an Gott«[630] allgemein und die »durch Jesus Christus dem Christen vermittelte Kindschaft gegenüber Gott«[631] als das Proprium des christlichen Gebetes sehen will, so macht es durchaus Sinn, daß May in diesem Zusammenhang wiederholt auf seinen geliebten Kinderglauben rekurriert. In Anspielung auf Mt 7,9f. macht sein Ich-Held den zweifelnden Old Surehand darauf aufmerksam: »*Jedes Kind sagt dem Vater seine Wünsche; hat nicht auch das Erdenkind dem himmlischen Vater seine Liebe und sein Vertrauen dadurch zu beweisen, daß es von Herzen zu ihm spricht? Wird ein Vater seinem Sohne eine gerechte Bitte abschlagen, die er erfüllen kann? Und steht die Liebe und Allmacht Gottes nicht unendlich höher als die Liebe und Macht eines Menschen. Glaubt es mir: Wenn der große Wunsch, den Ihr im Herzen tragt, überhaupt zu erfüllen ist, so wäre er schon längst erfüllt, wenn ihr an Gott geglaubt und zu ihm gebetet hättet!*«[632]

Old Shatterhand ermuntert Old Surehand nicht nur zum Gebet,[633] sondern er warnt ihn auch vor voreiligen Erwartungen[634] und einem Gebetsverständnis, das den Abstand zwischen Gott und Beter nicht wahrt.[635] Er erklärt ihm, daß ein rechtes Gebet, nicht nur Worte,

---

[628] Bei dem Schwesterchen handelt es sich vermutlich um Ernestine Pauline (1847-1872).

[629] May: »Weihnacht!«, wie Anm. 1, S. 9

[630] Joachim Ringleben: Gebet B. In: Wörterbuch des Christentums, wie Anm. 621, S. 386

[631] Müller, wie Anm. 622, S. 86

[632] May: Old Surehand III, wie Anm. 11, S. 470

[633] »*So beginnt es [das Beten] wieder! Das Gebet des Gläubigen vermag viel, wenn es ernstlich ist. Und Christus sagt: 'Bittet, so wird euch gegeben; suchet, so werdet ihr finden; klopfet an, so wird euch aufgethan.' Glaubt mir, ein inbrünstiges, gläubiges Gebet gleicht einer Hand, welche die Hilfe, die Erhörung aus dem Himmel holt! Ich habe das oft an mir selbst erfahren.*« (Ebd., S. 468) Vgl. Kap. 15.2.

[634] »*Also betet, Mr. Surehand, betet! Aber denkt ja nicht, daß es sofort helfen muß!*« (Ebd., S. 470)

[635] »*Glaubt ja nicht, daß Ihr mit einem einmaligen Gebete große Wirkung erzielt! Denkt nicht, daß, da Ihr jahrelang nicht gebetet habt und nun plötzlich*

sondern auch die rechten, dazugehörigen Taten,[636] letztlich das ganze Leben umfaßt. Sein Verständnis des gesamten Lebens als Gebet, das sich von dem sonntäglichen Gottesdienstchristentum eines Herrn Müller oder Maier unterscheidet,[637] erinnert ein wenig an die Aussagen des Apostel Paulus[638] und das Beispiel einer armen Witwe, deren Gottesdienst ihre tägliche schwere Arbeit umfaßt,[639] an Martin Luther. Jener predigte am neunzehnten Sonntag nach Trinitatis des Jahres 1532: »Wenn ein jeder seinem Nächsten diente, dann wäre die ganze Welt voll Gottesdienst. Ein Knecht im Stall wie der Knabe in der Schule dienen Gott. Wenn so die Magd und die Herrin fromm sind, so heißt das Gott gedient. So wären alle

---

einmal beten wollt, Euch der Herrgott auch sofort zur Verfügung stehen und Euern Wunsch erfüllen muß! Der Lenker aller Welten ist keineswegs Euer Lakai; dem Ihr nur zu klopfen oder zu klingeln braucht! Auch ist der Himmel kein Krämerladen, in welchem der Herrgott vorschlägt und mit sich handeln läßt.« (Ebd., S. 468)

[636] *»Betet in Gedanken, in allen Euren Worten und in allen Euren Thaten! Hättet Ihr mehr gebetet, so wäre Euch der Helfer längst erschienen!«* (Ebd., S. 470)

[637] *»So betet Ihr täglich?« »Täglich? Glaubt Ihr etwa, es sei ein Verdienst für den Menschen, täglich oder gar stündlich zu beten? Dann wäre es ja auch ein Verdienst für das Kind, wenn es sich herablassen wollte, mit seinem Vater zu sprechen! Ich sage Euch: das ganze Leben des Menschen soll ein Gebet zum Himmel sein! Jeder Gedanke, jedes Wort, jede That, all Euer Schaffen und Wirken soll ein Opfer sein, auf der köstlichen Schale des Glaubens zu Gott emporgetragen!«* (Ebd., S. 468)

[638] Röm 12,1f.

[639] *»Aber geht nun einmal zur armen Witwe, welche von früh bis abends und auch Nächte lang am heißen Waschkessel oder am kalten Wasser des Flusses schafft und arbeitet, um sich und ihre Kinder ehrlich durch das Leben zu bringen! Sie hat sich die Gicht angewaschen; sie spart sich den Bissen vom Munde ab, um ihn den Kindern zu geben; sie hat kein Sonntags- und kein Kirchenkleid; sie sinkt nach vollbrachtem Tagewerk todmüde auf ihr Lager und schläft ein, ohne eine bestimmte Anzahl von Gebetsworten gedankenlos heruntergeleiert zu haben; aber ich sage Euch! ihr ununterbrochenes Sorgen und Schaffen ist ein immerwährendes Gebet, welches die Engel zum Himmel tragen, und wenn die Not, der Hunger ihr ein 'Du mein Herr und Gott!' aus dem gepeinigten Herzen über die Lippen treibt, so ist dieser Seufzer ein vor Gott schwerer wiegendes Gebet als alle die Gesangbuchslieder, welche Herr Maier oder Müller während seines ganzen Lebens gesungen hat!«* (May: Old Surehand III, wie Anm. 11, S. 469f.)

Häuser voll Gottesdienst und aus unsern Häusern würden eitel Kirchen, weil dort Gott gedient würde.«[640]

Die Häufigkeit und die Leidenschaftlichkeit, mit dem sich Karl May dem Thema Gebet immer wieder nähert, läßt erahnen, wie bedeutend ihm dieses war und welche zentrale Rolle es für ihn gespielt haben muß. Ich meine, daß es das Zentrum seiner Frömmigkeit überhaupt ist. Beten können und glauben können sind ihm eins. Gebet und Glaube sind für ihn beinahe austauschbare Größen, wie an zahlreichen seiner Protagonisten (Old Surehand, Old Wabble, Old Shatterhand, Nana-po, Klekih-petra, Mr. Reiter, Frau Wagner u. v. a.) und an seiner engen Verquickung von Gebet und Bekehrung deutlich wird.[641] Der Betende erkennt im Zufall die Fügung und in der Natur die Schöpfung, spätestens im Rückblick muß er »*in Dankbarkeit die Hände falten*«.[642] Wer glaubt, betet auch, und wer nicht betet, glaubt auch nicht. Was »*kein Nachdenken und kein Studieren*« zu leisten vermag, das bringt das Gebet, nämlich die Erkenntnis Gottes.[643] Der Restauration des Gebetes im Gefolge der dialektischen Theologie und der These Gerhard Ebelings, daß im Gebet »das Ganze des Gottesverhältnisses« konzentriert sei,[644] oder der Emil Brunners, daß »das Gebet der Prüfstein des Glaubens und die Theologie des Gebets der Prüfstein aller Theologie« sei,[645] hätte Karl May vermutlich vorbehaltlos zugestimmt.

---

[640] Zit. nach: Lutherlexikon. Luther Deutsch Ergänzungsband III. Hrsg. von Kurt Aland. Stuttgart 1957, S. 157f.; vgl.: Martin Luther: Predigten des Jahres 1532. Weimarer Ausgabe. Bd. 36. Weimar 1909, S. 340 (»Wenn ein iglicher seinem nehesten diente, so were die welt vol gotts dienst. In stabulo servus, in schola discipulus dienet Gott. Sic si ancilla, domina from ist, heists Gott gedienet, so wheren alle heuser vol Gottsdienst und wurden aus allen heusern eitel kirchen, quia es wer Gott gedienet.«).
[641] »*Das ist kein Zufall,*« sagte da Old Surehand. »*Wer hier nicht zu der Erkenntnis kommt, daß es einen Gott giebt, und wer hier nicht glauben und nicht beten lernt, der ist ewig verloren! Ich glaubte und betete lange, lange Jahre nicht mehr; jetzt habe ich es aber wieder gelernt.*« (May: Old Surehand III, wie Anm. 11, S. 562)
[642] May: Old Surehand I, wie Anm. 7, S. 412
[643] Ebd., S.410
[644] Gerhard Ebeling: Dogmatik des christlichen Glaubens. Bd. 1. Prolegomena. Erster Teil: Der Glaube an Gott den Schöpfer der Welt. Tübingen ²1982, S. 208
[645] Emil Brunner: Dogmatik Bd. 3: Die christliche Lehre von der Kirche, vom Glauben und von der Vollendung. Zürich 1960, S. 368

10. 'Old Wabble' oder Der eigenmächtige Mensch

»Ich habe Euch durchschaut. Ich bin nicht nach Eurem Geschmacke, weil ich nicht unter die Betbrüder gehen will. Ihr wolltet mein Hirte, und ich sollte Euer Schäflein sein. Das habe ich nicht gethan, und darum zieht Ihr über mich her. Ihr kennt meine Ansicht über die Religion und die Frömmigkeit. Die Frömmsten sind die Schlimmsten. Old Wabble ist kein Schäflein, welches Eure Gräslein weidet. ... ein König der Cowboys ... läßt sich weder von Euch weiden noch von Euch scheren.«[646]

Fred Cutter, der alte 'king of the cowboys', wie er sich stolz meist selbst nennt, aufgrund der schlottrigen Bewegungen seines greisenhaften Alters allerdings weithin 'Old Wabble' genannt, ist mit Sicherheit eine der interessantesten und vielschichtigsten Figuren seines Autors. Er war schon als 'Grenzgänger' für Kap. 3.3. von besonderer Bedeutung. Hartmut Vollmer schreibt: »Bereits die Überschrift des Einleitungskapitels von 'Old Surehand I', 'Old Wabble', signalisiert sehr deutlich, um wen es im folgenden Roman eigentlich geht; so betonte schon Walther Ilmer zu Recht: 'Old Wabble ist – was immer May ihm ursprünglich zugedacht hatte – die Hauptfigur der 'Surehand'-Erzählung – nicht Old Surehand, die Titelfigur'.«[647]

Old Wabble taucht das erste Mal in 'Der erste Elk'[648] auf, einer Erzählung, die im Jahre 1889/90 entstanden ist und die in 'Old Surehand I' zu dessen Vorstellung noch einmal erzählt wird. Vollmer erkennt in dem Old Wabble des 'ersten Elk' nicht nur viele biographische Parallelen zum leiblichen Vater Karl Mays, der gerade im Jahr zuvor (1888) gestorben war, sondern auch eine »Spiegelung«[649] seiner *zwei Seelen*, die Karl May in 'Mein Leben und Streben' beschreibt.[650] Diese zeigen sich schon in seinem Äußeren: »'Niggerlippen', Ohrringe, Bowiemesser, Zigarette, 'ein um die Stirn gewundenes Tuch', unbedeckter Hals und Brust geben ihm verwegene, Sinnlichkeit indizierende Züge, während sein arg strapazierter

---

[646] Old Wabble zu Old Shatterhand in May: Old Surehand I, wie Anm. 7, S. 591
[647] Vollmer, wie Anm. 51, S. 219f.
[648] May: Der erste Elk, wie Anm. 50
[649] Vollmer, wie Anm. 51, S. 215
[650] *Mein Vater war ein Mensch mit zwei Seelen. Die eine Seele unendlich weich, die andere tyrannisch, voll Uebermaß im Zorn, unfähig, sich zu beherrschen.* (May: Mein Leben und Streben, wie Anm. 79, S. 9)

Anzug und Hut auf Zerfall und Vergänglichkeit deuten.«[651] Der menschliche Verfall Old Wabbles wird im Laufe der 'Surehand'-Trilogie durch den zunehmenden Verfall seines Äußeren[652] auch immer wieder verdeutlicht. Zum sichtbarsten Kennzeichen wird dabei der Verlust seiner langen, weißen Haarpracht.[653]

In vielem erscheint Old Wabble als das genaue Gegenteil des Ich-Helden: Er ist weithin als »*Indianerschinder*« bekannt,[654] der Indsmen als *Ungeziefer* betrachtet, das »*weg von dieser Welt*«[655] gehöre. Wenn es nach ihm ginge, wäre es besser »*wenn diese roten Hunde ausgelöscht würden, wie man ein Dutzend Kerzen ausbläst*«.[656] Er hat keine religiöse Sozialisation genossen,[657] bei ihm sind selbst hundert Eide ohne Wert.[658] Er verneint nicht nur den Teufel,[659] sondern auch alle Glaubensinhalte, die Old Shatterhand heilig sind.[660] Old Wabble ist ihm *der Spötter, der Leugner, der Lästerer*[661] par excellence. Er will sich von niemandem *bekanzelrednern* lassen,[662] er ordnet sich nicht unter[663] und möchte niemandem vertrauen.[664] Er

---

[651] Vollmer, wie Anm. 51, S. 216

[652] Er wird thematisiert in May: Old Surehand I, wie Anm. 7, S. 14, S. 31f., S. 53f., S. 88 und ders.: Old Surehand III, wie Anm. 11, S. 191, S. 367f., S. 475.

[653] Vgl. z. B. May: Old Surehand III, wie Anm. 11, S. 475. Eine biblische Entsprechung findet sich in Ri 13-16. »Die Simsonsage zeigt, wie das Haar als die Kraft des Helden gilt, zugleich aber, wie diese Kraft, infolge des leicht lösbaren Charakters des Haares, in fataler Weise verloren gehen kann (...).« (Gerardus van der Leeuw: Phänomenologie der Religion. Tübingen ⁴1977, S. 328)

[654] May: Old Surehand III, wie Anm. 11, S. 17

[655] May: Old Surehand I, wie Anm. 7, S. 261

[656] Ebd., S. 185

[657] Ebd., S. 399f.

[658] May: Old Surehand III, wie Anm. 11, S. 74

[659] Ebd., S. 272

[660] »*So glaubt Ihr nicht an Gott?*« *fragte ich mit beinahe bebender Stimme.* »*Nein.*« »*An den Heiland?*« »*Nein.*« »*An ein Leben nach dem Tode?*« »*Nein.*« »*An eine Seligkeit, eine Verdammnis, welche ewig währt?*« »*Fällt mir nicht ein!*« (Old Shatterhand und Old Wabble in May: Old Surehand I, wie Anm. 7, S. 402)
»*Das Leben ist nichts; der Tod ist nichts, und euer Jenseits ist der größte Schwindel, von klugen Pfaffen für Kinder und für alte Weiber ausgedacht!*« (Old Wabble in May: Old Surehand III, wie Anm. 11, S. 43)

[661] May: Old Surehand III, wie Anm. 11, S. 203

[662] May: Old Surehand I, wie Anm. 7, S. 264

[663] Vgl. z. B. ebd., S. 85.

[664] Vgl. ebd., S. 294.

verlacht Old Shatterhands Zufallsverneinung.[665] Er läßt keine Gelegenheit ungenutzt, dessen Frömmigkeit zu kritisieren oder zumindest mit beißendem Spott zu bedenken.[666] Er verlacht die Ethik des *fromme(n) Shatterhand*,[667] den er keiner überzeugenden Tat für fähig hält, da dieser für ihn *»ein viel zu guter und viel zu liebevoller Christ«*[668] ist, der doch nur *»vom ewigen Leben (vorfaselt)«*.[669]

Es bleibt nicht bei gelegentlichem Spott über fromme Verhaltensweisen; Old Wabble greift den Geltungsanspruch der christlichen Religion für sein Leben grundsätzlich an. Er braucht sie für sein Leben schlicht nicht: *»Ich bin in das Leben hereingehinkt, ohne um Erlaubnis gefragt zu werden, und der Teufel soll mich holen, wenn ich nun meinerseits beim Hinaushinken irgend wen um Erlaubnis frage! Ich brauche dazu weder Religion noch Gott.«*[670] Old Wabble gerät Karl May zur Personifizierung des materialistischen Zeitgeistes seiner Gegenwart, die er als *ideals- und glaubenslosen fin de siècle*[671] erlebt. Old Wabble fragt schlicht: *»Was kann mir so ein Glaube nützen?«*[672] In ihm zeigt sich der Mensch des auslaufenden 19. Jahrhunderts, dem sich das Christentum nur noch als eine abwählbare Möglichkeit darstellt. »Denn das Problem der christlichen

---

[665] *»Steht! Ihr etwa mit dem Himmel in so gutem Einvernehmen, daß er Euch, wenn Ihr drüben gebraucht werdet, einen expressen Boten schickt, um Euch gehorsamst einzuladen, Euch an der Seligkeit zu beteiligen?«* »Lästert nicht! Ich bin zum Tode noch nicht reif, weil ich noch viel zu wirken habe.« »Oh! Und da denkt Ihr, daß der liebe Gott wartet, bis Ihr fertig seid? Ein sehr gefälliger Gott; das muß ich sagen! Nicht?« (Old Wabble und Old Shatterhand in May: Old Surehand III, wie Anm. 11, S. 206; vgl. auch ebd., S. 264.)

[666] *»Ihr wäret ein noch viel besserer Pfarrer und Kanzelredner geworden; th'is clear!«* (May: Old Surehand I, wie Anm. 7, S. 242)
»Gieb mir eine Kugel in den Kopf, daß du als frommer Hirte dann für meine arme, verlorene Seele etwas zu wimmern und zu beten hast!« (May: Old Surehand II, wie Anm. 52, S. 645)
»Ganz wie es in der Bibel steht: Glühende Kohlen auf das Haupt des Feindes sammeln. Ihr seid ein Musterchrist, Mr. Shatterhand! Aber das fruchtet bei mir nichts, denn solche Kohlen brennen mich nicht.« (Ebd., S. 647)
»Könnt Ihr Euch noch besinnen, was Ihr mir während jenes nächtlichen Rittes durch den Llano estacado alles vom ewigen Leben vorgefaselt habt?« (May: Old Surehand III, wie Anm. 11, S. 192f.)

[667] May: Old Surehand III, wie Anm. 11, S. 34

[668] Ebd., S. 71

[669] Ebd., S. 193

[670] May: Old Surehand I, wie Anm. 7, S. 401

[671] May: Old Surehand III, wie Anm. 11, S. 151

[672] May: Old Surehand I, wie Anm. 7, S. 402

Religion in der Moderne besteht nicht allein darin, daß sie Probleme hat, sondern daß sie selber zum Problem geworden ist – zu einer bloßen Möglichkeit, die man auch unberührt und ungefährdet, ohne also negative Folgen befürchten zu müssen, auf sich beruhen lassen kann.«[673] Old Wabble betont: *»Ich habe es euch schon einmal gesagt, und ich denke, daß ihr euch meiner Worte noch erinnern werdet: Ich bin ins Leben hereingehinkt, ohne um Erlaubnis gefragt zu werden, und der Teufel soll mich holen, wenn ich nun meinerseits beim Hinaushinken irgend wen um Erlaubnis frage! Ich brauche dazu weder Religion noch Gott!«*[674] Old Wabble läßt die christliche Religion 'auf sich beruhen', ignoriert sie für sein Leben. Er ist ganz der eigenmächtige Mensch, *der Mann, der sich niemals einem andern unterordnete,*[675] auch keinem ethischen, religiösen oder göttlichem Gesetz.[676] Er ist *»los von Gott«,*[677] incurvatus in se und ist sein Leben lang sein *»eigener Gesetzgeber«.*[678] Er ist stolz darauf, *»einst der 'König der Cowboys' geheißen zu haben, und in diesem Stolze es unter seiner Würde hält, sich einem andern Willen als dem seinen unterzuordnen.«*[679] Old Wabble entspricht damit ganz Thomas Nipperdeys Beschreibung eines typischen deutschen Agnostikers zu jener Zeit: »Die Absage an die Religion ist total und unbedingt – wie der Anspruch des Menschen, Herr seiner selbst zu sein, sich sich selbst zu verdanken, sich selbst zu gestalten, zu erlösen: darum zuletzt kann Gott nicht sein.«[680]

Nirgendwo geht Karl May das Thema 'Gottlosigkeit' so explizit an wie in der Figur des Old Wabble. Freilich findet man auch bei anderen Personen agnostische Züge: Recht deutlich treten diese noch bei Nana-po (Mr. Hiller) zutage. Ähnlich Old Wabble tut er die *»Redereien vom heiligen Christ, von Sünde und Vergebung, vom Heiland und sonstigen himmlischen Dingen«* (in dem Weihnachtsgedicht 'Ich verkünde große Freude') als *Ammenmärchen* und *geistige Jungen-*

---

[673] Falk Wagner: Zur gegenwärtigen Lage des Protestantismus. Gütersloh 1995, S. 13
[674] May: Old Surehand III, wie Anm. 11, S. 43f.
[675] May: Old Surehand I, wie Anm. 7, S. 85
[676] Ebd., S. 401; über seinem *Eigenwillen* stehen jedoch die Gesetze der Vereinigten Staaten, *»nach denen ich mich richte.«* (Ebd.)
[677] Ebd.
[678] Ebd.
[679] Ebd., S. 436
[680] Nipperdey, wie Anm. 85, S. 445

streiche[681] ab, die ihm in seinem Leben weder empirisch faßbar noch vernünftig scheinen. Er ist der Meinung, kein *vernünftiger Mensch* könne daran glauben,[682] und dies alles sei nur *»für Knaben und alte Weiber, aber nicht für erwachsene, verständige Männer!«*[683] So sehr Old Shatterhand daran gelegen ist, dies inhaltlich zu widerlegen und aufzuzeigen, daß gerade der Christ vernünftig sei (*»Ich denke, daß ich so ziemlich vernünftig bin, glaube aber doch daran.«*[684] und *»Die höchste Vernunft ist Gott ...«*[685]), so ist doch auffällig, daß er ansonsten der Vernunft als Mittel der Gotteserkenntnis sehr skeptisch gegenübersteht. Old Surehand gegenüber betont er, daß *»kein Nachdenken und kein Studieren«*[686] ihm diese bringen kann. Er klagt, in seiner Seminarzeit *»ungläubige Lehrer«* gehabt zu haben, *»welche ihre Verneinung in einen anziehenden Nimbus zu hüllen wußten«*,[687] und Klekih-petra bereut, so *»viele, viele Seelen«*[688] als Lehrer einer höheren Schule 'gemordet' zu haben: *»Mein größter Stolz bestand darin, Freigeist zu sein, Gott abgesetzt zu haben ...«*[689] Gottlosigkeit scheint hier vielmehr einem Verlust des Kinderglaubens,[690] des inneren Haltes[691] denn einem Mangel an Vernunft gleichzukommen. Eine Definition von Ungläubigkeit findet sich nirgends, allerdings – in einem Gespräch mit Old Surehand – eine offene Liste von 'Arten' des Unglaubens.[692] Gottlo-

---

[681] May: »Weihnacht!«, wie Anm. 1, S. 524
[682] Ebd.
[683] Ebd., S. 525
[684] Ebd., S. 524
[685] Ebd., S. 525
[686] May: Old Surehand I, wie Anm. 7, S. 410
[687] Ebd., S. 407
[688] May: Winnetou I, wie Anm. 10, S. 128
[689] Ebd.
[690] Zu diesem Kinderglauben rechnet May auch den Glauben an die Wirksamkeit von Engeln. In Old Surehand III, wie Anm. 11, S. 153 geht Gottlosigkeit konkret mit der Verneinung von Schutzengeln einher (vgl. Kap. 13.).
[691] Vgl. May: »Weihnacht!«, wie Anm. 1, S. 600.
[692] *»Nun, so sagt ein anderes Wort, mit welchem Ihr die Leute bezeichnet, welche nicht glauben, daß es einen Gott giebt!« »Ich kann Euch keines sagen.« »Warum nicht?« »Genügt Euch das Wort ungläubig?« »Nein.« »Weiter habe ich keins. Ich verstehe gar wohl, was Ihr meint; aber es giebt so viele Arten der Ungläubigen, daß man wohl zu unterscheiden hat. Der eine ist zu gleichgültig, der andere zu faul, der dritte zu stolz, nach Gott zu suchen; der vierte will sein eigener Herr sein und keinen Gebieter über sich haben; der fünfte glaubt nur an sich, der sechste nur an die Macht des Geldes, der siebente an das große Nichts, der achte an den Urstoff und der neunte, zehnte, elfte und die folgenden*

sigkeit bedeutet demnach Indifferenz gegenüber Gott, materialistische Weltsicht, philosophische Weltbegründungsversuche, menschlicher Hochmut und menschliche Eigenmächtigkeit oder zur Gänze individualisierte Privatreligion. Old Shatterhand sieht christlichen Glauben offensichtlich nicht als privaten Synkretismus, eigenes *Steckenpferd*, sondern als verbindlich gemeinschaftsfähig an. Er kann sich nicht in sich selbst genügen, sondern braucht Mensch wie Gott zum Gegenüber. Old Wabble braucht beide nicht, er genügt sich selbst.

So sehr Old Wabble in vielerlei Beziehung das genaue Gegenteil von Mays strahlendem Ich-Held darstellt, so wenig darf man nur diesen Ich-Helden mit der persönlichen Einstellung des Autors identifizieren. Vielmehr muß man auch in Old Wabble ein 'Teil-Ich' seines Autors erkennen. H. Vollmer schreibt: »(...) wie kaum ein anderer Schriftsteller hat May sein Ich in einer derart gehäuften Form aufgespalten, seine Geschichte, Verdammnis und Rettung, Verstrickung und Befreiung, von unzähligen Teil-Ichs durchspielen lassen.«[693]

Wenn man Mays frühe Ausführungen in 'Ange et Diable',[694] einem Zeugnis der literarischen Anfangszeit, das möglicherweise 1870 während der Mittweidaer Untersuchungshaft entstand, betrachtet, muß man zu dem Schluß kommen, daß dem jungen May die religionskritischen Überlegungen seines Old Wabble selbst nicht ganz fremd waren. Vielmehr spiegelt sich in dem alten Cowboy der alte eigene 'Spötter, Leugner und Lästerer'[695] Karl May wider. »May hat in Wabble all das Dämonische und Widerwärtige, allen Haß und Unglauben verdichtet (der alte Cowboy ist geradezu die Inkarnation des Bösen, des Gottes- und des Liebesverlustes), denen er in seiner dunklen Zeit erlegen war.«[696]

Wenn Old Wabble die Existenz des Teufels[697] und einer ewig währenden Verdammnis[698] leugnet, so erinnert dies auffällig an Mays

---

alle jeder an sein besonderes Steckenpferd. Ich habe weder die Lust noch das Recht, sie zu klassifizieren und ein Urteil über sie zu fällen. Ich habe meinen Gott, und der ist kein Steckenpferd.« (Old Surehand und Old Shatterhand in May: Old Surehand III, wie Anm. 11, S. 466f.)

[693] Vollmer, wie Anm. 51, S. 212
[694] May: Ange et Diable, wie Anm. 198, S. 128-132
[695] Vgl. May: Old Surehand III, wie Anm. 11, S. 203.
[696] Vollmer, wie Anm. 51, S. 225
[697] May: Old Surehand III, wie Anm. 11, S. 272
[698] May: Old Surehand I, wie Anm. 7, S. 402

frühere Ausführungen, in denen er den Teufel – genauso wie Gott – als *eine Personificirung des Menschenthums* bezeichnet.[699] *Ich finde überhaupt zwischen Theosophie und Satanosophie nicht viele und große Gegensätze der Gedanken und Eigenschaften; d. h. ich finde zwischen Gott und Teufel keinen Unterschied ... Ich kenne einen Gott blos im Menschen, der sich zur Allmacht und Allwissenheit erheben und dessen Leben ein durch Generationen fortgesetzt ewiges sein soll. Wir sind nicht Ebenbilder Gottes, sondern Gott ist das Ideal des Menschen ... Ebenso kenne ich einen Teufel auch blos im Menschen ...*[700]

Diese frühen religionskritischen Ausführungen erinnern in auffälliger Weise an die 'Projektionstheorie' des Religionsphilosophen Ludwig Feuerbach (1804-1872).[701] »In der Religion wird erfaßt, was der Mensch ist, zumindest wird ein Aspekt des Menschsein erfahren. Religiöse Texte müssen mit Hilfe der 'Umkehrformel' als Ausdrucksformen des Menschen, seiner Welt und seiner Sehnsüchte interpretiert werden.«[702] Auch Mays frühes Bestreiten der Erlöserschaft Christi erinnert in ihrer Argumentationsweise an Feuerbach, der die Menschwerdung Gottes in einem einzigen, begrenzten Individuum als unvernünftig ablehnt.[703] Daß ein historisches Individuum nicht Erlöser der ganzen menschlichen Gattung sein könne, behauptet auch der frühe May: *Christus kann kein Erlöser sein erstens weil er selbst ein Mensch und zweitens weil er eben blos ein einziger Mensch ist.*[704] Zudem spottete May 1870 selbst noch über die moralisch-sittliche Unzulänglichkeit der Geburtsgeschichte.[705]

---

[699] May: Ange et Diable, wie Anm. 198, S. 130

[700] Ebd., S. 130f.

[701] Vgl. Jörg Salaquarda: Feuerbach, Ludwig. In: Theologische Realenzyklopädie 11, wie Anm. 622, S.144-157 – Claus Roxin: Das zweite Jahrbuch. In: Jb-KMG 1971. Hamburg 1971, S. 8 – Hermann Wiedenroth: Werkartikel 'Ange et diable'. In: Karl-May-Handbuch, wie Anm. 13, S. 605-609 – Wohlgschaft, wie Anm. 3, S. 118-120.

[702] Salaquarda, wie Anm. 701, S. 148

[703] Vgl. Emerich Coreth/Peter Ehlen/Josef Schmidt: Philosophie des 19. Jahrhunderts. Grundkurs Philosophie Bd. 9. Stuttgart-Berlin-Köln ²1989, S. 149.

[704] May: Ange et Diable, wie Anm. 198, S. 131

[705] *Wie nun aber schon die Geburt des Gottessohnes eine sittliche Unmöglichkeit ist, weil sich Gott durch den intimen Umgang mit der Braut eines Andern um sein ganzes moralisches Renommé bringt und sich dem heidnischen Mädchenjäger Zeus gleichstellt, so kann auch unmöglich durch den blos leiblichen Tod eines einzigen Menschen, dessen Sterben noch dazu durch seine*

Demnach verwundert es wenig, wenn 1894 seine spätere Schöpfung Old Wabble an einen 'Heiland' nicht glauben will.⁷⁰⁶ Auch das wiederholte Aufwerfen der Theodizeefrage durch Old Wabble,⁷⁰⁷ der in Diskussionen die Unmöglichkeit Gottes aufzeigen will, findet in 'Ange et Diable' sein Urbild.⁷⁰⁸ Inhaltlich gelöst wird die Theodizeefrage durch Old Shatterhand schließlich auch nicht, jedoch stellt sie sich im Laufe der Handlung nicht mehr. Es ist für May dabei durchaus konsequent, wenn weder *Studium* noch *gelehrte Wortklauberei*,⁷⁰⁹ sondern die (vermeintliche) Praxis zur Beantwortung der Gottesfrage führt.

Es muß nicht lange betont werden, daß die frühen Ausführungen Mays in 'Ange et Diable' zumindest zum Teil im »schroffe(n) Gegensatz zur weltanschaulichen Einstellung in den 'Reiseerzählun-

---

Auferstehung paralisirt wurde, der ... Tod der ganzen Menschheit gehoben werden. (Ebd., S. 130f.)
⁷⁰⁶ May: Old Surehand I, wie Anm. 7, S. 402
⁷⁰⁷ »*Ich bin geboren; das ist ein Fact. Ich bin geboren, wie ich bin; das ist ein zweites Fact. Ich kann nicht anders sein, als ich bin; das ist ein drittes Fact. Ich trage also nicht die geringste Schuld an dem, was ich bin und was ich thue; das ist das Hauptfact. Alles Andere ist Unsinn und Albernheit.*« (Old Wabble in ebd., S. 401)
»*Wenn der Gott wirklich lebt, an welchen du dich rühmst, so fest zu glauben, so stehe ich in seinen Augen ebenso hoch wie du, sonst wäre er ein noch schlechterer Kerl als so einer, für welchen du mich hältst! Er hat mich und dich geschaffen und in die Welt gesetzt, und wenn ich anders geraten bin als du, so bin nicht ich, sondern er ist schuld daran. An ihn hast du dich also mit deiner Entrüstung zu wenden, nicht an mich, und wenn es in Wirklichkeit ein ewiges Leben und ein jüngstes Gericht gäbe, über das ich aber lache, so hat, weil er mich mit meinen sogenannten Fehlern und Sünden ausstattete, nicht er über mich, sondern ich über ihn den Stab zu brechen. Du wirst wohl also endlich einsehen, was eure Frömmigkeit und Gottesfurcht für kindische, belachenswerte Dummheiten sind! Du glaubst wohl freilich, aus Güte zu handeln; im Grunde genommen aber treibt dich nichts als die Erkenntnis, die auch ich hege, nämlich daß kein Mensch gut und keiner böse ist, weil Gott, der Erfinder der Erbsünde, allein schuld daran wäre.*« (Old Wabble zu Old Shatterhand in May: Old Surehand III, wie Anm. 11, S. 76)
⁷⁰⁸ *Wer ist wohl schlimmer – ein Gott, welcher wegen eines einzigen Fehlers eines einzigen Menschenpaares, an dessen Fehlerhaftigkeit er noch dazu als Schöpfer die Schuld trug, Millionen und aber Millionen unschuldige Menschen ins Unglück stürzt und wegen eines kleinen Apfelbisses zeitlich, geistig und ewig verdammt – oder ein Teufel, welcher dann und wann eine ungehorsame Menschenseele als Fricassée verspeißt?* (May: Ange et Diable, wie Anm. 198, S. 130)
⁷⁰⁹ May: Old Surehand I, wie Anm. 7, S. 407

gen'«[710] stehen. Wiewohl einige Elemente dieser Periode sich durchaus auch im Denken des späteren Schriftstellers finden, so muß man doch aufs Ganze einen beachtlichen Wandel feststellen. Zu den bleibenden Denkarten des Autors gehört der – in 'Ange et Diable' an Darwin anspielende? – Entwicklungsgedanke der sukzessiven Überwindung des Bösen durch das Gute.[711] Wie die Charakterisierung Harry Meltons in 'Satan und Ischariot I' gezeigt hat,[712] bleibt auch später für May *der Gedanke ein ganz richtiger, den Teufel nicht mehr mit Schwanz, Bockfüßen und Hörnern darzustellen, sondern das diabolische durch Disharmonie einzelner an und für sich schöner Züge wiederzugeben.*[713]

In dezidiertem Gegensatz zu 'Ange et Diable' – *Wir sind nicht Ebenbilder Gottes*'[714] – steht die Bezeichnung der Menschen als *Ebenbild Gottes* durch den Ich-Erzähler der Reiseerzählungen.[715] Vor allem aber hat sich Mays Gottesbild gewandelt: Kannte er in der Zeit der Untersuchungshaft 1870 Gott nur als *das Ideal des Menschen*[716] und *blos im Menschen*[717] und erwartete er damals noch eine Entwicklung dahingehend, daß für den Menschen einst die Zeit kommen werde, *in welcher er seinen Gott in sich selbst fühlt und findet*,[718] so spricht aus den Texten der Reiseerzählungen freilich eine ganz andere Glaubensüberzeugung: *Der sogenannte »Herr der Schöpfung« mag sich trotz des vielgerühmten Reichtums seiner geistigen Eigenschaften ja nicht vermessen, daß er von keiner andern Führung abhängig sei als nur von seinem Willen! Mag er es noch so sehr bezweifeln, es giebt einen Willen, der hoch über allem irdischen Wollen erhaben ist.«*[719] Old Shatterhand unterläßt daher, von einer Ahnung geleitet, immer wieder eine Bestrafung Old Wab-

---

[710] Anmerkung der Redaktion. In: Jb-KMG 1971. Hamburg 1971, S. 143
[711] Vgl. May: Ange et Diable, wie Anm. 198, S. 129f.
[712] Vgl. Kap. 3.2.
[713] May: Ange et Diable, wie Anm. 198, S. 131
[714] Ebd.
[715] May: Old Surehand I, wie Anm. 7, S. 642
Das ist die Meinung ... eines Schriftstellers, der seine Werke nur in der Absicht schreibt, ein Prediger der ewigen Liebe zu sein und das Ebenbild Gottes im Menschen nachzuweisen! (May: Old Surehand III, wie Anm. 11, S. 308)
[716] May: Ange et Diable, wie Anm. 198, S. 131
[717] Ebd.
[718] Ebd., S. 129
[719] May: Old Surehand III, wie Anm. 11, S. 292

bles, um diese einem höheren Gericht vorzubehalten.[720] Und im Zusammenhang des Schutzengel-Exkurses führt er aus:

Wie oft bin ich zu einer bestimmten Handlung fest und unerschütterlich entschlossen gewesen und habe sie dennoch ohne jeden sichtbaren oder in mir liegenden Grund unterlassen. Wie oft habe ich im Gegenteile etwas gethan, was nicht im entferntesten in meinem Wollen lag. Wie oft ist mein Verhalten ganz plötzlich und ohne alle Absicht ganz anders geworden, als es in der Logik meines Wesens begründet gewesen wäre. Das war das Ergebnis eines Einflusses von außer mir her ... Wie oft habe ich ... nach einem von mir angestrebten Erfolge dennoch sagen müssen: »das habe nicht ich, sondern das hat Gott gethan!«[721]

Der Verfasser der 'Old Surehand'-Trilogie ist offensichtlich nicht mehr derselbe wie der von 'Ange et Diable'. Trotz erkennbarer Verbindungslinien hat sich sein Gottes- wie Menschenbild durch die Jahre doch entscheidend verändert. Seine Seminarzeit, die Zeit seiner frühen Haftstrafen und ersten literarischen Versuche erscheint ihm rückblickend als die Zeit, als »*der Unglaube wuchs von Tag zu Tag, von Nacht zu Nacht*«, als sein Glaube »*durch zahlreiche Prüfungen*« und *Zweifel*[722] gegangen ist. Seine Gedanken aus jener Zeit, auch die ihn beeinflussende Religionskritik des 19. Jahrhunderts, erscheinen ihm rückwirkend als *Thorheit.*[723] In Old Wabble kehren sie allerdings wieder, und in keiner anderen literarischen Figur hat sich sein eigener Kampf um Versöhnung und Vergebung so verdichtet wie im Wandel Old Wabbles, im Scheitern seiner Eigenmächtigkeit und in der Rückkehr dieses 'verlorenen Sohnes'.

---

[720] *Es war, als ob ich nach einem von mir unabhängigen und doch in mir wohnenden Willen handeln müsse, welcher mir verbot, mich an ihm zu vergreifen, weil er, wenn er sich nicht bekehre, für ein ganz besonderes göttliches Strafgericht aufgehoben sei.* (Ebd., S. 4)
[721] Ebd., S. 155f.
[722] May: Old Surehand I, wie Anm. 7, S. 407f.
[723] Ebd., S. 407

11. Pietistische Selbst- und Weltveränderung

Obwohl der Pietismus – »neben der Reformation die bedeutendste innerkirchl[iche] Bewegung des Protestantismus«[724] – mit der Mitte des 18. Jahrhunderts den Höhepunkt seiner Wirksamkeit bereits überschritten hatte, so blieb er doch, teilweise in variierter Form, über seine Blütezeit hinweg wirkungsmächtig. Auch in Sachsen, der Hochburg der lutherischen Orthodoxie, konnte er langsam an Boden gewinnen.[725] Karl May wurde durch seine 'Ernstthaler'-Großmutter Johanne Christiane Kretzschmar (1780-1865) von Kindheitstagen an auch pietistisch mitgeprägt.[726] Sie war diejenige Person, die – nach seiner eigenen Angabe – *in seelischer Beziehung den tiefsten und größten Einfluß*[727] auf seine Entwicklung ausübte; in seiner Autobiographie schreibt er über sie: *Sie war mir von Jugend auf ein herzliebes, beglückendes Rätsel, aus dessen Tiefen ich schöpfen durfte, ohne es jemals ausschöpfen zu können.*[728]

Der »mit Eifer betriebene Prozeß der Verwissenschaftlichung und Rationalisierung der reformatorischen Erkenntnis hatte zur Kehrseite zunehmende Erfahrungsdefizite des religiösen Lebens und führte zu einem Auseinanderfallen von Theologie und Frömmigkeit, die in einer 'Frömmigkeitskrise' des nachreformatorischen Protestantismus endete.«[729] Der Reformation der christlichen Lehre sollte nun die Reformation des christlichen Lebens nachfolgen. So entstand Anfang des 17. Jahrhunderts der Pietismus als eine »Frömmigkeitsrichtung, die gegenüber Reformation und nachreformatorischer Orthodoxie den Akzent von der reinen Lehre auf das fromme Leben, vom Glauben auf die Frömmigkeit (pietas), von der Rechtfertigung auf die Heiligung und 'nähere Vereinigung mit Gott'«[730] verschob. Sie suchte, den streitbaren Geist des konfessio-

---

[724] Beate Köster: Pietismus. In: Wörterbuch des Christentums, wie Anm. 621, S. 973f.
[725] Vgl. Günther Wartenberg: Der Pietismus in Sachsen – ein Literaturbericht. In: Pietismus und Neuzeit. Ein Jahrbuch zur Geschichte des neueren Protestantismus. Bd. 13. Hrsg. von Martin Brecht u. a. Göttingen 1987, S.103-114.
[726] Vgl. auch Kap. 14.
[727] May: Mein Leben und Streben, wie Anm. 79, S. 20
[728] Ebd.
[729] Johannes Wallmann: Der Pietismus. Die Kirche in ihrer Geschichte Bd. 4/O1. Göttingen 1990, S. 12
[730] Ebd.

nellen Zeitalters zu überwinden und von »einem zu äußerer Form erstarrenden traditionellen Gewohnheitschristentum«[731] abzusehen. Philipp Jakob Spener (1635-1705) vertiefte die dieser Erneuerungsbewegung innewohnende »Tendenz auf eine individuell erlebte, den Menschen von innen her umformende Religiosität, auf 'lebendigen Glauben' und 'wahres, tätiges Christentum'«.[732]

Es ist nicht schwer, vor diesem Hintergrund die 'praxis pietatis' Old Shatterhands wiederzuerkennen. Wie Kap. 6. gezeigt hat, setzt Karl May dessen Frömmigkeit bewußt in Kontrast zu einer sich in äußeren Handlungsvollzügen erschöpfenden Volkskirchlichkeit eines *Herr(n) Müller oder Meier*. Sein wiederholtes Reden vom *wahren Christentum* steht in auffälliger Wortverwandtschaft zu dem Titel der Schrift, die 1610 den pietistischen Erdrutsch einst ausgelöst hatte: Johann Arndts 'Vier Bücher vom Wahren Christentum'.

In Old Shatterhands Drängen auf einen praxisrelevanten Glauben treffen sich aufklärerische und pietistische Anliegen. Das den untersuchten Erzählungen zugrundeliegende Bekehrungsverständnis ist allerdings ein pietistisches. In seinen Glaubensgesprächen geht es Old Shatterhand offensichtlich um mehr als eine rein 'ethisch-moralische Besserung' aufklärerischer Prägung. Er rechnet stets mit einer, in einem unverfügbaren Eingreifen Gottes begründeten, Bekehrung, und nicht damit, daß sein Gesprächspartner sich »im Zuge seiner Selbstbesserung (...) selbst vom Bösen zum Guten«[733] bekehrt.

Wer als Leser Kara Ben Nemsi begleitet hat, der weiß, daß der deutsche Effendi keine Bedenken hat, einen erheblichen Teil seiner Zeit mit Bekehrungsgesprächen zu verbringen. Im Wilden Westen hält es Old Shatterhand nicht anders: Infolge seiner missionarischen Bemühungen erfährt das religiöse Leben vieler ihn begleitenden Protagonisten eine grundsätzliche Wendung: Aus den untersuchten Romanen wären vor allem die Bekehrungen Old Surehands,[734] Old Wabbles,[735] Nana-pos,[736] Schiba-bigks[737] und Winnetous[738] zu nen-

---

[731] Ebd., S. 7
[732] Ebd., S. 15
[733] Falk Wagner: Bekehrung II.: 16.-20. Jahrhundert. In: Theologische Realenzyklopädie 5, wie Anm. 622, S. 459-469 (466)
[734] May: Old Surehand I, wie Anm. 7, S. 405-414 – ders.: Old Surehand III, wie Anm. 11, S. 465-471, S. 498, S. 562
[735] May: Old Surehand III, wie Anm. 11, S. 491-501
[736] May: »Weihnacht!«, wie Anm. 1, S. 596
[737] May: Old Surehand I, wie Anm. 7, S. 363-385

nen. Oft ist die Bekehrung, wie in der pietistischen Tradition üblich, »einem einmaligen, zeitl[ich] fixierbaren Ereignis in der Biographie des einzelnen«[739] zuzurechnen. (So spricht der Ich-Erzähler etwa in mystischer Überhöhung von *jener weihevollen Nacht*,[740] in der Winnetou seine Reserviertheit gegenüber Glaubensgesprächen zurücknimmt.) Zugleich wird aber auch immer deutlich, daß diese Bekehrung Frucht eines längeren Entwicklungsprozesses gewesen ist. Karl May greift in diesem Zusammenhang gerne auf die, in der pietistischen Erbauungsliteratur populären,[741] biblischen Bilder vom ausgesäten Samen und dem fruchtbringenden Baum zurück. So spricht Winnetou blumig über Leben und Lehre Klekih-petras: »*Und so, wie diese Eichen wachsen, so werden die Worte, die wir von ihm gehört haben, sich in unsern Herzen ausbreiten, daß unsere Seelen unter ihnen Schatten finden können.*«[742]

Die ausführlichste und eindrücklichste Bekehrung im gesamten Erzählwerk Karl Mays ist wohl diejenige Old Wabbles. Dessen eigenmächtiges Handeln entfremdet ihn zunehmend von Old Shatterhand. Ihr Bruch zu Ende des ersten 'Old Surehand'-Bandes äußert sich auch in einem religiösen Streitgespräch,[743] das erst in der Sterbestunde[744] Old Wabbles in dessen Bekehrung[745] mündet. Die wichtigsten Argumentationslinien des Streitgespräches wurden an verschiedener Stelle bereits nachgezeichnet, hier verbleibt nur mehr

---

[738] U. a.: May: Winnetou I, wie Anm. 10, S. 425 – ders.: Winnetou III, wie Anm. 40, S. 423-428, S. 464, S. 473f., S. 625; vgl. Kap. 16.
[739] Falk Wagner: Bekehrung. In: Wörterbuch des Christentums, wie Anm. 621, S. 134
[740] May: Winnetou I, wie Anm. 10, S. 425
[741] Vgl. z. B.: »Demnach kan ich anders nicht sagen, als daß ich wohl vier und zwantzig Jahr nicht viel besser gewesen als ein unfruchtbarer Baum, der zwar viel Laub aber mehrentheils faule Früchte getragen. (...) aber weil dieses alles nur in die Vernunfft und ins Gedächtnis von mir gefasset, und das Wort Gottes nicht bey mir ins Leben verwandelt war, sondern ich hatte den lebendigen Saamen des Worts Gottes bey mir ersticket und unfruchtbar seyn lassen, so mußte ich nun gleichsam auffs neue den anfang machen, ein Christ zu werden.« (August Hermann Francke: Anfang und Fortgang der Bekehrung A. H. Franckes, von ihm selbst beschrieben. In: Pietismus und Rationalismus. Hrsg. von Marianne Beyer-Fröhlich. Leipzig 1933, S. 17-29 (20f.) (Deutsche Literatur. Reihe Deutsche Selbstzeugnisse 7)).
[742] May: Winnetou I, wie Anm. 10, S. 415
[743] May: Old Surehand I, wie Anm. 7, S. 398-404
[744] Siehe deshalb auch Kap. 14 ('Sterben, Tod und Jenseits').
[745] May: Old Surehand III, wie Anm. 11, S. 491-501

eine Analyse der Reaktion Old Shatterhands auf diesen mißglückten 'Missionierungsversuch' (so man dieses Wort hier überhaupt verwenden will): Er ist von geradezu ohnmächtiger Trauer befallen.[746] Old Wabble ist ihm in der inhaltlichen Diskussion offensichtlich überlegen. Old Shatterhand hat dessen Anfragen kaum mehr entgegenzusetzen als emotionale Ausfälligkeiten und Drohungen.[747] Insgeheim dürften die meisten Leser daher ihre Sympathie dem atheistischen Wabble schenken. Interessant ist dabei auch, daß der Ich-Erzähler nicht, wie er es sonst ja gerne tut, einfach rechthaberisch über die Szene hinweggeht. Wohl wird er im dritten Band vom Handlungsverlauf her letztlich doch Recht bekommen, das darf aber nicht darüber hinwegtäuschen, daß dieses Glaubensgespräch für ihn – selbst rückblickend betrachtet – einen zwiespältigen Charakter behält.[748] Die Bekehrung Old Wabbles scheint Karl May in manchem mehr zum Negativbild denn zum Vorbild einer Bekehrung geraten zu sein. Beim Ich-Erzähler selbst hinterläßt sie jedenfalls – bemerkenswert genug – auch Schuldgefühle.[749]

Die Bekehrung Old Wabbles verläuft in einem anderen Klima. Hier handelt Old Shatterhand voller Mitgefühl, aber gefaßt, als

---

[746] *Ich war tief, tief – – – was denn? Verstimmt? Nein, das war das richtige Wort nicht. Ich war traurig, traurig wie noch selten; ich fühlte ein unendliches, heiliges Mitleid mit dem Alten, trotz des Hohnes, den ich von ihm geerntet hatte. Keinen Vater, keine Mutter, keinen Bruder, keine Schwester! Keinen Unterricht, niemals, aber auch nicht ein einziges, allereinziges Mal gebetet! Das war der berühmte king of the cowboys!* (May: Old Surehand I, wie Anm. 7, S. 404f.)

[747] *Da lief mir denn doch die Galle über; ich hielt mein Pferd mit einem Rucke an, fiel ihm in die Zügel, daß er auch halten mußte, und ließ meinen Zorn, den ich nicht beherrschen konnte, reden: »Fact, Fact und wieder Fact! Ihr habt vorhin allerdings ein Fact nach dem andern gebracht und scheint stolz auf die falsche Logik zu sein, mit welcher Ihr sie verbindet. Ihr sagt, daß Ihr weder Gott noch Glauben braucht; ich aber sage Euch und bitte Euch, meine Worte wohl zu merken: Es wird Euch, wie die heilige Schrift sagt, schwer werden, gegen den Stachel zu lecken, und ich sehe es kommen, daß der Herrgott Euch einen Fact entgegenschleudern wird, an welchem Ihr zerschellen müßt wie ein dünnes Kanoe am Felsenrande, wenn Ihr nicht zu der einzigen Rettung greift, die im Gebete liegt. Möge der, an den Ihr niemals glaubtet und zu dem Ihr niemals betetet, Euch dann gnädig und barmherzig sein!«* (Ebd., S. 403f.)

[748] *Meine Drohung war mir ganz absichtslos über die Lippen geflossen ... Als später diese Drohung fast wörtlich in Erfüllung ging, war es mir, als ob ich es sei, der durch diese Prophezeiung den schrecklichen Tod des Alten heraufbeschworen habe ...* (Ebd., S. 405)

[749] *... es dauerte lange, ehe die Vorwürfe, die ich mir darüber machte, zum Schweigen kamen.* (Ebd.)

Seelsorger am Sterbenden. Hier ist es der innere Kampf Old Wabbles, den Karl May in aller Ausführlichkeit darstellt. Durch den Zusammenfall von Bekehrungs- und Todeskampf gerät die Beschreibung desselben äußerst drastisch. Wie August H. Francke seinen eigenen Kampf um Bekehrung,[750] so beschreibt Karl May denjenigen Old Wabbles ausführlich als stetiges Ineinander von Anfechtung, Sündenerkenntnis und Gebet. Der erlösende Durchbruch zum »wahren Glauben«[751] gelingt schließlich jeweils durch ein Bekenntnis der Schuld und ein Gebet an den Gott, an den man eigentlich gar nicht geglaubt hatte,[752] aber dessen Macht und Gnade sich gerade daraufhin erweisen. Old Wabble erfährt die Zuwendung Gottes im Traum durch einen Kuß seiner Mutter.[753] Er stirbt in Frieden.[754] »Ergriffen von dieser Läuterung«[755] schrieb ein Pfarrer an May: »Nächstens, (…) wenn ich meine Gemeinde zur Beichte vorbereite, werde ich den Tod Ihres 'Old Wabble' auf die Kanzel bringen, wörtlich, um in meinen Pfarrkindern Reue und Leid zu erwekken. Ich habe nämlich auch Hartgesottene!«[756]

Sowohl Streitgespräch wie Bekehrung Old Wabbles werden von May teilweise in derart drastischen Worten und Wiederholungen

---

[750] »Erstlich konnte ich gleichsam die Sünden zehlen, aber bald öffnete sich auch (…) der Unglaube oder bloße Wahn-Glaube, damit ich mich selbst so lang betrogen. (…) Bald saß ich an einem Orte und weynete, bald ging ich in großem Unmuth hin und wieder, bald fiel ich auf mein Knie und ruffte den an, den ich doch nicht kante. Doch sagte ich, wenn ein Gott wahrhafftig wäre, so möchte er sich mein erbarmen.« (Francke, wie Anm. 741, S. 24f.)
[751] Ebd., S. 23
[752] »In solcher großen angst legte ich mich (…) nieder auff meine Knie und rieffe an den Gott, den ich noch nicht kante, noch glaubte, um Rettung aus solchem Elenden zustande, wenn anders wahrhafftig ein Gott wäre. Da erhörte mich der Herr, (…) ich war versichert in meinem Hertzen der Gnade Gottes (…), alle Traurigkeit und unruhe des hertzens ward auff einmal weggenommen (…).« (Ebd., S. 26)
[753] *Da zog sie mich an sich und küßte mich. Old Wabble ist nie im Leben geküßt worden, nur jetzt in seiner Todesstunde … Lebt – – wohl! – – Ich – – – bin – – so froh, – – so – – froh – – –!« Das Lächeln war in seinem Angesichte geblieben; es war so mild, als ob er wieder von seiner Mutter träumte.* (May: Old Surehand III, wie Anm. 7, S. 499ff.)
[754] *Welche Gefühle hatten wir noch vor wenigen Stunden für diesen nun Verstorbenen gehabt! Und jetzt stand ich so tief berührt vor seiner Leiche, als ob mir ein lieber, lieber Kamerad gestorben sei! Seine Bekehrung hatte alles Vergangene gut gemacht.* (Ebd., S. 501)
[755] Vollmer, wie Anm. 51, S. 242, Anm. 38
[756] May: Der dankbare Leser, wie Anm. 568, S. 73f.

geschildert, daß der Karl-May-Verlag dies seinen Lesern erst gar nicht ungekürzt zumuten zu wollen scheint. (So sehr mancher Leser der grünen 'Original'-Bände es dem Verlag insgeheim danken könnte, einer allzu behäbigen Erbaulichkeit zu entgehen, so sollte er sich dennoch darüber im klaren sein, daß dies einer nicht unwesentlichen Verfälschung Karl Mays gleichkommt.) Besonders ungewöhnlich muten die leidenschaftlichen Drohungen mit Tod und Teufel an. Ist hier der Einfluß der Erweckungsbewegung spürbar? Man kann dies vermuten, muß aber zu Bedenken geben, daß May von der erwecklichen Frömmigkeit – wenn überhaupt – nur gestreift worden sein kann. Seine Bekehrungsgeschichten sind mehr pietistisch denn erwecklich. Nie erheben sie einen separatistischen oder auch nur konfessionalistischen Anspruch. Die Erweckungsbewegungen gingen mit einer Rekonfessionalisierung einher, an der May, dem protestantisch-katholischen Grenzgänger, nun wirklich nicht gelegen sein konnte. Wie vorsichtig-zurückhaltend Karl May im tatsächlichen Leben in seinem Missionsgebaren selbst anderen Religionsgemeinschaften gegenüber war (und wie man es aufgrund obiger Zeilen gar nicht meinen möchte), zeigt ein schönes Beispiel aus etwas späterer Zeit. 1906 hatte sich ein jüdischer Knabe namens Herbert Friedländer brieflich an seinen Lieblingsautor Karl May gewandt, um diesen, da er sich durch dessen Bücher bewogen fühlte, zum Christentum überzutreten, nun zu bitten, dies in einer Art 'Empfehlungsschreiben' auch seinem Vater verständlich zu machen. Nur drei Tage nach Erhalt des Briefes antwortete May bestimmt, aber höflich ablehnend.[757] In seinem Antwortschreiben bewies er

---

[757] »*Mein lieber, guter Junge! Du bist durch meine Bücher bewegt worden, zum Christentum überzutreten? Es freut mich sehr, daß diese Bücher Dein Herz bewegt haben, aber Du kennst noch nicht einmal den Glauben Deiner Väter und den Christenglauben noch viel weniger. Wie kannst Du da reif genug sein, zwischen ihnen wählen zu dürfen? Ich sage Dir als aufrichtiger und gewissenhafter Christ: der Glaube Deiner Väter ist h e i l i g, ist g r o ß, e d e l und e r h a b e n. Man muß ihn nur kennen und verstehen. Einen solchen Glauben wechselt man nicht einiger Bücher wegen ... Du bist noch viel zu jung und zu unerfahren. Nur im reiferen Alter und nach langen Kämpfen und Erfahrungen gewinnt der Mensch die Einsicht, die dazu gehört, einen solchen Wechsel vorzunehmen. Aber lies meine Bücher in Gottes Namen weiter! Sie sind nicht etwa nur für Christen, sondern überhaupt für alle geschrieben, die das Ziel der edlen Menschlichkeit vor Augen haben. Denn glaube mir, mein lieber Junge: es kann keiner ein guter Christ oder ein guter Israelit sein, der nicht vorher ein guter Mensch geworden ist. W e r d e b r a v u n d g u t, u n d g l a u b e a n G o t t! D u b i s t z u a l l e r Z e i t s e i n E i g e n t u m, s e i n K i n d. Sei stets aufrichtig*

nicht nur Einfühlungsvermögen, sondern auch eine aufgeklärte Toleranz, die sich mit Gedanken seines Spätwerkes paarte. Von einem konfessionalistisch-missionarischen Ausnutzen der Situation kann jedenfalls keine Rede sein.

* * *

Der Blick auf das pietistische Bekehrungsverständnis, das Karl May in seinen Erzählungen mitbeeinflußt hatte, bliebe unvollständig, wenn man nicht auf einen weiteren Aspekt pietistischer Veränderung aufmerksam machte. Natürlich genügt sich die pietistische Bekehrung nicht selbst. Eine noch so innig-individualistische Herzensfrömmigkeit kann nicht »auf der bloßen Passivität des Bekehrungsvorganges«[758] beharren. Ihr muß zugleich die Kraft zur Veränderung der sie umgebenden Umwelt innewohnen. »Die Sünde als abstrakt-unmittelbare Selbstbestimmung wird also nur dort überschritten, wo der Mensch vom Geschenk der freien Selbsttätigkeit in der Weise Gebrauch macht, daß er sich in Hingabe an die Belange seiner Mitmenschen und in Entäußerung an das gesellschaftliche Allgemeine selbst überschreitet.«[759] August Hermann Francke konnte nicht bei seiner eigenen Bekehrung stehen bleiben; der neugewonnene Glaube verlangte nach einer praxis pietatis. So gründete Francke nach und nach eine Armenschule, ein Internat und ein Waisenhaus. Diese Initiativen blieben nicht auf Halle beschränkt, und so folgten unter anderem bald auch die ersten Waisenhäuser in Sachsen. »Francke selbst sah im Wachstum seiner Anstalten einen praktischen Gottesbeweis, nach der in seiner Lüneburger Bekehrung erfahrenen persönlichen Selbstbeweisung Gottes nun eine öffentliche Selbstbeweisung Gottes vor aller Welt.«[760] Sucht man nun in den ausgewählten Erzählungen Karl Mays nach einer Entsprechung dieser praxis pietatis in seinen Werken, so wird man tatsächlich auch hier fündig! Am Ende der 'Satan und Ischariot'-Trilogie besucht Old Shatterhand Martha Werner, geb. Vogel, *die frühere Sän-*

---

gegen Deinen Vater und grüße ihn von mir! Schreib auch mal wieder! Dein Karl May.« (Veröffentlicht unter dem Titel: Der »Jugendverderber«. Ein Briefwechsel. In: Karl-May-Jahrbuch 1924. Radebeul bei Dresden 1924, S. 34f. (35))
[758] Falk Wagner: Bekehrung III: Systematisch-theologisch. In: Theologische Realenzyklopädie 5, wie Anm. 622, S. 473
[759] Ebd., S. 474
[760] Wallmann, wie Anm. 729, S. 71f.

gerin, jetzige Millionärin und zugleich Engel der Witwen und Waisen und aller Art von Verlassenen.[761] Diese hat mit ihrem Vermögen mittlerweile ein Waisenhaus eingerichtet, durch das sie Old Shatterhand führt,[762] der, davon tief bewegt, sie nur loben kann.[763] Wenngleich der erbaulich-paränetische Abschluß der 'Satan'-Trilogie nicht recht ins Abenteuerkonzept der gesamten Erzählung passen mag, ist er im Hinblick auf Karl Mays Frömmigkeit doch nur konsequent.[764]

---

[761] May: Satan und Ischariot III, wie Anm. 27, S. 614

[762] *Die Barmherzigkeit führte mich, die Barmherzigkeit, welche die tragende und pflegende Schwester der Liebe ist. Wie sauber, wie bequem waren die Wohnungen; wie behaglich lächelten mich die vielen alten Mütterchen an; wie tollten sich die Kinder unten im Garten, und wie ergebungsfroh blickten die Kranken aus ihren weißen Kissen zu mir auf! Und wie richteten sich alle nach dem leisesten Winke der Herrin, welche zugleich die freudigste Dienerin aller war!* (Ebd., S. 615)

[763] *»Sagt nicht Christus: 'Wer jemand aufnimmt in meinem Namen, der nimmt mich auf!' Hier ist eine heilige Stätte, Frau Werner. Ich möchte meine Schuhe ausziehen wie Moses, als er im Feuer den Herrn erblickte. Sie haben nach langem Irren die rechte Heimat gefunden und teilen dieselbe mit den Verlassenen. Ich habe Sie darob lieb, Martha! Bitte zeigen Sie mir Ihr Haus!«* (Old Shatterhand in ebd., S. 614f.)

[764] Vgl. Helmut Mojem: Karl May: Satan und Ischariot. Über die Besonderheit eines Abenteuerromans mit religiösen Motiven. In: Jb-KMG 1989. Husum 1989, S. 84-100 – Schmiedt, wie Anm. 309.

12. 'Old Surehand' oder Die Jagd nach dem verlorenen Kinderglauben

Was waren alle Abenteuer, die er erlebt hatte, alle Anstrengungen und Entbehrungen des Lebens in der Wildnis gegen die Scenen, die sich in seinem Innern abgespielt haben mußten.[765]

Dies fragt sich der Reiseerzähler Old Shatterhand, als er den alten Scout Old Death kennenlernt. Und der Leser mag sinngemäß ergänzen: Was sind schon die wilden Abenteuer eines Winnetou, Old Shatterhand & Co im Verhältnis zu den Szenen, die sich im Inneren ihres Autors abgespielt haben müssen?

Viele Figuren Karl Mays sind getrieben von einer inneren Unruhe, sind nicht nur äußerlich Jäger, sondern – wie es von Old Surehand heißt – auch *Jäger* im *Innern*.[766] Sie hadern mit ihrer Vergangenheit, mit ihrer Schuld und ihrem Glauben an Gott. Am deutlichsten wird dies an den Figuren Old Surehand,[767] Old Death[768] und Klekihpetra.[769] In einem seelsorgerlichen Gespräch eröffnet sich ihnen jeweils die ersehnte Versöhnung mit Gott und damit der Weg zur inneren Ruhe.[770] Klekih-petra berichtet von einem solchen seelsor-

---

[765] May: Winnetou II, wie Anm. 35, S. 129

[766] May: Old Surehand I, wie Anm. 7, S. 408

[767] *Ich begann zu ahnen, daß dieser gewaltige Jäger auch in seinem Innern jage – – nach der Wahrheit, die er vielleicht noch nicht kennen gelernt hatte oder die ihm wieder entrissen worden war.* (Ebd.)

[768] *»Ihr thut mir herzlich leid, Sir. Ihr habt viel gesündigt, aber auch viel gelitten, und Eure Reue ist ernst. Wie könnte ich, wenn auch nur im stillen, mir ein Urteil anmaßen. Ich bin ja selbst auch Sünder und weiß nicht, welche Prüfungen mir das Leben bringt.« »Viel gelitten! Ja, da habt Ihr recht, sehr, sehr recht! O du lieber Herr und Gott, was sind die Töne aller Posaunen der Welt gegen die nie ruhende Stimme im Innern eines Menschen, welcher sich einer schweren Schuld bewußt ist. Ich muß büßen und gut machen, so viel ich kann.«* (Old Shatterhand und Old Death in May: Winnetou II, wie Anm. 35, S. 377f.)

[769] *»Das war der Keulenschlag, welcher mich, nicht äußerlich sondern innerlich, traf. Gottes Mühle begann zu mahlen. Die Freiheit war mir geblieben, aber im Innern litt ich Qualen, zu denen mich kein Richter hätte verurteilen können. Ich irrte aus einem Staate in den andern, trieb bald dies bald jenes und fand nirgends Ruhe. Das Gewissen peinigte mich aufs entsetzlichste.«* (Klekih-petra in May: Winnetou I, wie Anm. 10, S. 129)

[770] Man kann darin unschwer Parallelen zu Mays persönlichen Erfahrungen mit dem Gefängnisseelsorger Johannes Kochta erkennen: *Ich hatte ihm von meinen inneren Anfechtungen nichts erzählt, ... Aber zuweilen fiel doch ein Wort, wel-*

gerlichen Gespräch,[771] und Old Shatterhand rät Old Surehand, sich ganz dem anzuvertrauen, der *»die Gefühle des Herzens wie Wasserbäche lenkt«.*[772] Er macht ihm klar, daß die Ruhe, die er sucht, ihm *»außer in Gott und in der heiligen Religion«*[773] unauffindbar bleibe. Er unterstreicht dies mit einem Kirchenlied und einer Anspielung auf das erste Buch der 'Confessiones' des Kirchenvaters Augustinus (354-430).[774] Die Erfahrung Gottes als die die suchende Seele erlö-

---

ches nicht andeuten sollte, aber doch andeutete. Er wurde aufmerksam. Einmal kam ich im Verlauf des Gespräches darauf, von meinen dunkeln Gestalten und ihren quälenden Stimmen zu sprechen; aber ich tat so, als ob ich von einem Andern spräche, nicht von mir selbst. Da lächelte er. Er wußte gar wohl, wen ich meinte. Am nächsten Tag brachte er mir ein kleines Buch, dessen Titel lautete: »Die sogenannte Spaltung des menschlichen Innern, ein Bild der Menschheitsspaltung überhaupt.« Ich las es. Wie köstlich es war! Welche Aufkärung es gab! Nun wußte ich auf einmal, woran ich mit mir war! (May: Mein Leben und Streben, wie Anm. 79, S. 176f.)

[771] *»Wie oft bin ich dem Selbstmorde nahe gewesen; immer hielt mich eine unsichtbare Hand zurück – Gottes Hand. Sie leitete mich nach Jahren der Qual und der Reue zu einem deutschen Pfarrer in Kansas, der meinen Seelenzustand erriet und in mich drang, mich ihm mitzuteilen. Ich that es zu meinem Glücke. Ich fand, freilich erst nach langen Zweifeln, Vergebung und Trost, festen Glauben und inneren Frieden. Herrgott, wie danke ich dir dafür!«* (May: Winnetou I, wie Anm. 10, S. 129f.)

[772] *»Ihr waret einst auch gläubig, Mr. Surehand?« »Ja.« »Und habt den Glauben verloren?« »Vollständig. Wer giebt ihn mir zurück!« »Derjenige, welcher die Gefühle des Herzens wie Wasserbäche lenkt, und derjenige, welcher sagt: Ich bin der Weg, die Wahrheit und das Leben! Ihr ringt und strebt nach dieser Wahrheit, Sir; kein Nachdenken und kein Studieren kann sie Euch bringen; aber seid getrost, Sir, sie wird Euch ganz unerwartet und plötzlich aufgehen, wie einst den Weisen im Morgenlande jener Stern, der sie nach Bethlehem führte. Euer Bethlehem liegt gar nicht weit von heut und hier; ich ahne es!«* (Old Surehand und Old Shatterhand in May: Old Surehand I, wie Anm. 7, S. 409f.)

[773] Ebd., S. 413

[774] *»Ihr habt Euch durchgerungen und seid innerlich gefestigt. Mich aber treibt das Schicksal von Ort zu Ort; so habe ich auch innerlich den haltenden Anker verloren und die Heimat und bin ruhelos geworden.« »Ihr werdet die Ruhe da finden, wo sie allein zu suchen ist; der Kirchenvater Augustinus von Tagasta mag es Euch zeigen; er sagt: Des Menschen Herz ist ruhelos, bis es ruhet in Gott! Und von dem Weltheilande sagt eines unsrer schönsten Kirchenlieder: 'Wie wohl ist mir, o Freund der Seelen, / Wenn ich in deiner Liebe ruh! / Ich traure nicht; was kann mich quälen? / Mein Licht, mein Trost, mein Heil bist du.'«* (Old Surehand und Old Shatterhand in ebd.; vgl. dazu Kap.15.2.); vgl. Augustinus: Bekenntnisse/Confessiones. Zweisprachige Ausgabe. Aus dem Lateinischen von Joseph Bernhart. Frankfurt a. M. 1987.

sende Ruhe kehrt schließlich auch in der pietistischen Erbauungsliteratur wieder, die May sicherlich nicht unbekannt war.[775]

Geriet Karl Mays Old Wabble zur Personifizierung der Religionskritik des 19. Jahrhunderts und zum Ausdruck eines materialistischen und glaubenslosen Fin de siècle, das sich der Empirie des *Fact(s)*[776] und dem Ideal der Eigengesetzlichkeit und -mächtigkeit verschrieben hat, so schuf er in der Figur des Jägers Old Surehand den Prototyp des Gott-Suchenden, dessen früherer Glaube durch persönliche Leiderfahrung ins Wanken geraten war. Der Glaube Old Shatterhands, der selbst *»durch zahlreiche Prüfungen«*[777] gegangen ist, soll ihm als Vorbild und *Fingerzeig*[778] dienen, seinen eigenen Glauben wiederzufinden.

Wie sieht dieser Glaube nun aus? Zunächst soll die Frage nach der fides quae creditur, also nach dem Gegenstand des Glaubens, sodann nach der fides qua creditur und deren Vollzug in Old Shatterhands persönlicher Frömmigkeit gestellt werden.

Wiewohl uns aus dem Briefwechsel Karl Mays mit der bayerischen – mithin katholischen – Prinzessin Wiltrud aus späteren Jahren ein ganzes, ausformuliertes Glaubensbekenntnis des Autors bekannt ist,[779] so kann dieses hier doch nicht Gegenstand der Untersuchung sein, da es nicht voreilig zum Maßstab der früheren Aussagen in den zu untersuchenden Reiseerzählungen gemacht werden darf. Vielmehr müssen diese zunächst für sich selbst sprechen. Ein

---

[775] »Ich war wohl in großer Unruhe und in großem Elend, doch gab ich Gott die Ehre nicht, den Grund solchen Unfriedens zu bekennen, und bey ihm allein den wahrhafftigen Frieden zu suchen.« (Francke, wie Anm. 741, S. 20)

[776] May: Old Surehand I, wie Anm. 7, S. 403

[777] Ebd., S. 408

[778] Ebd., S. 414

[779] *Ich bekenne Folgendes: Ich glaube an Gott! Ich glaube an die ewige Liebe, die zu uns niedergestiegen ist, um in uns den Gottesgedanken zu gebären. Sie, die Gottesgebärerin, ist die Mutter Gottes, die Heilige und Reine, die Madonna! Ich glaube an den von ihr Geborenen, an den von uns als Gott Erkannten, der für uns geboren wurde, um uns emporzuführen, woher er gekommen ist. Er ist der Gottessohn, der Heiland, der Erlöser! Ich glaube an die göttliche Erleuchtung, die den Heiland dann auch in unserm Innern geboren werden läßt, damit er uns durch das Leid der Erde läutere und durch den Tod zur Auferstehung führe. Das ist der Heilige Geist! Und ich glaube an eine einzige, große, katholische Gemeinde, zu der ein Jeder gehört, der in diesem Geiste Gottes nach Erlösung von dem Schmutze der Erde strebt. Sie gleicht der Mutter, die man wohl verlassen, nicht aber verleugnen kann! Das ist die christliche Kirche!* (Karl May an Prinzessin Wiltrud, 18.12.1906, wie Anm. 6, S. 100f.)

vollständiges Glaubensbekenntnis läßt sich aus diesen zwar nicht rekonstruieren, aber aus einigen fragmentarischen Aussagen ergibt sich doch ein ungefähres Bild. Ein – grundsätzlich – trinitarisches Gottesbild läßt sich zwar auch hier als dem Autor eigen vermuten, doch wird es hier – im Gegensatz zu dem trinitarischen Grundriß des Glaubensbekenntnisses von 1906 – nicht explizit. Vielmehr dominiert in den Glaubensdialogen der Reiseerzählungen ein, dem 'Glaubensalltag' ihrer Protagonisten entsprechendes, trinitarisches Ungleichgewicht. Die Person Jesu Christi, vor allem als *Heiland* bezeichnet und erwähnt,[780] tritt in ihrer Bedeutung gegenüber der des 'Vaters' eher zurück, wiewohl seine Sohnschaft[781] und Göttlichkeit[782] inhaltlich vorausgesetzt werden. Der Heilige Geist wird in den untersuchten Romanen nirgends expliziter Diskussionsgegenstand (wenngleich *Gottes Engel* in 'Old Surehand III' und in '»Weihnacht!«'[783] Züge des johanneischen Parakleten trägt). Auch die dogmatisch ihm zugeordnete Kirche ist nirgends eine eschatologische Größe, sondern vor allem empirische Institution, die sowohl als Ort wahrer Glaubenserfahrung[784] als auch als Gegenstand einer allgemeinen Christentumskritik erscheinen kann.[785]

Zum Gegenstand des Glaubens wird da schon eher die Jungfrau Maria: Sie wird als »*Königin des Himmels*«[786] bezeichnet und in

---

[780] In '»Weihnacht!«' z. B. in dem häufig vorkommenden Gedicht des Erzählers *»'Ich verkünde große Freude, / Die Euch widerfahren ist, / Denn geboren wurde heute / Euer Heiland Jesus Christ!' / ... 'Herr, nun lässest du in Frieden / Deinen Diener zu dir gehn, / Denn sein Auge hat hienieden / Deinen Heiland noch gesehn!' – – –«* (May: »Weihnacht!«, wie Anm. 1, S. 10f.); ähnlich auch ebd., S. 2, S. 50, S. 144, S. 161, S. 165, S. 524, S. 615f., S. 623.
»Es giebt einen Heiland für alle Menschen und eine Erlösung aus jeder Seelennot; ...« (ebd., S. 603)
»Der Heiland der weißen Männer aber sagt: 'Kommt her zu mir alle, die ihr mühselig und beladen seid, ich will euch erquicken!' Ich bin dem Heilande nachgegangen und habe den Frieden des Herzens gefunden.« (May: Winnetou III, wie Anm. 40, S. 426)
[781] Vgl. May: »Weihnacht!«, wie Anm. 1, S. 2 – ders.: Winnetou III, wie Anm. 40, S. 428.
[782] *Jenem leuchtet in der tiefsten Tiefe seines Herzens der Wahrspruch »Jesus Christus gestern und heut und derselbe in alle Ewigkeit!«* (May: »Weihnacht!«, wie Anm. 1, S. 1)
[783] May: Old Surehand III, wie Anm. 11, S. 156 – ders.: »Weihnacht!«, wie Anm. 1, S. 165
[784] z. B. May: Winnetou III, wie Anm. 40, S. 332
[785] Vgl. Kap. 6.
[786] May: Winnetou III, wie Anm. 40, S. 473

einem, vom Ich-Erzähler gedichteten, Ave Maria als himmlische Fürsprechperson angerufen.[787] Winnetou stirbt entsprechend im Glauben an die Trias Vater-Sohn-Jungfrau ohne Erwähnung des Heiligen Geistes![788] Der Glaube an die Wirksamkeit von Schutzengeln wird zwar nicht allgemein gefordert, aber doch als Kennzeichen persönlicher Frömmigkeit und wahren Kinderglaubens wiederholt erwähnt.[789] Die Existenz eines Teufels wird vermutlich vorausgesetzt,[790] wird allerdings nicht zum wirklichen Thema. Eine Hölle, eine »*Verdammnis, welche ewig währt*«,[791] wird gleichermaßen angenommen wie ihre Bedeutung im Verhältnis zu Gottes Gnade relativiert.[792] Von entscheidender Bedeutung ist May hingegen der Glaube an ein Jenseits,[793] eine Auferstehung und ein »*Leben nach dem Tode*«.[794] Old Shatterhand versichert kategorisch: »*So wahr es einen Gott giebt, so wahr auch ein Jenseits und ein ewiges Leben!*«[795]

Der Glaube an Gott als den Schöpfer wurde bereits in Kap. 8. thematisiert. Sein Schöpfungswerk wird dabei durchaus nicht (deistisch) als einmalig, sondern als creatio continua verstanden: Er ist »*Schöpfer und Erhalter aller Himmel, Erden und Sterne*«.[796] Er ist der größte Geist[797] und die *höchste Vernunft*.[798] Ihm kommen als eschatologischem *Richter aller Welt*[799] Vergeltung[800] und *Allweis-*

---

[787] »*... Ich leg' mein Flehen dir zu Füßen; / O trag's empor zu Gottes Thron, / Und laß, Madonna, laß dich grüßen / Mit des Gebetes frommem Ton: / Ave, ave Maria!*« ... »*... Madonna, ach, in deine Hände / Leg ich mein letztes, heißes Flehn. / Erbitte mir ein gläubig Ende / Und dann ein selig Auferstehn! / Ave, ave Maria!*« (Ebd., S. 473f.)
[788] Nach dem Religionsgespräch mit Old Shatterhand faßt er seine Eindrücke zusammen: »*Winnetou wird nicht vergessen den großen, gütigen Manitou der Weißen, den Sohn des Schöpfers, der am Kreuz gestorben ist, und die Jungfrau, welche im Himmel wohnt und den Gesang der Settler hört.*« (Ebd., S. 428)
[789] May: Old Surehand III, wie Anm. 11, S. 150-157 – ders.: »Weihnacht!«, wie Anm. 1, S. 165; vgl. dazu das folgende Kap. 13.
[790] Vgl. May: Old Surehand III, wie Anm. 11, S. 272.
[791] May: Old Surehand I, wie Anm. 7, S. 402
[792] Vgl. z. B. May: Old Surehand III, wie Anm. 11, S. 565.
[793] z. B. ebd., S. 45
[794] May: Old Surehand I, wie Anm. 7, S. 402 und 409; vgl. dazu Kap. 14.
[795] May: Old Surehand III, wie Anm. 11, S. 497
[796] May: Old Surehand I, wie Anm. 7, S. 411
[797] Vgl. May: Winnetou III, wie Anm. 40, S. 210.
[798] May: »Weihnacht!«, wie Anm. 1, S. 525
[799] May: Old Surehand III, wie Anm. 11, S. 152; vgl. auch ders.: Winnetou III, wie Anm. 40, S. 353.

heit[801] zu. Er ist der *»gerechteste Zahlmeister von Ewigkeit zu Ewigkeit«*,[802] der wie ein irdischer Vater auch die Rute zur Strafe führen kann.[803] Aber vor allen Dingen ist er barmherzig,[804] seine *»Gnade reicht so weit, so weit die Himmel reichen«*[805] und stellt immer wieder unter Beweis, *»daß Gottes Güte sich selbst des Abtrünnigen erbarmt.«*[806] Old Wabble stirbt *»von Gottes Gerechtigkeit gerichtet, aber von seiner Barmherzigkeit begnadigt«*.[807] Gott ist der *Allerbarmer*,[808] er liebt alle,[809] ja ist – ganz in Entsprechung zum ersten Johannesbrief – die Liebe selbst: *Gott ist die Liebe, die Gnade, die Langmut und Barmherzigkeit*,[810] *Gott ist die Liebe, die Barmherzigkeit; er zürnt dem Reuigen nicht ewig.*[811] May bezeichnet ihn gern abstrakt als die *allgegenwärtige Liebe*[812] und *ew'ge Liebe*,[813] beschränkt sich aber nicht auf diese Abstraktionen: Er ist fürsorgender Vater,[814] der die Wünsche seiner Kinder erfüllt.[815] Bemerkenswert ist in diesem Zusammenhang, daß May überall dort, wo ihm durch die Tradition – etwa durch eine biblische Gleichnisrede – Gott der Vater eben als Vater vorgegeben ist,[816] dies beibehält, wenn er aber der elterlichen Liebe Gottes in eigenen Worten Ausdruck verleihen will, sie mit der einer Mutter vergleicht (in Kap. 5. wurde schon darauf aufmerksam gemacht, daß dies angesichts seiner Biographie kaum überrascht, zumal der glaubenslose Old

---

[800] *»Ein Christ rächt sich nie in seinem Leben, denn er weiß, daß der große und gerechte Manitou alle Thaten der Menschen so vergelten wird, wie sie es verdienen.«* (Old Shatterhand in May: Old Surehand I, wie Anm. 7, S. 366)
[801] Ebd., S. 411
[802] May: »Weihnacht!«, wie Anm. 1, S. 160
[803] Vgl. May: Old Surehand I, wie Anm. 7, S. 411.
[804] Vgl. May: Old Surehand III, wie Anm. 11, S. 499.
[805] Ebd.; vgl. Ps 108,5a.
[806] May: »Weihnacht!«, wie Anm. 1, S. 610
[807] May: Old Surehand III, wie Anm. 11, S. 500
[808] Ebd., S. 497
[809] May: Old Surehand I, wie Anm. 7, S. 369, S. 385
[810] May: Satan und Ischariot III, wie Anm. 27, S. 610
[811] May: Winnetou I, wie Anm. 10, S. 135
[812] May: Old Surehand I, wie Anm. 7, S. 397
[813] *»Und der Priester legt die Hände, / Segnend auf des Toten Haupt«* / ... *»Selig, wer bis an das Ende / An die ew'ge Liebe glaubt!«* (May: »Weihnacht!«, wie Anm. 1, S. 616)
[814] Vgl. May: Old Surehand III, wie Anm. 11, S. 470.
[815] Vgl. ebd., S. 62.
[816] z. B. ebd., S. 470 (Mt 7,9f.)

Wabble, wie in Kap. 10. erwähnt, viele Züge seines leiblichen Vaters trägt). Old Wabble erlebt seine Bekehrung wie einen Kuß seiner Mutter,[817] Frau Hillers Gottvertrauen wird als Konsequenz ihrer Kindes- und Mutterliebe[818] und die Mutterliebe überhaupt als *»herrliches Abbild der Liebe Gottes«*[819] gesehen.

Aus diesem Gottesbild ergibt sich konsequent ein Vollzug des Glaubens als <u>Kinderglauben</u>. An Gott zu glauben heißt für May, wie ein Kind seinem Vater, oder besser gesagt seiner Mutter, zu vertrauen. Der unbesiegbare Old Shatterhand wie der auf stetige Hilfe angewiesene Carpio – beide auf ihre Art faszinierende Teil-Ichs ihres Autors – haben trotz aller Verschiedenheit doch dieses eine gemeinsam: Sie sind Vorbilder im Glauben, da sie sich ihren Kinderglauben bewahren. Carpio bekennt: *»wenn mir alles, alles verloren gegangen ist, meinen Glauben an den Herrgott habe ich festgehalten«,*[820] und bezugnehmend auf den Vorwurf Mr. Hillers, der christliche Glaube basiere lediglich auf geistigen Jungenstreichen, antwortet Old Shatterhand unter anderem mit der Bekräftigung: *»In dieser Beziehung bin ich Kind geblieben und will es ewig bleiben!«*[821]

Der Kinderglaube bleibt in seiner Relevanz durch das ganze Leben hindurch ungebrochen, er kann weder durch Studieren noch Philosophieren dem Wesen nach vertieft werden.[822] Old Shatterhand betont: *»ich bin ein rauher Gesell; aber wohl dem Menschen, der sich aus der glücklichen Jugendzeit seinen Kinderglauben hinüber in die Zeit des ernsten Mannesalters gerettet hat.«*[823] Kann dieser Glaube auch durch keine Vernunft überboten werden, so kann er doch durch erfahrenes Leid und Lebenskrisen angefochten werden. Für das Ehepaar Hiller[824] und Old Surehand[825] bedeuten die unver-

---

[817] Ebd., S. 499
[818] May: »Weihnacht!«, wie Anm. 1, S. 165
[819] May: Satan und Ischariot I, wie Anm. 27, S. 544
[820] May: »Weihnacht!«, wie Anm. 1, S. 389
[821] Ebd., S. 525
[822] Siehe May: Old Surehand I, wie Anm. 7, S. 408, S. 410; vgl. dazu noch einmal das Selbstzeugnis A. H. Franckes: »(...) und da ich vorhin mir einen götzen aus der Gelehrsamkeit gemachet, sahe ich nun, daß Glaube wie ein Senfkorn mehr gelte als hundert Säcke voll Gelehrsamkeit, und daß alle zu den Füßen Gamalielis erlernete wissenschaft als Dreck zu achten sey (...).« (Francke, wie Anm. 741, S. 28).
[823] May: Winnetou III, wie Anm. 40, S. 117
[824] May: »Weihnacht!«, wie Anm. 1, S. 160f.

dient erfahrenen Schicksalsschläge (vorerst) den Glaubenstod. Sie müssen ihrem verlorengegangenen Glauben wieder nachjagen, ihn ersehnen und erbitten.

Old Shatterhand betont gegenüber Old Surehand, daß auch sein Kinderglauben nicht unangetastet geblieben, sondern »*durch zahlreiche Prüfungen gegangen*«[826] sei:

»*Glaubt Ihr, der einzige Mensch zu sein, welcher meint, es sei ihm unrecht geschehen? Haben nicht Tausende und Abertausende mehr, viel mehr gelitten als Ihr? Denkt Ihr etwa, daß zum Beispiel mein Himmel stets nur voller Geigen gehangen habe? ... Ich wurde als ein krankes, schwaches Kind geboren, welches noch im Alter von sechs Jahren auf dem Boden rutschte, ohne stehen oder gar laufen zu können. Hatte ich das verdient? Seht Old Shatterhand jetzt an! Ist dieses Kind in ihm noch zu erkennen? Bin ich nicht vielmehr ein lebendes Beispiel jener Weisheit, mit welcher Ihr gehadert habt?*«[827]
»*Ja, ich habe das unendliche Glück gehabt, gläubige Eltern zu besitzen. Ich war der Liebling meiner Großmutter, welche im Alter von sechsundneunzig Jahren starb; sie lebte in Gott, leitete mich zu ihm und hielt mich bei ihm fest. Das war ein wunderbarer, seliger Kinderglaube, voll hingebender Liebe und Vertrauen. Ich habe als Knabe des Abends und des Morgens und auch noch viel außerdem dem lieben Gott alle meinen kleinen Wünsche und Bitten vorgetragen ... Später als Schüler begann ich nachzudenken. Ich bekam ungläubige Lehrer, welche ihre Verneinung in einen anziehenden Nimbus zu hüllen wußten ... Der Kinderglaube verschwand; der Zweifel begann, sobald die gelehrte Wortklauberei anfing; der Unglaube wuchs von Tag zu Tag, von Nacht zu Nacht, denn ich opferte meine Nächte dem frevelnden Beginnen, die Wahrheit durch meine eigene Klugheit zu erfassen. Welche Thorheit! Aber Gott war barmherzig gegen den Thoren und führte ihn auch auf dem Wege des Studiums zu der Erkenntnis, daß jener fromme Kinderglaube der allein richtige sei.*«[828]

Die autobiographischen Züge Karl Mays in diesen Bekenntnissen Old Shatterhands sind unverkennbar. Gerade die tiefen Verletzun-

---

[825] »*Es müssen schlimme Mächte gewesen sein, die Euch das raubten, was jedem Menschen das Höchste und das Heiligste sein soll.*« »*Ja; es waren Ereignisse, die mir alles nahmen, auch den Glauben. Ein Gott, der die Liebe, die Güte, die Gerechtigkeit ist, kann das nicht zugeben; wenn es trotzdem geschieht, so giebt es keinen Gott.*« (Old Shatterhand und Old Surehand in May: Old Surehand I, wie Anm. 7, S. 410)
[826] Ebd., S. 408
[827] Ebd., S. 411f.
[828] Ebd., S. 406f.

gen seiner Seminarzeit und die selbstkritische Reflexion seiner damaligen theologischen Überlegungen[829] (*... es gab bei alledem Eines nicht, nämlich grad das, was in allen religiösen Dingen die Hauptsache ist; nämlich es gab keine Liebe, keine Milde, keine Demut, keine Versöhnlichkeit*[830]) sind dazu angetan, Karl Mays unbedingtes Festhalten an seinem Kinderglauben nachvollziehen zu können.[831] Daß dies bisweilen auch zu Spannungen in seiner Argumentationsweise führt, zeigt sich beispielsweise in seinem Schriftverständnis und seinem Umgang mit anderen Religionen.[832] May hätte aber vermutlich einen etwaigen Einwand, seine Argumentationsweise sei brüchig, als 'Wortklauberei' empört vom Tisch gewischt. Es kommt ihm vor allem auf das persönliche Glaubensleben, den praktischen Frömmigkeitsvollzug an. Dogmatische Unschärfen fallen ihm da weniger ins Gewicht. Dies entspricht ganz einer pietistischen Tendenz: »Zwar ließ [Philipp Jakob] Spener [1635-1705] das B[ekenntnis] als den Glauben, den man glaubt, gelten; aber er legte doch den Akzent auf den lebendigen Herzensglauben.«[833]

Dieser artikuliert sich für May im persönlichen Schuldbekenntnis vor Gott,[834] im Gebet[835] und in der praktischen Tat, aber erst sekundär in Worten.[836] Er findet Ausdruck in der persönlichen (Wüsten-

---

[829] Vgl. May: Mein Leben und Streben, wie Anm. 79, S. 95-99.

[830] Ebd., S. 95

[831] Vgl. auch die zweite Strophe des Ave Maria in 'Winnetou III': »*Es will das Licht des Glaubens scheiden; / Nun bricht des Zweifels Nacht herein. / Das Gottvertraun der Jugendzeiten, / Es soll uns abgestohlen sein. / Erhalt, Madonna, mir im Alter / Des Glaubens frohe Zuversicht. / Schütz meine Harfe; meine Psalter. / Du bist mein Heil; du bist mein Licht!...*« (In May: Winnetou III, wie Anm. 40, fehlt diese zweite Strophe. Sie wurde erst aufgenommen in Karl Mays Illustrierte Reiseerzählungen. Band IX: Winnetou III. Freiburg 1909, S. 403 – siehe auch Karl Mays Werke. Historisch-kritische Ausgabe. Abt. IV Bd. 14: Winnetou III. Hrsg. von Hermann Wiedenroth und Hans Wollschläger. Zürich 1991, S. 418).

[832] Vgl. dazu Kap. 15.1.

[833] B. Lohse: Bekenntnis: IV. Theologiegeschichtlich. In: Die Religion in Geschichte und Gegenwart, wie Anm. 272, S. 993f.

[834] Vgl. May: Old Surehand III, wie Anm. 11, S. 497.

[835] Vgl. Kap. 9.

[836] *Aber muß man denn reden? Ist nicht die That eine viel gewaltigere, eine viel überzeugendere Predigt als das Wort? 'An ihren Werken sollt ihr sie erkennen' sagt die heilige Schrift, und nicht in Worten, sondern durch mein Leben, durch mein Thun bin ich der Lehrer Winnetous gewesen, ...* (May: Winnetou I, wie Anm. 10, S. 425)

ritt[837]) oder gemeinschaftlichen Andacht (Andacht in Helldorf Settlement[838]), in kurzen Bibelsprüchen[839] wie schlichten Gedichten oder Instrumentalisationen, die gerade durch ihre Einfachheit und Authentizität berühren sollen.[840] Die *wahre Frömmigkeit kennt kein Uebermaß*,[841] wohl aber die Scheu vor Zurschaustellung.[842] Wenn man die 'Pia desideria' Philipp Jakob Speners von 1675 als »Programmschrift der pietistischen Bewegung«[843] verstehen will, so lassen sich deren Grundforderungen ohne Probleme in der Frömmigkeit Old Shatterhands wiederfinden: »1. persönliches intensives Bibelstudium; 2. Verwirklichung der verantwortlichen Mitwirkung der Laien (allgemeines Priestertum der Gläubigen); 3. ein Christentum der Tat; 4. erweckliche, nicht rhetorisch-gelehrte Predigt.«[844]

---

[837] May: Old Surehand I, wie Anm. 7, S. 396ff.
[838] *Hier, mitten im wilden Westen, im tiefen Urwalde das Bild des Gekreuzigten! Mitten zwischen den Kriegspfaden der Indianer eine Kapelle! Ich nahm den Hut herunter und betete ...* (May: Winnetou III, wie Anm. 40, S. 414)
[839] Siehe Kap. 8. und 15.1.
[840] *Ich war zunächst ganz perplex; dann aber, als die einfachen, ergreifenden Harmonien wie ein unsichtbarer Himmelsstrom vom Berge herab über das Thal hinströmten, da überlief es mich mit unwiderstehlicher Gewalt; das Herz schien sich mir ins Unendliche ausdehnen zu wollen, und es flossen mir die Thränen in großen Tropfen von den Wangen herab.* (May: Winnetou III, wie Anm. 40, S. 415)
Es war, als ob das Lied vom Himmel herab erklänge. Der Komponist hatte keine nach Effekt haschenden Modulationen, keine kunstreichen Wiederholungen und Umkehrungen, keine anspruchsvolle Verarbeitung des Motivs angewendet. Die Komposition erbaute sich nur aus den naheliegenden, leitereigenen Akkorden, und die Melodie war einfach wie diejenige eines Kirchenliedes. Aber grad diese Einfachheit, diese Natürlichkeit der Harmoniefolge gab den Tönen das so tief Ergreifende, dem unsere Herzen nicht widerstehen konnten. (Ebd., S. 422f.)
[841] *Nicht wahr, lieber Leser, ich bin doch ein ganz übermäßig frommer Mensch? So wirst du vielleicht denken; aber du wirst dich da wohl irren. Uebermäßig? Nein! Die wahre Frömmigkeit kennt kein Uebermaß; sie kann überhaupt gar nicht gemessen werden.* (May: Old Surehand III, wie Anm. 11, S. 342)
[842] *Ich gehöre zu den Menschen, denen ihr Glaube höher als alle irdischen Angelegenheiten steht; aber das zudringliche Zurschautragen der Frömmigkeit ist mir verhaßt, und wenn jemand vor Salbung förmlich überfließt wie dieser Mann, so zuckt es mir in der Hand, und ich möchte ihm am liebsten mit einer Salbung anderer Art antworten.* (May: »Weihnacht!«, wie Anm. 1, S. 141)
[843] Karl Kupisch: Kirchengeschichte Band IV: Das Zeitalter der Aufklärung. Stuttgart 1975, S. 126
[844] Ebd., S. 126f.

Die konsequente Suche nach und das unbeirrte Festhalten am Kinderglauben soll Mays Protagonisten Schutz und Bewahrung in aller Anfechtung und Lebensnot bieten. Nirgendwo drückt sich dies anschaulicher aus als in Karl Mays Rede von den 'Schutzengeln'.

13. Schutzengel – Das Handeln Gottes

Schüttelt vielleicht jemand lächelnd den Kopf darüber, daß ich von meinem Schutzengel rede? Lieber Zweifler, ich schmeichle mir ganz und gar nicht, dich zu meiner Ansicht, zu meinem Glauben zu bekehren, aber du magst sagen, was du willst, den Schutzengel disputierst du mir doch nicht hinweg.[845]

In den zu untersuchenden Reiseerzählungen ist an drei Stellen von 'Engeln' die Rede: zweimal nur kurz[846] und einmal in einem eigenen, siebenseitigen (!) Exkurs.[847] Letzteren hängt der Ich-Erzähler der Schilderung einer vorausgehenden Rettung aus Todesgefahr an, obwohl dies aus dem objektiven Handlungsverlauf heraus nicht zwingend notwendig erscheint. Er meint, damit weniger als Schriftsteller, *sondern als Mensch, als wohlmeinender Freund*[848] zum Leser gesprochen und ihm damit auf seelsorgerlich-pädagogische Weise gedient zu haben.[849] Auffällig ist die kindliche Anschauungsweise und Vergnügtheit, mit der May über die Möglichkeit eines Gottgewirkten Schreibens und Verstehens berichtet: Sein Schutzengel und der seines Lesers treffen und freuen sich.[850]

Tatsächlich kommt dies Karl Mays Motivationsgrund, sich auf dieses, leicht angreifbare, Thema einzulassen, recht nahe. Er ist nirgends an einer systematischen Angelologie interessiert, sondern an der anschaulichen Darstellung seines eigenen Kinderglaubens.

---

[845] May: Old Surehand III, wie Anm. 11, S. 150
[846] May: Old Surehand I, wie Anm. 7, S. 407 – ders.: »Weihnacht!«, wie Anm. 1, S. 165
[847] May: Old Surehand III, wie Anm. 11, S. 150-157
[848] Ebd., S. 157
[849] *Mag man mich immerhin auslachen; ich habe den Mut, es ruhig hinzunehmen; aber indem ich hier an meinem Tische sitze und diese Zeilen niederschreibe, bin ich vollständig überzeugt, daß meine Unsichtbaren mich umschweben und mir, schriftstellerisch ausgedrückt, die Feder in die Tinte tauchen. Und wenn, was sehr häufig der Fall ist, ein Leser, der in der Irre ging, durch eines meiner Bücher auf den richtigen Weg gewiesen wird, so kommt sein Schutzengel zu dem meinigen, und beide freuen sich über die glücklichen Erfolge ihres Einflusses, unter welchem ich schrieb und der andere las.* (Ebd., S. 151)
[850] Ebd.; vgl.: *Denke dir im Verkehr mit deinem Nächsten stets, daß bei dir dein und bei ihm sein Engel stehe und der eine sich über dich freuen, der andre dich liebgewinnen will.* (Karl May: Himmelsgedanken. Freiburg o. J. (1900), S. 128).

Dieser »*wunderbare, selige Kinderglaube*«[851] ist ihm erhaltens- und darstellenswert. Ihn möchte er sich keinesfalls hinwegdiskutieren lassen: *Ich gebe diesen sogenannten, in Mißkredit geratenen Kinder-, Ammen- und Märchenglauben nicht für alle Schätze dieser Erde hin!*[852] Dementsprechend berichtet sein Ich-Erzähler ganz unverdrossen von seinen Jugenderfahrungen:

Als ich in meiner Schülerzeit durch den vielgenannten »Zufall«, den es für mich nicht giebt, aus einer großen Gefahr errettet worden war, schrieb ich einige Zeilen in mein Tagebuch, welche noch unter dem Eindrucke der Todesangst entstanden und nicht dichterisch abgefeilt worden sind. Sie haben also nicht den geringsten poetischen Wert; da ich mich aber noch heut, wo ich von meinem Schutzengel spreche, zu ihnen bekenne, so will ich mich erkühnen, ihnen hier einen Platz zu geben:

> *Es giebt so wunderliebliche Geschichten,*
> *Die bald von Engeln, bald von Feen berichten,*
>   *In deren Schutz wir Menschenkinder stehn,*
> *Man will so gern den Worten Glauben schenken*
> *Und tief in ihren Zauber sich versenken,*
>   *Denn Gottes Odem fühlt man daraus wehn.*

> *So ist's in meiner Kindheit mir ergangen,*
> *In welcher oft ich mit erregten Wangen*
>   *Auf dererlei Erzählungen gelauscht,*
> *Dann hat der Traum die magischen Gestalten*
> *In stiller Nacht mir lebend vorgehalten,*
>   *Und ihre Flügel haben mich umrauscht.*

> *Fragt auch der Zweifler, ob's im Erdenleben*
> *Wohl könne körperlose Wesen geben,*
>   *Die für die Sinne unerreichbar sind,*
> *Ich will die Jugendbilder mir erhalten*
> *Und glaub an Gottes unerforschlich Walten*
>   *Wie ich's vertrauensvoll geglaubt als Kind.*[853]

Die ständigen apologetischen Bemühungen Karl Mays in diesem Zusammenhang zeigen auf, mit welchem Unverständnis seiner Rede

---

[851] May: Old Surehand I, wie Anm. 7, S. 406
[852] May: Old Surehand III, wie Anm. 11, S. 152
[853] Ebd., S. 156f.

von Schutzengeln immer wieder begegnet worden sein muß. Engel sind zwar Teil der sich im Alten und Neuen Testament widerspiegelnden, mythischen Welterfahrung, sie hatten (und haben) aber »durch die Nachwirkungen der kritischen Aufklärungstheologie einen besonders schweren Stand«.[854]

Im Neuen Testament wird die »Engellehre des zeitgenössischen Judentums (...) vorausgesetzt, aber nicht reflektiert«,[855] so daß sich hier keine geschlossene Angelologie ergibt. Obwohl das Neue Testament an einer »Systematisierung der Engel und ihrer Funktionen (...) nicht interessiert«[856] ist, finden sich doch unter anderem immer wieder Schutzengel,[857] die die Aufgabe haben, einzelne oder ganze Gemeinschaften zu »repräsentieren, schützen und geleiten«.[858] Im Gegensatz zum Neuen Testament kennt Karl May nur individuelle Schutzengel.[859] Diese sind nicht Gegenstand eines objektivierbaren Weltbildes, sondern Ausdruck eines individuellen Kinderglaubens. Der Glaubende erkennt das Wirken der Engel. Es muß sich dabei nicht zwingend um supranaturale Erscheinungen handeln – wiewohl diese Einstellung im 'Schutzengel-Exkurs' zu dominieren scheint –, sondern dem individuell Glaubenden kann auch ein Mensch als Engel erscheinen.[860]

Gegenüber den verschiedensten Ausprägungen spekulativer Angelologie des lateinischen Mittelalters lehnten es »die Reformatoren (...) ab, sich in Spekulationen über Engel zu verlieren«,[861] konnten aber ein Wiederaufleben auch in ihren Kirchen langfristig nicht verhindern. Besonders der Puritanismus und der kontinentale Pietismus »beschäftigten sich ausgiebig mit Engeln, gewöhnlich im Zusammenhang persönlicher Frömmigkeit.«[862] Erst »im Zuge der

---

[854] Ulrich Mann: Engel: VI. Dogmatisch. In: Theologische Realenzyklopädie 9, wie Anm. 622, S. 609-612 (609)

[855] Otto Böcher: Engel: IV. Neues Testament. In: Ebd., S. 596-599 (596)

[856] Ebd.

[857] z. B. Mt 18,10; Apg 5,19; 12,7; 15; 16,9; Apk 1,20; 21,12 u. a. m.

[858] Böcher, wie Anm. 855, S. 597

[859] Vgl. May: Old Surehand III, wie Anm. 11, S. 150f.

[860] *»Ich könnte Euch viel erzählen, von höchst sonderbaren Wünschen, die ich da dem lieben Gott vorgetragen habe; er hat seine Engel, und wenn es Menschen sind, auch solche Bitten zu erfüllen.«* (Old Shatterhand in May: Old Surehand I, wie Anm. 7, S. 407)

[861] Georges Tavard: Engel: V. Kirchengeschichtlich. In: Theologische Realenzyklopädie 9, wie Anm. 622, S. 599-609 (606)

[862] Ebd.

Aufklärung und ihrer allgemeinen Infragestellung herkömmlicher Anschauungen von der Welt des Übernatürlichen«[863] gerieten Engel zunehmend und nachhaltig ins Kreuzfeuer der Kritik. »Die liberale Theologie des 19. Jh. verzichtet deshalb weithin überhaupt auf die Angelologie.«[864] Friedrich Daniel Ernst Schleiermacher (1768-1834), »die herausragendste Gestalt des neuzeit[lichen] Protestantismus«,[865] gesteht den Engeln zwar ihr biblisches Verankertsein und einen Platz in der christlichen Kultur zu, gegenwärtig aber nur im privaten und liturgischen Zusammenhang einen »rhetorischen, symbolischen oder ästhetischen Gebrauch«.[866] Für ihn hat »die Vorstellung von einem Eingreifen der Engel in die Welt ihre Glaubwürdigkeit verloren.«[867] Genau an dieser Vorstellung aber möchte Karl May festhalten, er hängt seinem individuellen Kinderglauben an, den er sich nicht nehmen lassen will. Sein Kinderglaube denkt das Wirken Gottes mythisch. K. Hübner definiert »die 'Gegenständlichkeit als Einheit von Ideellem und Materiellem' als das Primäre mythischer Welterfahrung«.[868] May verdichtet den Eingriff Gottes in sein Leben, seine fürsorgende Liebe, seine Führung und seinen Schutz, zu mythischen Gestalten, die vermutlich auch ihm als »eine angemessene Redensweise von Gottes Wirklichkeit«[869] erscheinen, »die rationale Denk- und Sprachstrukturen transzendiert«.[870] Ihm kommt es darauf an, zu betonen, daß seine (bzw. Old Shatterhands) eigene Lebensbewahrung und Glaubenserfahrung nicht in sich selbst begründet werden kann, sondern durch die Mittelbarkeit eines Schutzengels von außen her wirkt, kurz »<u>Gottes</u> Sache«[871] ist.

Seiner Meinung nach kommt jedem Menschen, je nach dem Grade seiner Verantwortung für andere Menschenleben, ein entspre-

---

[863] Ebd., S. 607
[864] Mann, wie Anm. 854, S. 609
[865] Wilhelm Gräb: Schleiermacher, Friedrich Daniel Ernst. In: Wörterbuch des Christentums, wie Anm. 621, S. 1117
[866] Tavard, wie Anm. 861, S. 607
[867] Ebd.
[868] K. Hübner, zit. nach Ulrich H. J. Körtner: Der inspirierte Leser. Zentrale Aspekte biblischer Hermeneutik. Göttingen 1994, S. 151
[869] Böcher, wie Anm. 855, S. 599
[870] Ebd.
[871] Ebd.; – im Schutzengel-Exkurs betont der Erzähler: *Wie oft habe ich ... sagen müssen: »das habe nicht ich, sondern das hat Gott gethan!«* (May: Old Surehand III, wie Anm. 11, S. 155f.)

chender Schutz zu.[872] (Daß die Liste derer, die der Schutzengel bedürfen, ausgerechnet durch den russischen Zaren angeführt wird, eröffnet Raum für Spekulationen: Entweder dachte May Ende 1896 an die unmittelbaren tagespolitischen Gefahren, denen sich Alexander III. (Zar von 1881-94) bzw. Nikolaus II. (Zar ab 1894) ausgesetzt sahen, oder er äußert dies vor einem spezifisch erwecklich-pietistischen Hintergrund (der im Zusammenhang mit der Bekehrungsgeschichte des Tirol-Touristen[873] nicht von der Hand zu weisen wäre): Alexander I. (Zar von 1801-25) hatte 1815 längere Zeit u. a. unter dem Einfluß der pietistischen Lettin Juliane von Krüdener und der Wirkung ihrer Bußpredigten gestanden. Da er sich in diesem Kontext schließlich auch zur Konzeption der Heiligen Allianz entschloß, konnten pietistisch-erweckliche Kreise sich ihres Beitrages zur restaurativen Friedenspolitik Europas 'rühmen'.[874])

So wenig Karl May seinen Engelglauben durch Disputationen in Frage gestellt wissen will, so sehr ist er doch selbst bemüht, Argumente für seine Meinung anzuführen. Er geht dabei recht uneinheitlich vor.

Zunächst versucht er, dem Engelglauben einen aufklärerisch-vernünftigen 'Anstrich' zu geben, indem er dessen *sittliche Macht*[875] hervorhebt. Doch seine Argumentationsweise ist zwar von naiver

---

[872] *Ich bin sogar felsenfest überzeugt, daß ich nicht nur einen, sondern mehrere habe, ja daß es Menschen giebt, welche sich im Schutze sehr vieler solcher himmlischer Hüter befinden. Der Zar von Rußland, dessen Thron auf Dynamitsäulen steht, die Beherrscher von Reichen und Völkern, von deren Entschließungen das Wohl von Millionen Menschen abhängt, der Seekapitän, bei dem die kleinste Nachlässigkeit, die geringste falsche Berechnung den Untergang des Schiffes und aller seiner Bewohner herbeiführen kann, der Diplomat, welcher mit Nationen spielt, der Feldherr, welcher Armeen bewegt, der Arzt, dem das Leben oder der Tod seiner Patienten aus der Feder fließt, sie alle bedürfen zu ihrem Schutze, ihrer Beratung ihrer Warnung viel, viel mehr der Engel, als zum Beispiel ein fetter Rentner, welcher keine andere Arbeit kennt und keinen andern Beruf zu haben scheint, als Coupons abzuschneiden.* (Ebd., S. 150f.)
[873] Siehe Anm. 876.
[874] Vgl. dazu z. B. Karl Kupisch: Kirchengeschichte Band V: Das Zeitalter der Revolutionen und Weltkriege. Stuttgart ²1986, S. 11f. oder Paul Johnson: The Birth of the Modern-World Society 1815-1830. New York 1991, S. 112ff.
[875] *Wie ... anspornend ist es doch, zu wissen, daß Gottes Boten stetig um uns sind! Und welch große sittliche Macht liegt in diesem Glauben! Wer überzeugt ist, daß unsichtbare Wesen ihn umgeben, welche jeden seiner Gedanken kennen, jedes seiner Worte hören und alle seine Werke sehen, der wird sich gewiß hüten, so viel er kann, das Mißfallen dieser Gesandten des Richters aller Welt auf sich zu ziehen.* (May: Old Surehand III, wie Anm. 11, S. 152)

Anschaulichkeit, aber wohl wenig dazu angetan, einen rationalen Geist tatsächlich zu überzeugen.

Im Schutzengel-Exkurs erzählt er die Bekehrungsgeschichte eines *gelehrte(n) und weit gereiste(n) Herr(n)*, die sich in den Bergen Tirols zugetragen haben soll.[876] Es ist anzunehmen, daß auch diese Geschichte, da sie den erzählerischen Rahmen sprengt und in ihrer Überzeugungskraft angreifbar und dürftig bleibt, nicht der Phantasie Karl Mays entsprungen ist, sondern ihm vielmehr zugetragen wurde: Ein Bergsteiger verunglückt und bleibt, nur durch den Saum seines Gewandes gehalten, an einem Latschenholz über einem steilen Abhang hängen. Den Tod vor Augen, beginnt er zu beten,[877] läßt sein Leben Revue passieren und erkennt dessen Fehlerhaftigkeit.[878] Entgegen seiner früheren ausdrücklichen Verneinung der Schutzengel erfährt er sich im Gebet nun selbst von einem solchen gehalten.[879] Er wird schließlich durch den – von der kleinen Tochter – alarmierten Wirt gerettet. Dem Ich-Erzähler gegenüber bekennt er, seit jenem Erlebnis sowohl an Schutzengel allgemein als auch seinen persönlichen zu glauben.[880]

Diese Geschichte um eine Errettung aus Bergnot bedient sich auffälligerweise kaum mythischer Überhöhungen. An drei Stellen wird das Wundersame der Geschichte betont: Das Nicht-Reißen des Gewandsaumes (*das Wunder*), die unverständlich geringen Verletzun-

---

[876] Ebd., S. 152-155
[877] *... die Todesangst trat ein, und er begann, zu beten. Zunächst brachte er es nur zu einem krampfhaften »Herr, in deine Hände befehle ich meinen Geist!« ... Da diktierte ihm die Angst seiner Seele das richtige Gebet: »Vergieb mir Herr, denn ich glaube nun an dich!«* (Ebd., S. 153)
[878] *... er lernte sich in diesen kurzen Augenblicken zum erstenmal richtig kennen. Er sah seine Fehlgriffe wie scharfe, schroffe Gletscher ragen und seine Unterlassungen wie bodenlose, hohle Abgründe gähnen; sein Unglaube kam ihm wie ein Krater vor, der ihn verschlingen wollte.* (Ebd.)
[879] *Seine Verneinung der Schutzengel fiel ihm ein, und da klammerte er sich mit der Inbrunst der Todesnot an den Gedanken, daß es ja doch welche gebe. Gott allein konnte retten, retten durch seine Himmelsboten. Der über der Tiefe Hängende betete und betete, bis es ruhiger und immer ruhiger in ihm wurde; es war ihm, als ob er eine Hand auf seiner Stirne fühle; die Angst verschwand und gab der immer fester werdenden Zuversicht Raum, daß die Rettung schon unterwegs sei. Er wußte, daß es keine Hallucination war: durch das Kleidungsstück, an welchem er hing, überkam ihn das Gefühl, als ob ein unsichtbares Wesen sich über ihm befinde und den Saum des Gewandes an dem Stumpfe der Knieholzkiefer festhalte.* (Ebd., S. 153f.)
[880] Ebd., S. 152

gen des Gestürzten (*unbegreiflich*) und die, aufgrund der Topographie des Geländes, nicht logisch erklärbare Gefahrenerkenntnis der kleinen Wirtstochter (*wahrhaft wunderbar*), *der Mann, der immer Blumen suche, sei von dem Berg gefallen und in der Mitte hängen geblieben.*[881] Die Schutzengel treten nicht 'objektiv', sondern nur in der Glaubenserfahrung des einzelnen auf, ihre Existenz kann weiterhin nur <u>behauptet</u> werden: *Der Gerettete ist noch heut fest überzeugt, daß er sein Leben zwei Schutzengeln zu verdanken habe; er behauptet, der eine habe ihn festgehalten und der andere das Kind zum Wirt geschickt.*[882] Karl May kann und will auch seinen Lesern letztlich keine andere Zugangsweise zu diesem Thema offerieren als die der persönlichen Frömmigkeitserfahrung: *Die Frage, ob ich meinen Schutzengel gesehen und gehört habe, kann mich nicht in Verlegenheit bringen. Ja, ich habe ihn gesehen, mit dem geistigen Auge; ich habe ihn gehört, in meinem Innern; ich habe seinen Einfluß gefühlt, und zwar unzählige Male.*[883]

May hält allerdings daran fest, daß die Schutzengel, die sich doch nur innerhalb eines frommen Selbstverständnisses offenbaren, ihre letztliche Begründung aber zugleich nicht in diesem, sondern in einer außer ihr liegenden Größe haben.[884] Der Mensch ist folglich zu einer Scheidung der Stimmen in seinem Inneren angehalten, die er in täglicher Praxis einüben soll.[885] Dann erfährt er das schützende und bewahrende Handeln Gottes. Die Schutzengel sind Karl Mays Ausdruck seines Kinderglaubens dafür, daß Gott an ihm handelt.

---

[881] Ebd., S. 154
[882] Ebd., S. 155
[883] Ebd.
[884] Vgl. ebd., S. 153.
[885] *Bin ich etwa besonders veranlagt dazu? Gewiß nicht! Es ist wohl jedem Menschen gegeben, das Walten seines Schutzengels zu bemerken; die einzige Erfordernis dazu ist, daß man sich selbst genau kennt und sich selbst unter steter Kontrolle hält. Nur wer die richtige Selbstkenntnis besitzt und auf sich acht hat, kann unterscheiden, ob ein Gedanke ihm eingegeben wurde oder aus seinem eigenen Kopfe stammt, ob eine Empfindung, ein Entschluß in ihm selbst oder außerhalb seines geistigen Ichs entstand. Wieviel Menschen aber besitzen diese genaue Kenntnis ihrer selbst?* (Ebd., S. 155)

14. Sterben, Tod und Jenseits

»Wasser, Wasser!« wollte ich rufen, denn ich fühlte einen geradezu entsetzlichen Durst, brachte aber keinen Laut, nicht einmal einen hörbaren Hauch hervor. Ich sagte mir, daß es um mich geschehen sei, und wollte, wie jeder Sterbende es soll, an Gott und das, was jenseits dieses Lebens liegt, denken, wurde aber von der Ohnmacht wieder übermannt. ... dann starb ich, wurde in den Sarg gelegt und begraben; ich hörte, daß die Erdschollen auf den Sarg geschaufelt wurden, und lag dann eine ganze, ganze Ewigkeit, ohne mich bewegen zu können, in der Erde, bis auf einmal der Deckel meines Sarges geräuschlos nach oben schwebte und dann verschwand. Ich sah den hellen Himmel über mir; die vier Seiten des Grabes senkten sich. War dies denn wahr? Konnte dies geschehen? Ich fuhr mir mit der Hand nach der Stirn und – – – »Halleluja, Halleluja! Er erwacht vom Tode; er erwacht!«[886]

Tod und Auferstehung des Ich-Erzählers? – Heinz Stolte löste diese ungewöhnlichen Textpassagen aus 'Winnetou I' aus dem Kontext ihrer Abenteuerhandlung, um sie zum Ausgangspunkt seiner Untersuchung der legendarisch-hagiographischen Struktur der Winnetou-Trilogie zu machen.[887] Die Trilogie im engeren Sinne unterscheide sich von den anderen Produktionen dieses Autors insofern, als es hier nicht nur kein Happy-End gebe, sondern sogar die »Unerbittlichkeit des Tragischen«[888] herrsche: »Der Tod rafft sie alle dahin: Klekih-petra, Intschu tschuna, Nscho-tschi und zuletzt auch Winnetou selbst (...).«[889] Schon vom Vorwort an sei klar, daß 'Winnetou I' »ein Buch vom Tode, vom Sterben der Todgeweihten«[890] sei.

In Romanen, zumal in Abenteuererzählungen, wird gerne, häufig und ausführlich gestorben. Insofern sind die Tode in den Erzählungen Karl Mays wohl keine Besonderheit. Aber Karl May läßt nicht bloß aus dramaturgischem Kalkül heraus leben und sterben, sondern der Tod eines seiner Protagonisten ist ihm stets ein 'heiliger Ort' in seiner Erzählung. An diesem Ort wird die Wahrheit über den Ster-

---

[886] May: Winnetou I, wie Anm. 10, S. 299f.
[887] Vgl. Heinz Stolte: »Stirb und werde!«. Existentielle Grenzsituation als episches Motiv bei May. In: Jb-KMG 1990. Husum 1990, S. 51-70.
[888] Ebd., S. 55
[889] Ebd.
[890] Ebd.

benden offenbart. Im Tode seiner Protagonisten spiegelt sich all das wider, was ihr Leben letztlich ausmachte: Schuld und Ich-Verfallenheit, Erlösung, Freundschaft und Aufopferung. Der Ort des Sterbens ist der Ort des richtenden und/oder begnadigenden Handeln Gottes und die Zeit des Sterbens die Zeit der Sündenerkenntnis und des Sündenbekenntnisses, seelsorgerlichen Handelns und neuer Sinngebung. *Der Ort, wo ein Mensch im Verscheiden liegt*[891] und der Augenblick, *wenn die eine Schwinge seiner Seele bereits im Jenseits schlägt,*[892] sind dem Ich-Erzähler *eine heilige Stätte,*[893] die er stets ausführlich zu würdigen weiß: Die Todesstunden Klekihpetras,[894] Old Deaths,[895] Old Wabbles,[896] Vater Wagners,[897] Carpios[898] und Winnetous[899] sind nur die eindringlichsten Beispiele. Sie zeigen allerdings, daß Mays Frömmigkeit »keineswegs, wie man gelegentlich kritisiert hat, seinen Geschichten nur lose aufgeklebt (ist) –, sie ist vielmehr das zuunterst liegende Fundament, über dem sich die weitbögigen literarischen Schöpfungen erst aufbauen.«[900]

Daß für Karl May der Tod als Ort existentieller Grenzerfahrung auch zum Ort religiöser Erfahrung wird, ist keineswegs selbstverständlich. Wie vieles andere unterlag auch das Verständnis des Todes einem neuzeitlichen Wandel. Im Zuge einer fortschreitenden Säkularisierung verblaßte seine religiöse Bedeutung zunehmend. Philippe Ariès weist darauf hin, daß innerhalb kurzer Zeit der Testamentsabschluß ohne jegliche religiösen Anspielungen und Floskeln »zum typischen Testament des neunzehnten Jahrhunderts«[901] avancierte. Eine Ars moriendi, die einst »in der alles andere relativierenden Sorge um das ewige Heil«[902] gegründet war, hatte unter modernen Daseinsbedingungen kaum noch Platz. Karl May bringt

---

[891] May: »Weihnacht!«, wie Anm. 1, S. 111
[892] May: Winnetou I, wie Anm. 10, S. 139
[893] May: »Weihnacht!«, wie Anm. 1, S. 111
[894] May: Winnetou I, wie Anm. 10, S. 126-135, S. 138f.
[895] May: Winnetou II, wie Anm. 35, S. 374-378, S. 383, S. 389f.
[896] May: Old Surehand III, wie Anm. 11, S. 491-501
[897] May: »Weihnacht!«, wie Anm. 1, S. 52f., S. 111-113
[898] Ebd., S. 592-617
[899] May: Winnetou III, wie Anm. 40, S. 462-474
[900] Stolte, wie Anm. 887, S. 64
[901] Philippe Ariès: Geschichte des Todes. München ⁵1991, S. 597
[902] Helmuth Rolfes: Ars moriendi – Eine Sterbekunst aus der Sorge um das ewige Heil. In: Ars moriendi. Erwägungen zur Kunst des Sterbens. Quaestiones disputatae 118. Hrsg. von Harald Wagner. Freiburg-Basel-Wien 1989, S. 15-44

es in der Figur des Old Wabble auf den Punkt, wenn dieser behauptet, zum Sterben »*weder Religion noch Gott*«[903] zu brauchen: Es besteht keine Notwendigkeit, das Sterben religiös zu besetzen. Um so auffälliger und um so nachdrücklicher tut es aber der sächsische Volksschriftsteller!

Seine Sterbeszenen haben geradezu Bekenntnischarakter: Spätestens im Angesicht des Todes entscheidet sich für Mays Protagonisten, ob sie Gott leugnen oder ihre menschliche Schuld bekennen und Gottes Gnade annehmen wollen. Old Wabbles Bitte um Vergebung (»*Herrgott, ich bin der böseste von allen Menschen gewesen, die es gegeben hat. Es giebt keine Zahl für die Menge meiner Sünden, doch ist mir bitter leid um sie, und meine Reue wächst höher auf als diese Berge hier. Sei gnädig und barmherzig mit mir, wie meine Mutter es im Traume mit mir war, und nimm mich, wie sie es that, in Deine Arme auf ...*«[904]) wird erhört, er empfängt Gottes verzeihenden Mutterkuß[905] und stirbt »*von Gottes Gerechtigkeit gerichtet, aber von seiner Barmherzigkeit begnadigt*«.[906]

Der Tod beendet für May nicht nur das bisherige Leben, indem dieses unter dem Blickwinkel der Ewigkeit zugleich entlarvt wird, sondern er weist auch über das bisherige Leben hinaus. Der Tod ist ihm kein sinnloses Geschehen, das sich in seiner »biologischen Zwangsläufigkeit«[907] erübrigte, sondern dadurch ein sinnvolles, daß er es als »ein 'von außen' gesetztes Ende«[908] begreift, das nicht einfach eine neuzeitliche »Apokalypse ohne Vollendungshoffnung«[909] bedeutet, sondern den Blick auf ein Neuwerden weitet: »Sinngebung des Todes ist bei Karl May ein Metaphysikum, worin Sterben in ein Werden umschlägt, sei es in diesem oder in jenem Leben oder in beiden: 'de morte transire ad vitam' (...).«[910]

---

[903] May: Old Surehand I, wie Anm. 7, S. 401 – ders.: Old Surehand III, wie Anm. 11, S. 44
[904] May: Old Surehand III, wie Anm. 11, S. 499f.
[905] Vgl. ebd., S. 498-501.
[906] Ebd., S. 500
[907] Stolte, wie Anm. 887, S. 56
[908] Rolfes, wie Anm. 902, S. 39
[909] Ebd.
[910] Stolte, wie Anm. 887, S. 64; vgl. auch Hermann Wohlgschaft: »Ich möchte heim ...«. Sterbeszenen in Mays Kolportageromanen. In: Jb-KMG 1997. Husum 1997, S. 176-210.

H. Stolte spielt Karl Mays Sinngebung des Todes en miniature am Beispiele Klekih-petras durch.[911] Dieser stirbt, von der Kugel eines Betrunkenen getroffen, an sich verfrüht, sinnlos und sinnwidrig. Die dreifache Sinnstiftung seines Todes beschreibt Stolte mit den Stichworten »Schuld und Sühne – Opfertod – Verklärung und Nachfolge«:[912] 1.) Der ehemalige Demagoge der achtundvierziger Revolution, der unzählige in Kerker oder Tod getrieben und zudem »*den Glauben an und das Vertrauen zu Gott in ihnen*«[913] 'gemordet' hatte, erfährt nun sein Sterben als »*die letzte Sühne*«.[914] 2.) Sein Tod erhält durch seine Aufopferung für Winnetou »eine Art höhere Weihe«,[915] die auch durch die an eine Pietà gemahnende Figurenkomposition unterstrichen wird. Stolte erkennt im Tode Klekih-petras, »durch alles bloß Aventiurenhafte hindurchscheinend, ein Stück imitatio Christi!«[916] 3.) Noch im Sterben wünscht Klekih-petra, daß das junge deutsche Greenhorn »*sein Nachfolger*«[917] werde, wie Intschu tschuna später in seiner langen Rede ausführt. Old Shatterhand kommt diesem Ruf aus Überzeugung seiner Gott-Gewirktheit und aus persönlicher Sympathie nach. Klekih-petras Tod ist der Beginn einer noch größeren, alles überbietenden Freundschaft. Dementsprechend kommentiert Intschu tschuna den neuen Bund der Blutsbrüder mit den Worten: »*Jetzt ist der neue, der lebende Klekih-petra bei uns aufgenommen, und wir können den toten seinem Grabe übergeben.*«[918]

Ist schon in der Handlungsführung der Tod wiederholt Symbol eines Neubeginns, so wird dies im Sterben einiger Protagonisten explizit. Carpio ist sich eines jenseitigen Wiedersehens gewiß: »*Weißt du, das Sterben ist gar nicht so schlimm, wie viele denken. Ich sage dir so glücklich lebewohl und begrüße dich dann bald im Jenseits selig wieder.*«[919] Er erhofft ein Jenseits ohne die verdam-

---

[911] Vgl. im folgenden Stolte, wie Anm. 887, S. 56ff.
[912] Ebd., S. 56
[913] May: Winnetou I, wie Anm. 10, S. 128
[914] »*Da fällt mein Blatt – – abgeknickt – – nicht leise – leicht – – es ist – – – die letzte Sühne – – – ich sterbe wie – – – wie ich es – – gewünscht. Herrgott, vergieb – – vergieb! – – – Gnade – – Gnade – –! Ich komme – – komme – – – Gnade – – –!*« (Ebd., S. 135)
[915] Stolte, wie Anm. 887, S. 59
[916] Ebd.
[917] May: Winnetou I, wie Anm. 10, S. 416
[918] Ebd., S. 418f.
[919] May: »Weihnacht!«, wie Anm. 1, S. 592f.

menden Vorwürfe, die sein diesseitiges Leben zerstörten,[920] Winnetou den eschatologischen Frieden ohne den Rassenhaß und die Gewalt, die sein Leben zerstörte.[921]

Freilich finden nicht alle Sterbenden wie Carpio oder Winnetou derart getröstet und mit sich und Gott versöhnt die letzte Ruhe.[922] Harry Melton,[923] Daniel Etters[924] und Rattler[925] mahnt Old Shatterhand vergeblich, solange es noch möglich sei, ihren Frieden mit Gott zu machen. Santer, der größte Übeltäter, wird – charakteristischerweise – vollkommen überraschend und ohne jegliche Vorwarnung aus dem Leben gerissen.[926] Was passiert mit Leuten wie diesen im Jenseits? Für Old Shatterhand gehört die Rede von einer *»Verdammnis, welche ewig währt«*,[927] ebenso zum christlichen Glauben wie die von einer *Seligkeit*, einem *»Leben nach dem Tode«*.[928] Während Old Death einmal zweideutig behauptet, das *»ewige Gericht«* sitze *»im Gewissen«*,[929] sind für Karl May die Existenz von Himmel und Hölle als metaphysische Größen inhaltlich vorausgesetzt. Winnetou spricht kurz vor seinem Tod überzeugt von einem Jüngsten Gericht, in dem die Taten (!) der Menschen beurteilt

---

[920] Vgl. ebd., S. 603f., S. 607f.

[921] *»Ich gehe heut dahin, wo der Sohn des guten Manitou uns vorausgegangen ist, um uns die Wohnungen im Hause seines Vaters zu bereiten, und wohin mir mein Bruder Old Shatterhand einst nachfolgen wird. Dort werden wir uns wiedersehen, und es wird keinen Unterschied mehr geben zwischen den weißen und den roten Kindern des Vaters, der beide mit derselben unendlichen Liebe umfängt. Es wird dann ewiger Friede sein; es wird kein Morden mehr geben, kein Erwürgen von Menschen, welche gut waren und den Weißen friedlich und vertrauend entgegenkamen, aber dafür ausgerottet wurden.«* (May: Winnetou III, wie Anm. 40, S. 464)

[922] Nebenbei bemerkt: Es verwundert ein wenig, daß Karl May von dieser euphemistischen Redensweise vom Tod ('die letzte Ruhe finden') nicht mehr Gebrauch macht. Sie wäre für sein Verständnis von Leben und Tod nicht unzutreffend. (Vgl. Kap. 12.)

[923] Vgl. May: Satan und Ischariot III, wie Anm. 27, S. 194f.

[924] Vgl. May: Old Surehand III, wie Anm. 11, S. 564f.

[925] *»Gut, so sind wir fertig, und ich habe nichts mehr zu thun, als Euch als Christ den Rat zu geben: Fahrt nicht in Euern Sünden dahin, sondern denkt an Eure Thaten und an die Vergeltung, die Euch jenseits erwartet!«* (May: Winnetou I, wie Anm. 10, S. 401)

[926] Vgl. May: Winnetou III, wie Anm. 40, S. 624.

[927] May: Old Surehand I, wie Anm. 7, S. 402

[928] Ebd.

[929] May: Winnetou II, wie Anm. 35, S. 374

würden.[930] Eine ewige Verdammnis ist demnach logische Folge der ausgleichenden Gerechtigkeit Gottes.[931] In »*O Ewigkeit, du Donnerwort*«, dem Sterbelied Old Wabbles,[932] klingt Gottes Gerechtigkeit und gerechte Pein an.[933] Old Wabble stöhnt, bevor er die Vergebung Gottes erfährt, »*... ich bekomme keine Zeit, keine Frist, keine Gnade, kein Erbarmen! Der Tod greift mir nach dem Herzen, und die Hölle mit allen ihren Teufeln wühlt mir schon im Leibe!*«[934] May räumt dem Todeskampf Old Wabbles und seinem Ringen um Vergebung breiten Raum ein, und er schildert beides plastisch und drastisch.[935] Für Old Surehand (wie den Leser) soll dies wohl zu der

---

[930] »*Dann wird der gute Manitou die Wagschalen in seiner Hand halten, um die Thaten der Weißen und der Roten abzuwägen und das Blut, welches unschuldig geflossen ist. Winnetou wird aber dabeistehen und für die Mörder seiner Nation, seiner Brüder, um Gnade und Erbarmen bitten.*« (May: Winnetou III, wie Anm. 40, S. 464)

[931] Vgl. Klekih-petra: »*Gottes Mühle begann zu mahlen.*« (May: Winnetou I, wie Anm. 10, S. 129).

[932] May: Old Surehand III, wie Anm. 11, S. 495 (siehe dazu Kap. 15.2.)

[933] »*O Gott, wie bist du so gerecht! / Wie strafst du mich, den bösen Knecht, / Mit wohlverdienten Schmerzen! / Schon hier erfaßt mich deine Faust, / Daß es mich würgt, daß es mich graust / In meinem tiefsten Herzen. / Die Zähne klappern mir vor Pein; / Wie muß es erst da drüben sein!*« (Ebd.)

[934] Ebd., S. 496f.

[935] »*Ich schwöre nie; heut und hier schwöre ich bei meiner Seligkeit, daß es einen Gott giebt!*« »*Und ein Jenseits, ein ewiges Leben?*« »*So wahr es einen Gott giebt, so wahr auch ein Jenseits und ein ewiges Leben!*« »*Und jede Sünde wird dort bestraft?*« »*Jede Sünde, welche nicht vergeben worden ist.*« »*Oh Gott, oh Allerbarmer! Wer wird mir meine vielen, vielen, schweren Sünden vergeben? Könnt Ihr es thun, Mr. Shatterhand; könnt Ihr?*« »*Ich kann es nicht. Bittet Gott darum! Er allein kann es.*« »*Er hört mich nicht; er mag von mir nichts wissen! Es ist zu spät, zu spät!*« »*Für Gottes Liebe und Barmherzigkeit kommt keine Reue zu spät!*« »*Hätte ich früher auf Euch gehört, früher! Ihr habt Euch Mühe mit mir gegeben. Ihr habt recht gehabt: Das Sterben währt länger, viel, viel länger als das Leben! Fast hundert Jahre habe ich gelebt; nun sind sie hin, hin wie ein Wind; aber diese Stunde, diese Stunde, sie ist länger als mein ganzes Leben; sie ist schon eine Ewigkeit! Ich habe Gott geleugnet und über ihn gelacht; ich habe gesagt, daß ich keinen Gott brauche, im Leben nicht und im Sterben nicht. Ich Unglücklicher! Ich Wahnsinniger! Es giebt einen Gott; es giebt einen; ich fühle es jetzt! Und der Mensch braucht einen Gott; ... Wie kann man leben und wie sterben ohne Gott! Wie kalt, wie kalt ist's in mir, huh – – –! Wie finster, wie finster, huuuh – – –! Das ist ein tiefer – – – tiefer – – – bodenloser Abgrund – – Hilfe, Hilfe! Das schlägt über mir zusammen – – über mir – – Hilfe – – – Hilfe! Das krallt sich um meine – – – Hilfe – – – Gnade – – – Gnade – Gna – – –!*« (Old Shatterhand und Old Wabble in ebd., S. 497f.)

läuternden Erkenntnis der Gerechtigkeit (und damit auch Existenz) Gottes und der Notwendigkeit der eigenen Sündenerkenntnis führen. Den Tod des Prayer-man (Frank Sheppard) kommentiert der Ich-Erzähler mit den Worten: *Gott wollte ihn nicht hier bereuen, sondern im Jenseits büßen lassen. Wer mit dem Heiligsten, was der Mensch besitzt, in der Weise, wie er es gethan hatte, Lästerung treibt, begeht eine Sünde, die ihm hier nicht vergeben werden kann.*[936]

So häufig Karl May auch von ewiger Seligkeit und ewiger Verdammnis spricht, inhaltlich scheint es sich bei seiner Rede von Himmel und Hölle nicht um einen festgelegten Dualismus zu handeln. In seiner Autobiographie schreibt er zwar, daß es besser für den Menschen sei, schon hier, und nicht erst im Jenseits, zu büßen,[937] aber dies sei – wohlgemerkt – besser; das letzte Wort ist damit noch nicht gesprochen! Gottes Gerechtigkeit, die auch Strafe Gottes bedeuten kann, wird nicht geleugnet, aber doch immer die Option offen gehalten, daß Gottes Gnade seine Gerechtigkeit letztlich noch übertreffen kann. Als Dan Etters ohne alle Einsicht, seine Lästerungen sogar noch fortsetzend, verendet,[938] findet der Ich-Erzähler schließlich auch noch für ihn vorsichtig hoffungsvolle Worte: *Kann Gott seiner armen Seele gnädig sein? Vielleicht doch – doch – – doch – – – doch!*[939]

Die Rede von der ewigen Verdammnis wird von Karl May nicht gänzlich eliminiert, aber relativiert. Philippe Ariès schreibt: »Im neunzehnten Jahrhundert nun glaubte man kaum noch an die Hölle: nur noch als Lippenbekenntnis, nur für die Fremden und die Widersacher, für die, die außerhalb des engen Zirkels der Affektivität standen (...) Für den frommen Mann des neunzehnten Jahrhunderts ist die Hölle ein Dogma, das man im Katechismus lernt, aber seiner

---

[936] May: »Weihnacht!«, wie Anm. 1, S. 598
[937] *Was der Sterbliche sündigt, das hat er zu büßen und zu sühnen, und wohl ihm, wenn ihm die Güte des Himmels erlaubt, seine Schuld nicht mit über den Tod hinüberzunehmen, sondern sie schon hier zu bezahlen.* (May: Mein Leben und Streben, wie Anm. 79, S. 213f.)
[938] *Dann brüllte und heulte und lästerte er wieder längere Zeit, bis wir am Morgen fanden, daß er gestorben war, gestorben nicht wie ein Mensch, sondern wie – wie – wie, es fehlt mir jeder Vergleich; es kann kein toller Hund, kein Vieh, auch nicht die allerniedrigste Kreatur so verenden wie er. Old Wabble war ein Engel gegen ihn.* (May: Old Surehand III, wie Anm. 11, S. 565)
[939] Ebd.

Sensibilität ist sie fremd.«[940] Dies eröffnet eine durchaus interessante Perspektive auf Karl May: Wohl hält dieser im Bekenntnis an der Rede von der Hölle fest, inhaltlich aber höhlt er sie aus. Ist von der Hölle die Rede, so meist tatsächlich nur in einem katechetischen Zusammenhang, wenn Old Shatterhand Old Wabble die Topoi seines Glaubens summarisch abfragt;[941] Gegenstand einer eigenen Meditation wird sie nie. Wohl gibt es ein Jüngstes Gericht, aber selbst da noch will sich Winnetou, das auserwählte Vorbild seines Ich-Erzählers, bittend für die Mörder seiner Brüder einsetzen,[942] in seiner Feindesliebe noch den letzten Haß seiner Gegner überwinden; um wieviel mehr – möchte man da ergänzen – wird es der *»Sohn des guten Manitou«*[943] tun ...!

Mit einem Lächeln auf den Lippen erzählt der sterbende Old Wabble von der erfahrenen Vergebung seiner Mutter: *»Kann Gott weniger gnädig sein als sie?«*[944] Old Shatterhand tröstet ihn: *»Seine Gnade reicht so weit, so weit die Himmel reichen; sie ist ohne Anfang und auch ohne Ende.«*[945]

Wiewohl die Lehre von der 'Apokatastasis panton' immer wieder von den orthodoxen Lehren der lateinischen Kirchen zurückgewiesen wurde (so auch von der Confessio Augustana [CA 17]), weil hier ein 'juristisches Gottesbild' dominierte, das die Gerechtigkeit Gottes ins Zentrum ihrer Betrachtungen rückte, lebte sie doch immer wieder in Theologie und Volksfrömmigkeit auf, so z. B. im lutherischen Pietismus. Wenngleich sich der Apokatastasisgedanke nur im radikalen Pietismus stark ausprägte, war er doch unterschwellig auch bei vielen kirchlichen Pietisten vorhanden. Auch Mays pietistischer Hintergrund, der, wie sich in Kap. 11. zeigte, von den teilweise divergierenden Ansichten der Erweckungsbewegung mehr gestreift denn beeinflußt wurde, dürfte von einer solchen unterschwelligen Allversöhnungs-Vorstellung geprägt gewesen sein. Explizit wird sie nirgends, allerdings scheint sie bisweilen inhaltlich vorausgesetzt.[946]

---

[940] Ariès, wie Anm. 901, S. 601
[941] Vgl. May: Old Surehand I, wie Anm. 7, S. 402.
[942] Vgl. May: Winnetou III, wie Anm. 40, S. 464 (siehe Anm. 930).
[943] Ebd.
[944] May: Old Surehand III, wie Anm. 11, S. 499
[945] Ebd.
[946] Vgl. z. B. Schiba-bigks Worte von der Rückkehr aller Seelen in May: Old Surehand I, wie Anm. 7, S. 383.

Zentral für die Jenseitserwartungen Karl Mays ist jedenfalls der christliche Glaube an die Auferstehung, den er aber – im Gegensatz zu den urchristlichen Quellen, jedoch alter kirchlicher Tradition folgend – mit der Unsterblichkeit der Seele in eins sieht.[947] Klekihpetra lehrt die Apachen den Glauben an die Auferstehung,[948] und Old Shatterhand setzt ihn wiederholt der Bedeutung der indianischen Medizinen und den Vorstellungen von den 'ewigen Jagdgründen' entgegen.[949] Bei dem jungen Comanchen Schiba-bigk gelingt es ihm, dessen *heidnische Ansichten über die 'ewigen Jagdgründe' ins Wanken zu bringen*,[950] so daß dieser schließlich den eschatologischen Frieden des Christentums der indianischen Vorstellung von einem Jenseits der ewigen Jagd vorzieht.[951] Auch Winnetou spricht vor seinem Sterben in biblisch geprägtem Wortlaut – mittlerweile wie selbstverständlich – von der Vorreiterrolle Christi und der darin begründeten Auferstehung aller Toten.[952] (Interessantes Detail am Rande ist dabei, daß er die Auferstehung mit einem Wiedersehen seines Blutsbruders verknüpft. Philippe Ariès schildert auch dieses Phänomen als ein typisches Charakteristikum des neunzehnten Jahrhunderts.[953]) Es erübrigt sich nach den vorausgehenden Kapi-

---

[947] »... *bis mein großer Bruder Old Shatterhand mir von dem großen Manitou erzählte, der alle Menschen erschaffen hat, der allen gleiche Liebe gibt und zu dem alle Seelen zurückkehren werden.*« (Schiba-bigk in ebd.)

[948] »*So hat uns Klekih-petra gelehrt. Der Mensch wird in das Grab gelegt, aber jenseits des Todes steht er auf wie ein neuer Tag und wie ein neuer Frühling, um im Lande des großen, guten Geistes weiter zu leben.*« (Intschu tschuna in May: Winnetou I, wie Anm. 10, S. 413)

[949] »*Wenn ein roter Krieger einem Feind die Medizin abnimmt und sie aufbewahrt, so muß die Seele desselben ihn in den ewigen Jagdgründen bedienen, außer der große Geist offenbart ihm den Weg, sich eine neue Medizin zu erwerben. Wird aber die Medizin nicht aufbewahrt, sondern vernichtet, so ist mit ihr die Seele vernichtet für alle Ewigkeit.*« (May: Old Surehand I, wie Anm. 7, S. 383)

[950] Ebd., S. 375

[951] »*Es wird nach dem Tode keine Herrscher und keine Diener, weder Sieger noch Besiegte geben. Vor dem Stuhle des großen, guten Manitou werden alle Seelen gleich sein; es wird ewige Liebe und ewiger Friede herrschen und weder Kampf noch Jagd und Blutvergießen geben. Wo sollen da die Jagdgründe liegen, von denen unsere Medizinmänner sprechen?*« (Ebd., S. 383f.)

[952] »*Ich gehe heut dahin, wo der Sohn des guten Manitou uns vorausgegangen ist, um uns die Wohnungen im Hause seines Vaters zu bereiten, ...*« (May: Winnetou III, wie Anm. 40, S. 464)

teln zu betonen, daß für Karl May der Glaube an die Auferstehung, so wie der Glaube an den christlichen Gott schlechthin, nicht eine rein jenseitige Angelegenheit sein kann. Im christlichen Glaubens- und Lebensvollzug verbinden sich präsentische und futurische Eschatologie. Karl May formuliert im Munde Old Shatterhands, daß der christliche Glaube *»schon hier auf Erden glücklich und nach dem Tode ewig selig«*[954] mache. In dieser Gewißheit ist Karl May selbst gestorben; seine kolportierten letzten Worte lauten: »Sieg! Großer Sieg! Rosen ... rosenrot.«[955]

Mays persönlicher Glaube an die Auferstehung läßt sich auch noch aus einigen autobiographisch gefärbten Zitaten Old Shatterhands erschließen. Wie oben bereits erwähnt, spielen für Karl May im Sterben freundschaftliche Beziehungen eine gewichtige Rolle. Winnetou und Carpio sterben in den Armen ihres besten Freundes und erhoffen dessen Wiedersehen im Jenseits.[956] Genauso war May selbst davon überzeugt, seine geliebte Großmutter wiederzusehen. Old Shatterhand berichtet: *»Ich war der Liebling meiner Großmutter, welche im Alter von sechsundneunzig Jahren starb; sie lebte in Gott, leitete mich zu ihm und hielt mich bei ihm fest.«*[957] Und May in seiner Autobiographie: *Sie war mein alles. Sie war mein Vater, meine Mutter, meine Erzieherin, mein Licht, mein Sonnenschein, der meinen Augen fehlte.*[958] Es muß für May eine lebenslange Belastung gewesen sein, daß diese Großmutter seine Resozialisation nicht mehr erleben konnte und in dem Bewußtsein verstorben war, daß ihr Lieblingsenkel als Häftling im Gefängnis saß. Die Großmutter ist eine Schlüsselfigur für Mays Frömmigkeitsgeschichte. Die Thematik der Auferstehung wird in Old Shatterhands erstem Glaubensgespräch mit Old Surehand erst anhand Old Shatterhands

---

[953] »Die Dinge spielen sich im neunzehnten Jahrhundert so ab, als jedermann an eine Fortsetzung der Freundschaften des Lebens nach dem Tode glaubte.« (Ariès, wie Anm. 901, S. 599)
[954] May: Old Surehand I, wie Anm. 7, S. 369
[955] Hans Wollschläger sieht lediglich die ersten drei Worte, »Sieg! Großer Sieg!«, als authentisch an (vgl. Wollschläger, wie Anm. 4, S. 182 und S. 206, Anm. 309).
[956] May: Winnetou III, wie Anm. 40, S. 464 und S. 472 – ders.: »Weihnacht!«, wie Anm. 1, S. 615ff.
[957] May: Old Surehand I, wie Anm. 7, S. 406
[958] May: Mein Leben und Streben, wie Anm. 79, S. 32

Erzählungen von seiner Großmutter eingeführt![959] In seiner Autobiographie schildert May den angeblichen Scheintod seiner Großmutter.

In dieser Zeit war es, daß Großmutter während des Mittagessens plötzlich vom Stuhle fiel und tot zu Boden sank. Das ganze Haus geriet in Aufregung. Der Arzt wurde geholt. Er konstatierte Herzschlag; Großmutter sei tot und nach drei Tagen zu begraben. Aber sie lebte ... Sie sprach nur selten von dem, was sie in jenen unvergeßlichen drei Tagen auf der Schwelle zwischen Tod und Leben gedacht und empfunden hatte. Es muß schrecklich gewesen sein. Aber auch hierdurch ist ihr Glaube an Gott nur noch fester und ihr Vertrauen zu ihm nur noch tiefer geworden. Wie sie nur scheintot gewesen war, so hielt sie von nun an auch den sogenannten wirklichen Tod nur für Schein und suchte jahrelang nach dem richtigen Gedanken, dies zu erklären und zu beweisen. Ihr und diesem ihrem Scheintote [!] habe ich es zu verdanken, daß ich überhaupt nur an das Leben glaube, nicht aber an den Tod.[960]

Es hat seinen guten Grund, wenn Heinz Stolte den religiösen Werdegang Karl Mays mit den Stichworten »von Großmutter, Pastor, Seminar bis zu Kochta«[961] skizziert. Die Großmutter war für May nicht nur Glaubensvorbild und Grund desselben, sondern auch Inbegriff des Auferstehungsglaubens.

* * *

Das folgende 15. Kapitel widmet sich der Frage nach dem von May rezipierten christlichen Traditionsgut. Es sind vor allem einzelne Bibel- und Liedverse, die er zitiert. Ihren 'Sitz im Leben' haben sie vor allem im Sterben der Romanfiguren. Deshalb seien am Ende dieses Kapitels noch einige Beobachtungen zu diesem Thema angefügt.

Die einzelnen Sterbefälle haben ein bisweilen deckungsgleiches Grundmuster gemein. Das Sterben der Mayschen Helden ist auffallend ritualisiert. Ein ideal-typisches Schema könnte so aussehen:

---

[959] »*Ihr glaubt, Eure Großmutter wiederzusehen; es giebt also ein Leben nach dem Tode?*« (May: Old Surehand I, wie Anm. 7, S. 409)
[960] May: Mein Leben und Streben, wie Anm. 79, S. 25f.
[961] Stolte, wie Anm. 887, S. 64

1. Todesahnung
2. Seelsorgerliches Gespräch mit dem Ich-Erzähler Old Shatterhand
3. Kurzes, retardierendes Moment
4. Dramatisches Unglück des Helden, Erfüllung der Todesahnung
5. Todeskampf und Sündenerkenntnis
6. Gebet
7. Erfahrung der Vergebung Gottes
8. Friedliches Verscheiden des Helden
9. Bestattung:
    (a) Schlichte Worte und Gebete (inhaltlich meist nicht wiedergegeben)
    (b) Auf der Grabstätte wird ein Kreuz errichtet.
10. Resümierende Bemerkungen des Ich-Erzählers, bevor der äußere Spannungsbogen der Abenteuerhandlung wieder aufgenommen wird.

Während der Punkte 5.-8., dem Sterbevorgang selbst, wird häufig christliches Traditionsgut in sprachlich festgeprägter Form zitiert. Meist bittet der Sterbende selbst darum. Old Wabble bittet Old Shatterhand um das Aufsagen eines alten Kirchenliedes,[962] Winnetou die vormaligen Bewohner von Helldorf-Settlement um die Intonation eines Ave Maria,[963] Vater Wagner kurz vor seinem Tode um die Wiederholung von Sapphos Weihnachtsgedicht,[964] und Carpio spricht es in seiner eigenen Sterbestunde selbst.[965] Alle Traditionsstücke werden auswendig gesprochen. Im Angesicht des Todes verstummt der freie religiöse Diskurs zugunsten festgeprägter Traditionen. Im Moment emotionaler Sprachlosigkeit wird auf die überkommenen Sprachkanäle zurückgegriffen. Der Sterbende füllt diese Sprachkanäle mit seinen Assoziationen, Erinnerungen und Empfindungen, den Sterbebegleitern hilft er, ihre Trauer zu kanalisieren. Das Traditionsgut wird durch die neue Situation, in die es hinein gesprochen wird, verfremdet, aber auch zugleich wirkungsmächtig.[966] Das Gedicht wirkt, »*als ob es gerade nur für uns und für keinen anderen Menschen gedichtet worden sei.*«[967]

---

[962] May: Old Surehand III, wie Anm. 11, S. 494ff.
[963] May: Winnetou III, wie Anm. 40, S. 473f.
[964] May: »Weihnacht!«, wie Anm. 1, S. 51ff.
[965] Ebd., S. 615ff.
[966] *Wie kam es nur, daß mein eigenes Gedicht mir so fremd vorkam, so, als ob es nicht von mir, sondern von einer ganz andern Person, einem ganz andern Wesen stamme? Je weiter er sprach, desto fremder kam es mir vor und desto tiefer griff es mir in die Seele hinein. Auch die andern hörten voller Andacht zu. Der Greis verwendete keinen Blick von dem Redner; seine Augen bekamen Glanz; es tauchte ein seltsames Licht in ihnen auf. War das der Reflex des brennenden*

Wenngleich die Sterbeszenen durch die Rezitation der verschiedenen Traditionen für den heutigen Leser bisweilen eine allzu frömmelnd-erbauliche Note erhalten, zeugen sie doch von vergessenen Wahrheiten, die man erst in den letzten Jahrzehnten unseres Jahrhunderts langsam wiederentdeckt hat. Durch Sprechgesang und Rezitation vertrauter Formeln bringt der Sterbebegleiter »eine andere kommunikative Potenz mit ins Spiel«.[968] »Die kognitive Seite ist dabei nicht aufgehoben, aber relativiert (...).«[969]

Während sich in der Sterbeseelsorge des 16. und 17. Jahrhunderts »ein Ritual der geistlichen Sterbehilfe«[970] herausgebildet hatte, »aus dem sich fast normierte Fragen und Antworten am Sterbebett ergaben«,[971] so wurde diese Praxis dem modernen Menschen verdächtig und in den Gemeinden der Fundus an bekannten Trostworten sukzessiv geringer.[972] Man mißtraute aller Äußerlichkeit und ging damit auch der entlastenden Funktion des Rituals verlustig.

Karl May erweist sich hier einmal mehr als 'altmodisch', oder aber, wenn man so will, als seiner Zeit insofern voraus, als er unbeirrt an der seelsorgerlichen Kraft geprägten Traditionsgutes festhält. Sein Old Shatterhand ist ein wahrhaftiger Seelsorger und Sterbebegleiter. Sein verbaler Beistand konzentriert sich darauf, »daß bekannte Trostworte aus Bibel und Gesangbuch gesprochen werden und das Gebet letzte Geborgenheit vermittelt.«[973]

Und wenn sein Ave Maria, das dem sterbenden Winnetou von einem Chor gesungen wird, auch das Ästhetikempfinden mancher Leser strapazieren mag, so sei ihm doch zugebilligt, daß ein gesungener Choral für einen Sterbenden allerdings »eine andere kommunikative Potenz«[974] hat: »(...) gesungene Choräle machen es immerhin möglich, vom Nachvollzug aller einzelnen Wendungen ihrer

---

Weihnachtsbaumes? Oder war es der Schein einer höhern Klarheit, welche jetzt sein Herz erleuchtete? (Ebd., S. 50)
[967] Ebd., S. 61
[968] Werner Jetters: Symbol und Ritual. Anthropologische Elemente im Gottesdienst. Göttingen ²1986, S. 181
[969] Ebd.
[970] Eberhard Winkler: Seelsorge an Kranken, Sterbenden und Trauernden. In: Handbuch der Seelsorge. Bearb. von Ingeborg Becker u. a. Berlin ³1986, S. 405-427 (420)
[971] Ebd.
[972] Vgl. ebd., S. 421.
[973] Ebd.
[974] Jetters, wie Anm. 968, S. 181

Wortvorlagen zu abstrahieren. Ihre 'symbolische' Dimension greift weit über die sprachlichen Informationen hinaus (...) Der stimmungsmäßige Gemeinschaftswert übertrifft den informativen Mitteilungswert erheblich.«[975]

---

[975] Ebd. (Anm. 45)

15. »Augustinus von Tagasta mag es Euch zeigen«[976] Bemerkungen zu Karl Mays Verwendung christlicher Tradition

15.1. Verwendung biblischer Tradition

Daß Karl May im Zuge seiner religiösen Exkurse und Reflexionen gerne auf biblische Texte zurückgreift, hat sich schon wiederholt gezeigt. Es gilt nun, die in den untersuchten Erzählungen vorkommenden biblischen Zitate systematisch zu erfassen und – wo möglich – ihre Verwendung einer Deutung zuzuführen.

Wörtlich exakte Zitate (ungeachtet der Wortstellung) sind mit einem hochgestellten $^+$, freie, leicht abweichende Zitate mit einem $^-$, inhaltlich sinngemäße Anspielungen mit einem * und rein sprachliche Anspielungen mit einem ~ Symbol gekennzeichnet. Gibt es (z. B. bei synoptischen Parallelen) mehrere Zuordnungsmöglichkeiten, sind die unwahrscheinlicheren in Klammer, sonst aber parallel nebeneinander angeführt. In letzterem Falle erfolgt die Zitation bei der älteren Schrift.

In '»Weihnacht!«', 'Winnetou I-III', 'Satan und Ischariot I-III' und 'Old Surehand I-III' werden folgende biblische Quellen zitiert:

Aus dem Alten Testament (hebräischer Kanon)

    Gen 1,27* (Old Surehand I, S. 642; Old Surehand III, S. 308)
    Gen 4,10* (Winnetou I, S. 122)
    Ex 3,5* (Satan und Ischariot III, S. 614f.)
    Ex 20,12~ (Winnetou I, S. 450)
    Ex 20,15$^+$ (»Weihnacht!«, S. 75)
    Ex 21,24$^-$ (Winnetou I, S. 141; Old Surehand III, S. 536; »Weihnacht!«, S. 612)
    Lv 19,18: siehe Mk 12,31
    1 Sam 17,42$^{+/*}$ (Winnetou II, S. 406)
    Hiob 19,25$^+$ (»Weihnacht!«, S. 2)
    Ps 19,2-3$^-$ (Old Surehand III, S. 340)
    Ps 36,6a$^-$ (Old Surehand III, S. 499)
    Ps 92,6a$^+$ (Old Surehand III, S. 340)
    Ps 108,5a$^-$ (Old Surehand III, S. 499)

---

[976] May: Old Surehand I, wie Anm. 7, S. 413 (Tagasta = Thagaste, Tagaste)

Ps 121,1⁻ (Old Surehand III, S. 341)
Spr 21,1* (Old Surehand I, S. 410)
Spr 25,22: siehe Röm 12,20
Jes 60,1⁺ (»Weihnacht!«, S. 2)
Jes 65,1* (Old Surehand I, S. 413)

Aus dem (deuterokanonischen) griechischen Kanon:

Weish 10,17* (»Weihnacht!«, S. 302)

Aus dem Neuen Testament:

Mk 4,18f./Mt 13,22 mit Lk 8,14 vermischt* (»Weihnacht!«, S. 76)
Mk 4,20/Mt 13,23 mit Lk 8,15 vermischt* (Old Surehand I, S. 364, S. 384)
Mk 4,30ff./Mt 13,31f./Lk 13,18f.* (Winnetou III, S. 429)
Mk 10,30f./Mt 10,37-39/Lk 10,27 (Lv 19,18+ Dtn 6,5) (Old Surehand I, S. 369)
Mk 12,31/Mt 19,19/22,39/Röm 13,9/Gal 5,14/Jak 2,8 (Lv 19,18)⁻ (Old Surehand III, S. 128)
Mk 14,30/Mt 26,34/Lk 22,34~ (»Weihnacht!«, S. 75)
Mt 2,1⁻/* (Old Surehand I, S. 410; »Weihnacht!«, S. 1f.)
Mt 5,34.37* (Winnetou I, S. 156; Old Surehand I, S. 477, S. 538)
Mt 7,7⁺ (Old Surehand III, S. 468)
Mt 7,9f./Lk 11,11f.* (Old Surehand III, S. 470)
Mt 7,16a⁺ (Old Surehand III, S. 127)
Mt 10,14/Lk 9,5* (Winnetou II, S. 349)
Mt 10,40 (Joh 13,20) mit Mt 18,5 vermischt⁻ (Satan und Ischariot III, S. 614)
Mt 11,28⁺ (Winnetou III, S. 426)
Mt 18,20⁺ (»Weihnacht!«, S. 49)
Mt 25,24.26 (Lk 19,22)* (Winnetou II, S. 479)
Lk 2,9* (»Weihnacht!«, S. 50)
Lk 2,10f.⁻/* (»Weihnacht!«, S. 2)
Lk 2,13f.⁺ (»Weihnacht!«, S. 2)
Lk 2,29f.* (»Weihnacht!«, S. 52)
Lk 10,42b⁻ (Old Surehand I, S. 397f.)
Lk 15,11-24* (Old Surehand III, S. 498)
Lk 16,9.11~ (Old Surehand III, S. 341)
Lk 19,12ff. (Mt 25,14ff.)* (Old Surehand I, S. 412)
Joh 8,7b (Röm 2,1) *(?) (Old Surehand III, S. 412)
Joh 14,2⁻ (Winnetou III, S. 464; Satan und Ischariot III, S. 615)
Joh 14,6⁺ (Old Surehand I, S. 410; Old Surehand III, S. 467)
Joh 14,16.25 und 15,26 */~(?) (Old Surehand III, S. 156)
Joh 14,27⁻ (Old Surehand III, S. 128)

Apg 26,14⁻ (Old Surehand I, S. 403)
Röm 7,18 *(?) (Old Surehand III, S. 155)
Röm 12,1 *(?) (Old Surehand III, S. 468)
Röm 12,20 (Spr 25,22)⁻/~ (Old Surehand II, S. 647; Old Surehand III, S. 33)
1 Petr 5,8b⁺ (»Weihnacht!«, S. 141)
1 Joh 4,16b⁺ (Winnetou I, S. 135; Satan und Ischariot III, S. 610)
Apk 1,8⁻ (Old Surehand III, S. 340)

In Summe finden sich in den erwähnten zehn Bänden also ca. 60 biblische Anspielungen. 71 % entfallen auf das Neue Testament und davon ca. 80 % auf die Evangelien. Das Alte Testament erfüllt vor allem eine Zubringerfunktion zum Neuen. Von der wiederholten Erwähnung des Talionsprinzips abgesehen, dominiert hier anteilsmäßig eindeutig der Psalter (22 %). Diese Verteilung überrascht kaum, sie entspricht weitgehend der Tradition lutherisch geprägter Frömmigkeit (ganz abgesehen davon, daß Mitte des 19. Jahrhunderts der persönliche Gebrauch der Bibel in katholischen Häusern noch nicht dem allgemeinen Usus entsprochen hat).

May führt in der Liste seiner Jugendlektüre, zu der ihn sein Vater anhielt, an: *Nebenbei die Bibel. Nicht etwa eine Auswahl biblischer Geschichten, sondern die ganze, volle Bibel, die ich als Knabe wiederholt durchgelesen habe, vom ersten bis zum letzten Worte, mit allem, was drin steht. Vater hielt das für gut, und keiner meiner Lehrer widersprach ihm da, auch der Pfarrer nicht.*[977]

Daß er später in seinen Reiseerzählungen fähig ist, die Bibel frei, aber treffsicher zu zitieren, zeigen obige Belege. Sein Ich-Erzähler zählt ausdrücklich Lk 2,10-11 (»Siehe, ich verkündige Euch große Freude ...«) und Hiob 19,25 (»Ich weiß, daß mein Erlöser lebt ...«) zu seinen *Lieblingsbibelsprüchen*.[978] Seinen Konfirmationsspruch, 2 Tim 1,13, erwähnt er nicht, obwohl dieser durchaus zu ihm passen würde.[979] May zitiert eindeutig aus der Übersetzung Martin Luthers. Dies zeigen die Zitate aus 1 Sam 17,42, Mt 7,7.16; 11,28 und Jes 60,1. Auch Hiob 19,25 zitiert er deutlich nach der alten Lesart Martin Luthers, und in 'Old Surehand I'[980] und '»Weihnacht!«'[981]

---

[977] May: Mein Leben und Streben, wie Anm. 79, S. 67
[978] May: »Weihnacht!«, wie Anm. 1, S. 2
[979] »Halte dich an das Vorbild der heilsamen Worte, die du von mir gehört hast, im Glauben und in der Liebe in Christus Jesus.« (Vgl. Wollschläger, wie Anm. 4, S. 24.)
[980] May: Old Surehand I, wie Anm. 7, S. 410

spricht er nicht von den 'Heiligen Drei Königen', sondern – ganz bibelfest und der Lutherinterpretation folgend – von den 'Weisen aus dem Morgenland'.

Als untypisch für lutherische Verhältnisse mag die kaum vorhandene Zitation des Corpus Paulinum erscheinen.[982] Allerdings verwundert es auch nicht, wenn der Reiseerzähler aus Leidenschaft sich mehr für die erzählenden Gattungen denn für die theologischen Auseinandersetzungen eines Ex-Pharisäers interessiert. Auch im Alten Testament hängt sein poetisches Herz ganz an den Ketubim. Auch die zwei Zitate aus Tritojesaja – als einzige des ganzen prophetischen Corpus – passen da ganz gut ins Bild. Mays Herz hängt nicht an theologischer Reflexion, sondern am 'sinnlichen' Ausdruck seiner innigen Frömmigkeit.

Einen entscheidenden Schlüssel zu Mays Bibelverständnis finden wir allerdings in einem ganz anderen Buch: 'In den Schluchten des Balkan'. Hier vergleicht Kara Ben Nemsi gegenüber Schimin den Koran mit der Bibel:

»Nimm den Kuran und unsere Bibel her, und vergleiche beide! Die herrlichsten Offenbarungen sind eurem Propheten aus unserem Buch gekommen. Er hat geschöpft aus den Lehren des alten und des neuen Testamentes und diese Lehren für die damaligen Verhältnisse seines Volkes und seines Landes verarbeitet. Diese Verhältnisse haben sich verändert. Der wilde Araber ist nicht mehr der einzige Bekenner des Islam; darum ist der Islam jetzt für euch zur Zwangsjacke geworden, unter deren Druck ihr hilflos leidet. Unser Heiland brachte uns die Lehre der Liebe und der Versöhnung; sie ist nicht aus den Gewohnheiten eines kleinen Wüstenvolkes gefolgert; sie ist aus Gott geflossen, der die Liebe ist; sie ist ewig und allgegenwärtig; sie umfaßt alle Menschen und alle Erden und Sonnen; sie kann nie drücken, sondern nur beseligen. Sie streitet nicht mit dem Schwert, sondern mit der Gnade. Sie treibt die Völker nicht mit der Peitsche zusammen, sondern sie ruft sie mit der Stimme einer liebenden Mutter, welche ihre Kinder an ihrem Herzen vereinigen will.«[983]

---

[981] May: »Weihnacht!«, wie Anm. 1, S. 1

[982] Die drei oben angeführten Belege des 'Briefes an die Römer' (Röm) sind fraglich und nicht eindeutig. In einem Fall handelt es sich um ein Zitat des Paulus aus dem 'Buch der Sprichwörter', in den beiden anderen Fällen um keine wörtlichen Entsprechungen. Mays Ausdrucks- und Argumentationsweise an den angeführten Stellen läßt allerdings vermuten, daß er mit dem Duktus des 'Briefes an die Römer' vertraut ist.

[983] Karl May: Gesammelte Reiseromane Bd. IV: In den Schluchten des Balkan. Freiburg 1892, S. 279

Auch den weiteren Verlauf des Dialoges Kara Ben Nemsis mit Schimin zu untersuchen wäre in mancherlei Hinsicht interessant, allerdings soll uns vorerst nur daran gelegen sein, einen Schlüssel zum Schriftverständnis Karl Mays in die Hände zu bekommen. Es geht hier nicht darum, wie recht oder unrecht May dem Islam (bzw. dem Christentum) an dieser Stelle tut, sondern um seine grundsätzliche Argumentationsweise. Außer Zweifel steht, daß jemand tatsächlich so argumentieren <u>könnte</u>, und wahrscheinlich hat May diese Argumentationsweise von jemandem in etwa so gehört und, da sie ihm einleuchtete, in seine eigenen Worte gegossen und übernommen. Der Punkt ist, daß er hier mit zweierlei Maß mißt. Während ihm die biblischen Schriften von Gott offenbart zu sein scheinen, bestreitet er dies für den Koran. Er hält dem Koran dessen sozial-geschichtliche Bedingtheit vor, ohne zu reflektieren (oder reflektieren zu wollen), daß man die Bibel in analoger Sichtweise betrachten könnte. Die christliche Lehre, deren unübertroffene ethisch-sittliche Kompetenz ihm hinreichend evident erscheint und die er inhaltlich schlicht voraussetzt, ist »*aus Gott geflossen, der die Liebe ist*«.[984] Dies als Glaubenssatz sei ihm unbenommen, aber indem er sich selbst einen Anstrich von Objektivität gibt, qualifiziert er den Koran als »*aus den Gewohnheiten eines kleinen Wüstenvolkes gefolgert*«[985] ab – ganz so als hätte dasselbe nicht in entsprechender Weise für eine 'jüdische Sekte' namens Christentum gegolten! Eine historisch-kritische, religionsgeschichtliche Beschreibung des Christentums läßt er – bewußt oder unbewußt – nicht zu, die des Islams aber sehr wohl, um der historisch-kritischen Demontage desselben die Geoffenbartheit der christlichen Religion gegenüberzustellen.

Old Shatterhand behauptet zwar, »*den Kuran, die Veda, Zarathustra und Cong-fu-tse*«[986] geprüft und auch Hebräisch, Aramäisch und Griechisch studiert zu haben, »*um die heilige Schrift im Urtexte zu lesen*«,[987] aber er betont zugleich: »*Der Kinderglaube verschwand; der Zweifel begann, sobald die gelehrte Wortklauberei anfing*«.[988]

---

[984] Ebd.
[985] Ebd.
[986] May: Old Surehand I, wie Anm. 7, S. 407f.
[987] Ebd., S. 407
[988] Ebd.

So dient ihm das historisch-kritsche Argumentieren dazu, andere Religionen und deren 'heilige Schriften' in kritischer Distanz zu sich zu halten, während er sich der »Einbeziehung der christlich-jüdischen Geschichte in die Analogie aller übrigen Geschichte«,[989] so wie es sein Zeitgenosse Ernst Troeltsch fordert, widersetzt, um seinen Kinderglauben nach den Erfahrungen seiner Seminarszeit nicht noch einmal auf die Probe stellen zu müssen. Man sollte May seine selektive Anwendung historisch-kritischen Denkens nicht voreilig oder leichtfertig vorwerfen, schließlich verfährt hier der Abenteuererzähler aus Sachsen – zumindest im Urteil des Ernst Troeltsch – nicht anders als eine Vielzahl der zeitgenössischen Berufstheologen. Ihnen macht Troeltsch in seinem bereits 1898 – also beinahe zeitgleich mit den letzten klassischen Reiseerzählungen Mays – veröffentlichten Aufsatz 'Über historische und dogmatische Methode in der Theologie' den Vorwurf, die neue historische Methode aus apologetischem Interesse oder aus der Angst vor der Unsicherheit ihrer Resultate nur fragmentarisch und inkonsequent anzuwenden. »Wer ihr den kleinen Finger gegeben hat, der muß ihr auch die ganze Hand geben. Daher erscheint sie auch von einem echt orthodoxen Standpunkt aus eine Art Aehnlichkeit mit dem Teufel zu haben.«[990] Vor diesem 'Teufel' ist Karl May wohl auf der Hut, und sein Old Shatterhand bekennt mit spöttischem Unterton: »*Diese Lehren* [die der Andersgläubigen] *konnten mich nicht ins Wanken bringen wie früher die Werke unserer 'großen Philosophen', welche noch heut in meiner Bibliothek 'glänzen', weil ich sie außerordentlich schone, indem ich sie fast nie in die Hand nehme.*«[991]

Auch die Dominanz des Matthäusevangeliums bei Mays Bibelzitaten kann man in diesem Lichte betrachten. Es galt u. a. aufgrund seiner Ausführlichkeit und seiner theologischen Ausrichtung an der Lehre Jesu über Jahrhunderte als das Evangelium der Kirche. Erst durch das Aufkommen der historisch-kritischen Methode 'verlor' es zugunsten des Markusevangeliums (als dem vermutlich älteren) an Bedeutung. May hatte an diesem Trend keinen Anteil, für ihn blieb das Matthäusevangelium wohl vor allem das Evangelium der Bergpredigt.

---

[989] Ernst Troeltsch: Über historische und dogmatische Methode in der Theologie. In: Ders.: Gesammelte Schriften II: Zur religiösen Lage, Religionsphilosophie und Ethik. Tübingen 1913, S. 729-753 (732)
[990] Ebd., S. 734
[991] May: Old Surehand I, wie Anm. 7, S. 408

15.2. Verwendung außerbiblischer und kirchlich-konfessionell geprägter Tradition

Niemand kann dafür, wie, wo und als was er geboren und getauft worden ist. Die Kirche, in die man mich trug, ohne daß ich davon wußte, war eine lutherische. Die richtige und klare Erkenntniß kam mir erst, als ich Mann geworden war. In diesem Glauben lebe ich; für diesem [!] Glauben leide ich, und in diesem Glauben sterbe ich. Ueber die äußeren Formen habe nicht ich zu bestimmen. Das überlasse ich den hierzu berufenen Priestern und Theologen. Ob diese meinen Glauben als katholisch oder als protestantisch bezeichnen, kann unmöglich von Äußerlichkeiten abhängig sein, die nebensächlich sind. Für mich ist und bleibt er katholisch!«[992]

Was konfessionelle Fragen betraf, war Karl May ein gebranntes Kind. Die Leser katholischer Zeitschriften argwöhnten einen Crypto-Lutheraner in ihm, und den Protestanten katholisierte er zuviel. In den Pressekampagnen gegen den Erfolgsschriftsteller waren konfessionelle Fragen emotional-lukrative Munition, die für die Massen und Klatschspalten der Zeitungen von dem gleichen Interesse waren wie etwa die Ehescheidungsdetails des »Popstars aus Sachsen«.[993] Man wollte doch wissen, woran man mit diesem Menschen eigentlich war! Die vorschnelle, bequeme Kategorisierung von Glaubensausprägungen war schon immer geeignetes Mittel, sich der eigenen Denkleistung zu entheben, und konfessionelle Unterschiedlichkeiten ließen sich selbst (und gerade!) für religiös Uninteressierte zum Austragen anstehender Streitigkeiten instrumentalisieren.

Dies wird um so deutlicher, wenn man sich den historischen Hintergrund vergegenwärtigt: »Er [der Konfessionsgegensatz] bestimmte das Leben und den Stil, vom Schulbesuch übers Heiraten und die Tragödien, wenn eine Liebe an der Konfessionsverschiedenheit auflief, bis zu den geselligen Kreisen. Darum gab es so viele Katholikenfresser und so viele Protestantenfresser. Trotz Kooperation und Koexistenz im Beruf, in der Praxis, im Geschäftsverkehr, in den Parlamenten – die Konfessionsspaltung und -spannung war eine

---

[992] May an Prinzessin Wiltrud, 18.12.1906, wie Anm. 6, S. 101
[993] Farin, wie Anm. 107; geprägt wurde dieser Ausdruck von Peter Krauskopf (Peter Krauskopf/Thomas Range: Old Shatterhand am Elbestrand. In: Zeitmagazin. Nr. 27. 28.6.1991, S. 10-20).

der fundamentalen alltäglichen und vitalen Grundtatsachen des deutschen Lebens. Bei den schlichteren Gemütern unter den geborenen Protestanten (...) schrumpfte der nicht mehr eigentliche Protestantismus auf Antikatholizismus zusammen; beides hielt dann einander am Leben: Weil man protestantisch geboren war, blieb man anti-katholisch und weil man anti-katholisch war, fühlte man sich 'protestantisch'.«[994] Insofern mußte ein nicht nur nicht anti-, sondern sogar pro-katholisch gesinnter, protestantischer Schriftsteller für eben solche »schlichteren Gemüter« nicht nur als ein Unding, als ein Fehler im System (und das war Karl May ohnehin von seiner Jugend an!), sondern als Infragestellung der eigenen konfessionellen Existenz erscheinen!

Karl Mays Ausführungen im 'Glaubensbekenntnis' seines Briefes vom 18.12.1906 scheinen eine deutliche Sprache zu sprechen. Aber was sich beim ersten Blick als überzeugtes Bekenntnis eines 'praktizierenden' Katholiken liest, wird gegenüber der geschätzten, jungen, katholischen (!) Hoheit, wenn man es näher betrachtet, zu einer Aneinanderreihung von Doppeldeutigkeiten, die sich einer klaren Positionierung zu entwinden versuchen. Selbst das feierlich-deklarative *Für mich ist und bleibt er katholisch!*[995] kann man als Aussage eines Lutheraners lesen, der aufgrund seines Konfirmations- und Seminarunterrichts sicherlich um die Bedeutung des Wortes 'katholisch' und dessen bedingter Verwandtschaft zu dem Begriff 'römisch-katholisch' gewußt haben muß. Obiges Zitat läßt sich vermutlich am besten so lesen, daß sich das gebrannte Kind nicht noch einmal verbrennen wollte und sich auch hier *gelehrter Dogmen und spitzfindiger Sophismen*[996] tunlichst zu enthalten bestrebt war.

Aber was nun? – Man ist sicherlich gut beraten, Sprache und Bemerkungen der Reiseerzählungen etwas genauer unter die Lupe zu nehmen. Auch die außerbiblischen, aber eindeutig christlich geprägten Traditionsstücke, die der Autor immer wieder und gerne aufgreift, können einen Fingerzeig geben.

Das bereits in Kap. 12. angeführte und in 'Old Surehand I' für Old Surehand so wichtige Zitat des Augustin[997] ist als das eines gemein-

---

[994] Thomas Nipperdey: Deutsche Geschichte 1866-1918. Erster Band: Arbeitswelt und Bürgergeist. München 1990, S. 529
[995] May an Prinzessin Wiltrud, 18.12.1906, wie Anm. 6, S. 101
[996] May: Winnetou III, wie Anm. 40, S. 427
[997] »(...) inqietum est cor nostrum, donec requiescat in te.« (Augustinus: Confessiones I,1, wie Anm. 774); vgl. May: Old Surehand I, wie Anm. 7, S. 413.

samen Kirchenvaters der lateinischen Kirchen diesbezüglich unverdächtig. Aber es lassen sich durchaus auch typisch katholische Elemente erkennen:

Da ist zunächst Karl Mays Ave Maria aus 'Winnetou III' zu nennen.[998] Natürlich war auch Maria als die 'Mutter Gottes' immer – wenn auch regional und zeitlich unterschiedlich ausgeprägt – Gegenstand protestantischer Glaubensbetrachtung, wie Karl May zu betonen sich beeilte,[999] und es ist nicht unrichtig, daß die »Quintessenz« der Mayschen, für katholische Volkskalender geschriebenen, Marienkalendergeschichten auch »anstandslos auf die Rückseite eines Blattes aus dem [evangelischen] 'Neukirchner Abreißkalender' gedruckt werden (könnte)«,[1000] aber wenn Winnetou in 'Winnetou III' Maria als »*Königin des Himmels*«[1001] bezeichnet und dieser *Madonna* – (in 'vorkonziliarer' Zeit bemerkenswert) 'nur', aber immerhin – Mittlerfunktion im Gebet der Gläubigen zuspricht,[1002] hat Karl May selbst das Maß einer »katholischen Unterströmung«[1003] im Luthertum überschritten. Eine ausgeprägte Mariologie findet sich allerdings nirgends. Und bei einem christlichen Begräbnis werden ein aufgerichtetes Kreuz und ein gesprochenes Vaterunser als für den Ich-Erzähler unverzichtbar vorausgesetzt, aber nirgendwo wird letzterem, wie in der katholischen Tradition üblich, ein Ave Maria angehängt.[1004]

---

[998] Vgl. Anm. 831.

[999] *Die Madonna ist von hundert protestantischen Malern dargestellt und von hundert protestantischen Dichtern, sogar von Goethe, behandelt worden.* (May: Mein Leben und Streben, wie Anm. 79, S. 174); vgl. dazu auch: Ernst Seybold: Wie katholisch ist May in seinen Marienkalendergeschichten? In: M-KMG 44/1980, S. 26-30; M-KMG 45/1980, S. 38-42 (dort bes. S. 39f.); M-KMG 46/1980, S. 40-46.

[1000] Ebd., M-KMG 45/1980, S. 38

[1001] May: Winnetou III, wie Anm. 40, S. 473

[1002] Siehe erste Strophe des Ave Maria (ebd.)

[1003] Vgl. Seybold, wie Anm. 999, M-KMG 46/1980, S. 41.

[1004] Vgl. z. B. das Begräbnis Allan Marshalls: *Oben auf die Spitze steckte ich ein Kreuz aus Baumästen – das Siegeszeichen der Erlösung. Bernard bat mich, eine kurze Leichenrede zu sprechen und ein Vaterunser vorzubeten. Ich that es tief ergriffen und sah mit inniger Rührung, daß sämtliche Shoshonen, welche ernst im Kreise standen, unserm Beispiel folgten und ihre Hände falteten.* (May: Winnetou III, wie Anm. 40, S. 353).

May verwendet häufig den katholischen Begriff 'Priester' anstatt der protestantischen 'Pastor' oder 'Pfarrer',[1005] selbst da, wo auch ein evangelischer gemeint sein könnte.[1006] Eine Aussage Old Shatterhands in 'Old Surehand III' –*»Ich bin zwar kein geweihter Priester, und keine Macht der Kirche ist mir anvertraut«*[1007] – widerspricht sprachlich wie inhaltlich einem reformatorischen 'Priestertum aller Laien', wenngleich Old Shatterhands dieses de facto selbst praktiziert. Die Sitte, *»alle Tage des Jahres mit den Namen frommer oder heiliger Männer und Frauen«*[1008] zu benennen, pflegt Old Shatterhand zwar nicht selbst, bezeichnet sie aber gegenüber Winnetou allgemein als christliche Sitte. Nicht die Vorstellung eines Jüngsten Gerichtes, aber die Betonung der dortigen Belohnung bzw. Bestrafung einzelner menschlicher Taten verweist eher auf eine von römisch-katholischer Lehrmeinung geprägte Volksfrömmigkeit denn auf evangelisch geprägten Rechtfertigungsglauben.[1009]

Neben diesen katholischen Elementen kann aber die evangelisch-lutherische Tradition, in der Karl May schon rein äußerlich getauft, konfirmiert und gestorben ist, auch in den untersuchten Reiseerzählungen nicht geleugnet werden. Dies scheint mir vor allem in dreifacher Hinsicht nachweisbar:

1. Wie in 15.1. dargestellt, zitiert Karl May die Bibel in der Übersetzung Martin Luthers. Dies fällt besonders an den Stellen auf, an denen Luthers Lesart unverwechselbar ist. Die beiläufige Erwähnung der 'Weisen' aus dem Morgenland (nicht 'Magier', und schon gar nicht 'Heilige Drei Könige')[1010] verrät den lutherischen Sprach-

---

[1005] May: Winnetou I, wie Anm. 10, S. 450 (dagegen *Pfarrer* in ebd., S. 130) – ders.: »Weihnacht!«, wie Anm. 1, S. 616 u. a. m.

[1006] z. B.: *»Hält mein junger Bruder Old Shatterhand eine solche Ehe für unrecht oder recht?« fragte er. »Wenn sie von einem Priester geschlossen und die Indianerin vorher Christin geworden ist, sehe ich nichts Unrechtes darin,« antworte ich.* (May: Winnetou I, wie Anm. 10, S. 450)

[1007] May: Old Surehand III, wie Anm. 11, S. 500

[1008] Ebd., S. 302

[1009] *»Diese Wolke des heiligen Rauches geht zum Manitou, dem großen, guten Geiste, welcher alle Gedanken kennt und die Thaten des ältesten Kriegers und des jüngsten Knaben verzeichnet.«* (Old Shatterhand in: May: Satan und Ischariot I, wie Anm. 27, S. 269)
»Dann wird der gute Manitou die Wagschalen in seiner Hand halten, um die Thaten der Weißen und der Roten abzuwägen ...« (Winnetou in: May: Winnetou III, wie Anm. 40, S. 464)

[1010] May: »Weihnacht!«, wie Anm. 1, S. 1; Detail am Rande: Als May einmal doch die Formulierung 'Heilige Drei Könige' in die Feder fließt (nämlich in Old

gebrauch (wie schon erwähnt, war im ausgehenden neunzehnten Jahrhundert das private Bibelstudium ohnedies weitgehend den evangelischen Christen vorbe- und den katholischen vorenthalten).

2. Der Gebrauch lutherischer Tradition geht über den der Bibelübersetzung hinaus. Old Shatterhands Argumentationsweise über Gebet und Gottesdienst der armen Witwe in 'Old Surehand III'[1011] erinnert auffällig an Luthers Predigt,[1012] und die Verwendung der Präpositionenkombination *in, mit und über*[1013] ruft – obwohl in einen ganz anderen Zusammenhang gesetzt – Erinnerungen an den Sprachgebrauch der Konsubstantiationslehre der Augsburger Konfession (»sub, cum, in«) hervor.[1014] Selbst in seiner Persiflierung von Gottesdiensten[1015] und Erweckungspredigten[1016] hat May eindeutig protestantische 'Negativ'-Bilder vor Augen.

3. Wie bereits mehrfach und ausführlich erwähnt, läßt May seine Protagonisten in verschiedenen Lebenssituationen, vor allem im Sterben, sprachlich fest geprägtes Traditionsgut rezitieren. Abgesehen von dem allgemeinen Weihnachtsgesang eines 'Stille Nacht, heilige Nacht'[1017] oder 'O du fröhliche',[1018] ist die allgemein beobachtbare tiefe Verwurzelung Mays im evangelischen Liedgut festzustellen. Im seelsorglichen Gespräch mit Old Surehand rezitiert Old Shatterhand, der Sachse, den Sachsen Paul Gerhardt (1607-1676) mit den Versen: »*Mit Sorgen und mit Grämen / Und selbstgemachter Pein / Läßt er sich gar nichts nehmen; / Es muß erbeten sein!*«[1019] Mit einem Ausschnitt aus dem Lied 'Wie wohl ist mir, o

---

Surehand III, wie Anm. 11, S. 103), geschieht dies eindeutig in ironischem Zusammenhang!

[1011] May: Old Surehand III, wie Anm. 11, S. 469f.

[1012] Siehe Kap. 9.

[1013] May: Old Surehand III, wie Anm. 11, S. 156

[1014] Vgl. Formula Concordiae, Solida Decleratio, VII. De coena Domini, 35 (Konkordienformel (Formula Concordiae). Gründliche [Allgemeine], lautere, richtige und endliche Wiederholung und Erklärung etlicher Artikel Augsburgischer Confession ... In: Unser Glaube. Die Bekenntnisschriften der evangelisch-lutherischen Kirche. Hrsg. vom Lutherischen Kirchenamt. Gütersloh ²1987, S. 775-791).

[1015] May: Old Surehand III, wie Anm. 11, S. 468f.

[1016] May: »Weihnacht!«, wie Anm. 1, S. 139ff.

[1017] Ebd., S. 607

[1018] »*Welt ging verloren, / Christus ward geboren; / Freue dich, o Christenheit!*« (Ebd., S. 1)

[1019] May: Old Surehand III, wie Anm. 11, S. 470; vgl.: »Mit Sorgen und mit Grämen und mit selbsteigner Pein läßt Gott sich gar nichts nehmen, es muß

Freund der Seelen'[1020] zitiert er zudem mit Wolfgang Christoph Deßler (1660-1722) einen Vertreter des Halleschen Pietismus. 'O Ewigkeit, du Donnerwort' zählt zwar zu jenen ursprünglich katholischen Sterbeliedern »von packender, herber Anschaulichkeit, die auch in evangelische Gesangbücher gelangt sind und in evangelischen Gemeinden gepflegt worden sind«.[1021] Die ursprünglich sechzehn Strophen des Originals von Johann Rist (1607-1667), die in immer neuen Bildern das Unendliche der Ewigkeit zu schildern suchten, fielen aufgrund ihrer Drastik bei der singenden Gemeinde in zunehmende Ungnade. Das Gesangbuch für die evangelisch-lutherische Landeskirche des Königreichs Sachsen von 1883[1022] und das Deutsche Evangelische Gesangbuch von 1919[1023] wiesen nur mehr sechs, das Evangelische Kirchengesangbuch[1024] nur mehr fünf Strophen auf; das Evangelische Gesangbuch von 1994 gar keine. Das Lied »klingt wie eine Bußpredigt, deren Ernst und seelsorgerliche Emphase nicht in den fünf Strophen zu spüren ist, die unser Gesangbuch aus den sechzehn des Originals ausgewählt hat.«[1025] Karl May zitiert einen Versmix aus verschiedensten Strophen[1026]

---

erbeten sein!« (Gesangbuch für die evangelisch-lutherische Landeskirche des Königreichs Sachsen. 1883, 575,2b bzw. Evangelisches Gesangbuch. Ausgabe der Evangelischen Kirche in Österreich. Wien 1994, 361; Evangelisches Kirchengesangbuch für die Evangelische Kirche Augsburgischen und Helvetischen Bekenntnissses in Österreich. Wien 1960, 294)

[1020] Auffälligerweise zitiert er nach der Weise des damaligen 'Gesangbuch für die evangelisch-lutherische Landeskirche des Königreichs Sachsen' (338,1aa+ab). Vgl. Deutsches Evangelisches Gesangbuch. 1919, 434,1a+x?; fehlt in Evangelisches Kirchengesangbuch, wie Anm. 1019 und Evangelisches Gesangbuch, wie Anm. 1019.

[1021] Arno Büchner/Siegfried Fornacon: Die Lieder unserer Kirche. Handbuch zum Evangelischen Kirchengesangbuch Sonderband. Göttingen 1958, S. 509

[1022] Gesangbuch für die evangelisch-lutherische Landeskirche des Königreichs Sachsen, wie Anm. 1019, 676,1-6

[1023] Deutsches Evangelisches Gesangbuch. Hrsg. auf Beschluß des deutschen evangelischen Kirchentages in Turn-Teplitz. Eger 1919, 556,1-6

[1024] Evangelisches Kirchengesangbuch, wie Anm. 1019, 324,1-5

[1025] Liederkunde. Zweiter Teil: Lied 176-394. Handbuch zum Evangelischen Kirchengesangbuch Bd. III/2. Hrsg. von Joachim Stalmann/Johannes Heinrich. Göttingen 1990, S. 371

[1026] »O Ewigkeit, du Donnerwort, / Du Schwert, das durch die Seele bohrt, / O Anfang, sonder Ende! / O Ewigkeit, Zeit ohne Zeit, / Vielleicht schon morgen oder heut / Fall ich in deine Hände. / Mein ganz erschrocknes Herz erbebt, / Daß mir die Zung' am Gaumen klebt! ... O Gott, wie bist du so gerecht! / Wie strafst du mich, den bösen Knecht, / Mit wohlverdienten Schmerzen! / Schon

und ist sich dabei offenbar bewußt, seinen Helden ein schon damals unpopuläres Stück Dichtung in den Mund gelegt zu haben, denn er verteidigt die Strophen dieses *alten, kraftvollen Kirchenliedes*, nicht ohne zu ergänzen: *wenn sie richtig gelesen oder gesprochen werden*.[1027]

Die leichten Wortabweichungen in Mays Zitaten weisen darauf hin, daß er sie aus dem Gedächtnis abgerufen haben muß und wie sehr er in ihnen gedanklich beheimatet war. Hans Wollschlägers Konstruktionsversuche, Mays Frömmigkeitsartikulationen dadurch ins lächerliche Abseits zu drängen, daß er den Autor zum Opfer der Erwartungshaltung der Volksfrömmigkeit seiner Leser und Verleger stilisiert (der, Realität und Fiktion verwechselnd, via seiner eigenen Phantasiegestalten von eben dieser Volksfrömmigkeit eingeholt wird), sind allzu bemüht.[1028] Die tiefe Verwurzelung Mays in der christlichen Tradition ist mit dem weisheitlichen Jesus-Logion »Wes das Herz voll ist, des geht der Mund über«[1029] zwar bedeutend unspektakulärer, aber dafür um so treffender beschrieben.

Auch bisweilen geübte Versuche, möglichst viele Ausdrucksformen Mayscher Frömmigkeit, denen man hilflos gegenübersteht, einfach dessen Katholisierungstendenzen aufzuladen, sind nicht haltbar, wie Seybold anhand der Marienkalender-Geschichten erkannt hat:[1030] »(...) bis zum Beweis des Gegenteils ist anzunehmen, daß May aus dem gemeinsamen Sprachschatz der christlichen Konfessionen deutscher Zunge geschöpft hat, der zu seiner Zeit auch noch Worte umfaßte, die inzwischen die evangelische Christenheit bei uns verloren hat.«[1031] Karl Mays Verneinung des Zufalls zugun-

---

hier erfaßt mich deine Faust, / Daß es mich würgt, daß es mich graust / In meinem tiefsten Herzen. / Die Zähne klappern mir vor Pein; / Wie muß es erst da drüben sein! ... Wach auf, o Mensch, vom Sündenschlaf; / Ermuntre dich, verlornes Schaf, / Denn es enteilt dein Leben! / Wach auf, denn es ist hohe Zeit, / Und es naht schon die Ewigkeit, Dir deinen Lohn zu geben! / Zeig reuig deine Sünden an, / Daß dir die Gnade helfen kann!« (May: Old Surehand III, wie Anm. 11, S. 495f.); vgl. dazu: Ernst Seybold: Karl Mays »O Ewigkeit, du Donnerwort«. In: M-KMG 47/1981, S. 34-37.

[1027] May: Old Surehand III, wie Anm. 11, S. 495
[1028] Vgl. Wollschläger, wie Anm. 4, S. 76f.
[1029] Mt 12,34
[1030] Seybold, wie Anm. 999; vgl. auch ders.: Des Ich-Erzählers Konfession und andere Fragen. In: M-KMG 79/1989, S. 31-36 und M-KMG 81/1989, S. 45f.
[1031] Seybold, wie Anm. 999, M-KMG 46/1980, S. 40

sten einer Vorsehung[1032] oder seinen Glauben an Schutzengel[1033] dem Katholizismus unterschieben zu wollen (»auch wenn sie dem gerade vorhandenen Tagesbewußtsein abhanden gekommen sind.«[1034]), ist schlicht unsinnig. Wollschlägers Behauptung, May hätte »der olympisch umwölkte mythologische Apparat des Katholizismus weit mehr als das ungespäßig trockene Dogmengehäuse des Protestantismus«[1035] gelegen, ist so voller plakativer Vorurteile, daß sie m. E. nur noch mehr als falsch bezeichnet werden kann. Seybolds Fazit seiner Untersuchung lautet: »Das, was anscheinend die besondere Erregung der Kritiker der Marienkalendergeschichten hervorgerufen hat, gibt es nicht nur in diesen Erzählungen, sondern ständig in Mays Werken; es ist auch nicht spezifisch römisch-katholisch, sondern allgemein-christlich, also auch evangelisch. Wer darum hier schimpfen möchte, schimpfe nicht einfach auf Rom, sondern umfassend auf die Christenheit (auch in seiner aufklärerisch beeinflußten Gestalt, auch auf das Judentum dazu noch), und nicht auf einen zeitweise (...) oder längerfristig katholisierenden May, sondern umfassend auf den irgendwie immer christlichen May.«[1036]

Der Glaube Karl Mays schöpfte aus dem Fundus katholischer Volksfrömmigkeit genauso wie aus einer tätig-protestantischen Frömmigkeit, wollte sie nun mehr pietistischer oder aufklärerischer Provenienz sein. Nichts lag ihm ferner als ein dogmatisches Auseinandernehmen seines Glaubens zugunsten irgendeiner Richtung. Das Christsein Karl Mays deshalb aber gleich mit dem Prädikat »ökumenisch«[1037] versehen zu wollen, halte ich für voreilig. Es sei denn, man setzte die Scheu vor konfessioneller Auseinandersetzung schon mit Ökumene gleich.

Karl May zitierte nicht ohne Grund so gerne und reichhaltig aus biblischer und kirchlicher Tradition. Er tut es nicht allein aus purer Lust an der christlichen Selbstdarstellung, sondern – und genau das macht die Sache für viele Leser heute so unverständlich – aus einem tiefen Vertrauen in die Kraft dieser Worte. Er traut diesem sprachlich fest geprägten Traditionsgut eine, über die konkrete Entste-

---

[1032] Ebd., M-KMG 44/1980, S. 27
[1033] Ebd., M-KMG 45/1980, S. 39
[1034] Ebd., M-KMG 46/1980, S. 41
[1035] Wollschläger, wie Anm. 4, S. 86
[1036] Seybold, wie Anm. 999, M-KMG 44/1980, S. 28
[1037] Wohlgschaft, wie Anm. 3, S. 226

hungssituation hinausgehende,[1038] Menschen verändernde Wirkung zu: *Man ahnt gar nicht, was ein kurzes Wort, eine einzige Gedichtstrophe, zur rechten Zeit oder am rechten Orte gesprochen oder gelesen, für eine große, nachhaltige Wirkung auf den Menschen haben kann! Wenn man das beherzigte, wie anders, wie ganz anders würde dann gesprochen und geschrieben werden!*[1039]

Man ahnt gar nicht ..., genau darin liegt der entscheidende Punkt: Ganz unabhängig von der Frage, wo Karl May die Artikulation dieses seines Glaubens mehr oder weniger gelungen ist, ein großer Teil seiner Leser – und deren Anteil ist schon aus soziologischen Gründen heute viel höher einzustufen als damals – hat keinerlei Erfahrung im vertrauten Umgang mit solchen Traditionsstücken. Sie teilen mit dem Autor nicht einmal mehr die 'Ahnung' ihrer Möglichkeiten. Seine Ahnungen müssen für sie geradezu im luftleeren Raum hängenbleiben.

Old Shatterhand erahnt die lebensverändernden Möglichkeiten dieser Worte. Dem orientierungslos suchenden Jäger Surehand kann er einige mit auf den Weg geben: »*... der Kirchenvater Augustinus von Tagasta mag es Euch zeigen ...*«[1040]

[1038] »*... ja, es schien, als ob es gerade nur für uns und für keinen andern Menschen gedichtet worden sei.*« (May: »Weihnacht!«, wie Anm. 1, S. 61)
[1039] Ebd., S. 162
[1040] May: Old Surehand I, wie Anm. 7, S. 413

16. 'Winnetou' oder Vom wahren Menschsein zum wahren Christsein

Ich habe ihn geliebt wie keinen zweiten Menschen und liebe noch heut die hinsterbende Nation, deren edelster Sohn er gewesen ist.[1041]

Winnetou ist unsterblich. Mit dem berühmten Apachenhäuptling hat Karl May zugleich die faszinierendste und populärste Figur seines Werkes geschaffen und nicht nur für Generationen von Lesern der aussterbenden Urbevölkerung Nordamerikas einen Namen gegeben, sondern auch sich selbst ein literarisches Denkmal errichtet. Die Gestalt Winnetous begeisterte ein Millionenheer an Lesern, inspirierte eine Vielzahl von Künstlern und löste eine Welle an literarischer Auseinandersetzung mit ihr aus.[1042] Hier gilt es, dieser populären Romanfigur auch Hinweise auf Karl Mays Christentumsverständnis zu entlocken.

In Winnetou und Old Shatterhand gipfelt die Pyramide der Mayschen Helden. In ihnen vereinigen sich alle Werte und Tugenden der zahllosen Protagonisten. Vieles, das für Old Shatterhand gilt, gilt auch für Winnetou und umgekehrt, aber aller Gemeinsamkeiten zum Trotz dürfen die beiden Blutsbrüder nicht voreilig über einen Kamm geschoren werden. Sie unterscheiden sich vor allem durch ihre Abstammung, ihre Religion und Entwicklung. Old Shatterhand betont, daß Winnetou in allen Fertigkeiten des Westens sein unerreichter Lehrmeister geblieben sei, der ihn immer wieder übertreffe. Eine Fülle von Einzelbeobachtungen ergibt folgendes Bild des Apachen:[1043] Er hat geübtere Sinne[1044] und manchmal mehr Feingefühl als Old Shatterhand.[1045] Wo sich Old Shatterhand aufgrund seiner Gesinnung zieren würde, steht er nicht an, die unausweichliche Exekution eines Gefangenen eigenhändig durchzuführen.[1046] Dick Hammerdull bezeichnet ihn als »Haus- und Hofarzt«, aber in

---

[1041] Der Ich-Erzähler im Vorwort zu May: Winnetou I, wie Anm. 10, S. 5
[1042] Eine Auswahl findet sich z. B. in: Sudhoff/Vollmer, wie Anm. 65.
[1043] Vgl. dazu auch den Artikel 'Winnetou' in: Großes Karl May Figurenlexikon. Hrsg. von Bernhard Kosciuszko. Paderborn ²1996, S. 949-974.
[1044] May: Satan und Ischariot I, wie Anm. 27, S. 275
[1045] May: Winnetou II, wie Anm. 35, S. 591
[1046] May: Winnetou III, wie Anm. 40, S. 167

diesem Fall weigert Winnetou sich, *»Mörder zu kurieren.«*[1047] Er ist noch mehr *ein Mann der That*[1048] als der bisweilen doch recht wortreich und selbstverliebt um sich selbst kreisende Ich-Erzähler. Winnetous Verhalten *beschämt* ihn zuweilen.[1049]

Winnetou ist *»der Freund und Bruder aller roten Männer«*[1050] und stets bereit, Frieden zu stiften.[1051] Er *»liebt den Frieden«*[1052] und initiiert Friedensverhandlungen.[1053] *Wenn Winnetou sprach, so mußte jeder Zorn weichen und jedes etwaige Gekränktsein sich beschwichtigen.*[1054] Er *»trachtet nicht nach Blut«*[1055] und vergilt selbst Blutdurst mit Schonung.[1056] Er *»hilft gern jedem, der seiner bedarf, und fragt nicht, ob es ein Weißer oder ein Roter ist.«*[1057] Seine Gerechtigkeit ist bei Freund und Feind bekannt und anerkannt.[1058] Seine Erscheinung ist von natürlicher Autorität,[1059] er ist *»geradezu ein Beispiel von Hochherzigkeit und Noblesse«*,[1060] *»geachteter, als mancher Fürst«*,[1061] *jeder Zoll an ihm ein Mann, ein Held*,[1062] den man sich nicht anders als den stets bereiten Rächer allen Unrechtes und Schützer der Bedrängten denken konnte.[1063] Er ist ein König von Taten und Gesinnung,[1064] der dabei stets bescheiden[1065] und, da selbst nicht ohne Fehler,[1066] jeder Verehrung abhold bleibt.[1067] Winnetou, *stets ein Mann der That*,[1068] hält mehr

---

[1047] May: Old Surehand III, wie Anm. 11, S. 260
[1048] Ebd., S. 126
[1049] May: Winnetou II, wie Anm. 35, S. 591
[1050] May: »Weihnacht!«, wie Anm. 1, S. 466
[1051] Ebd., S. 450, S. 466 – ders.: Winnetou II, wie Anm. 35, S. 398
[1052] May: Winnetou II, wie Anm. 35, S. 337
[1053] Ebd., S. 351
[1054] May: Satan und Ischariot I, wie Anm. 27, S. 323
[1055] May: Winnetou II, wie Anm. 35, S. 333; ähnlich ders.: Satan und Ischariot III, wie Anm. 27, S. 134
[1056] May: Old Surehand III, wie Anm. 11, S. 86
[1057] May: Winnetou II, wie Anm. 35, S. 583
[1058] May: Old Surehand III, wie Anm. 11, S. 83 – ders.: Satan und Ischariot III, wie Anm. 27, S. 104
[1059] May: »Weihnacht!«, wie Anm. 1, S. 276ff.
[1060] May: Old Surehand II, wie Anm. 52, S. 425
[1061] May: Winnetou III, wie Anm. 40, S. 418
[1062] Ebd., S. 391
[1063] May: »Weihnacht!«, wie Anm. 1, S. 219
[1064] May: Old Surehand III, wie Anm. 11, S. 123
[1065] May: Winnetou III, wie Anm. 40, S. 394
[1066] Ebd., S. 180 – ders.: Old Surehand III, wie Anm. 11, S. 177f.
[1067] May: »Weihnacht!«, wie Anm. 1, S. 301

von Taten als von Worten,[1069] aber wenn er einmal spricht, so bedarf es keiner langen Rede, denn seine Worte sind wie Schwüre.[1070] Als *ein Freund der Wahrheit*[1071] ist er »*gewöhnt, stets die Wahrheit zu sagen*«[1072] und lügt nie.[1073] Er ist deshalb unbegrenzt vertrauenswürdig[1074] und seine Freundschaft einzigartig.[1075] »*Seine Gestalt ragt über alle andern hoch empor, und wenn er einmal untergegangen sein wird, wie seine ganze, beklagenswerte Nation dem Untergange geweiht ist, sein Name wird nicht untergehen und vergessen werden, sondern noch im Munde unsrer Kinder, unsrer Enkel und Urenkel weiterleben.*«[1076]

Es wurde bereits darauf hingewiesen, daß eine literarkritische Untersuchung der Texte keineswegs von Anfang an den schonungsvollen Diplomaten-Winnetou der späteren Reiseerzählungen zutage fördert. In den ältesten Schichten der untersuchten Erzählungen wird Winnetou noch als Krieger mit hungriger Büchse gezeichnet,[1077] dessen Heimat der Kampf sei.[1078] Die späteren redaktionellen Harmonisierungsversuche, der friedfertige Winnetou habe damals eben keine andere Wahl gehabt, als so blutrünstig zu handeln[1079] und vergieße mittlerweile weniger Blut,[1080] bleiben brüchig und nicht überzeugend. Sie vermögen nur unvollkommen zu verschleiern, daß sich weniger das ethische Bewußtsein der literarischen Figur als vielmehr das ihres Autors vertieft hatte. Freilich macht Winnetou aber nicht nur aufgrund ungeschickter Quellenkombination eine ethische Entwicklung durch, sondern auch aufgrund der, erzählerisch beabsichtigten, Vorbildwirkung seines Blutsbruders Old Shatterhand. Ist Winnetou am Grabe Nscho-tschis und Intschu tschunas noch von bittersten Rachegedanken be-

---

[1068] May: Old Surehand III, wie Anm. 11, S. 11
[1069] May: Satan und Ischariot II, wie Anm. 27, S. 195 – ders.: Old Surehand I, wie Anm. 7, S. 89
[1070] May: »Weihnacht!«, wie Anm. 1, S. 568
[1071] May: Old Surehand III, wie Anm. 11, S. 200
[1072] May: Winnetou I, wie Anm. 10, S. 438
[1073] May: »Weihnacht!«, wie Anm. 1, S. 466, S. 467, S. 565
[1074] May: Old Surehand III, wie Anm. 11, S. 419
[1075] May: »Weihnacht!«, wie Anm. 1, S. 117
[1076] So der 'Indianderagent' in: May: Old Surehand II, wie Anm. 52, S. 212
[1077] May: Winnetou II, wie Anm. 35, S. 316
[1078] May: Old Surehand II, wie Anm. 52, S. 555
[1079] Ebd., S. 425
[1080] Ebd., S. 634

seelt,[1081] so bewirkt die Freundschaft seines weißen Blutsbruders doch ein sukzessives Umdenken: Er sieht von einem Vernichtungszug ab[1082] und, anstatt sich an allen Weißen zu rächen, intensiviert die Freundschaft zu seinem weißen Blutsbruder.[1083] Sein Wissensdurst und die Bereitschaft, sich am Vorbild Old Shatterhands zu orientieren, nehmen beständig zu.[1084] Infolge der abendlichen Andacht in Helldorf Settlement beschließt er, keinem Feind mehr die

---

[1081] »*Rache! Ich soll sie rächen, und, ja, ich werde sie rächen, wie noch nie ein Mord gerächt worden ist. Weißt du, wer die Mörder waren? Du hast sie gesehen. Bleichgesichter waren es, denen wir nichts gethan hatten. So ist es stets gewesen, und so wird es immer, immer sein, bis der letzte rote Mann ermordet worden ist. Denn wenn er auch eines natürlichen Todes sterben sollte, ein Mord ist es doch, ein Mord, welcher an meinem Volke geschieht ... Mögen wir euch hassen, oder mögen wir euch lieben, es ist ganz gleich: Wo ein Bleichgesicht seinen Fuß hinsetzt, da folgt hinter ihm das Verderben für uns ... Ich schwöre bei dem großen Geiste und bei allen meinen tapfern Vorfahren, welche in den ewigen Jagdgründen versammelt sind, daß ich von heut an jeden Weißen, jeden, jeden Weißen, der mir begegnet, mit dem Gewehre, welches der toten Hand meines Vaters entfallen ist, erschießen oder – – –*« (May: Winnetou I, wie Anm. 10, S. 497)

[1082] »*Ich habe die vergangene Nacht dort bei den Toten zugebracht und im Kampfe mit mir selbst gelegen. Die Rache gab mir einen großen, kühnen Gedanken ein. Ich wollte die Krieger aller roten Nationen zusammenrufen und mit ihnen gegen die Bleichgesichter ziehen. Ich wäre besiegt worden. Aber in dem Kampfe gegen mich selbst heut in der Nacht bin ich Sieger geblieben.*« (Ebd., S. 551)

Man beachte die biographischen Pararellen zu dem frühen Wunsch Karl Mays, sich für das erfahrene Unrecht an der Gesellschaft zu rächen: *Die Hauptsache war, daß ich mich rächen sollte, rächen an dem Eigentümer jener Uhr, der mich angezeigt hatte, nur um mich aus seiner Wohnung loszuwerden, rächen an der Polizei, rächen an dem Richter, rächen am Staate, an der Menschheit, überhaupt an jedermann! ... Das war es, was die Versucher in meinem Innern von mir forderten. Ich wehrte mich, so viel ich konnte, so weit meine Kräfte reichten ... Niemand erfuhr, was in mir vorging und wie un- oder gar übermenschlich ich kämpfte ...* (May: Mein Leben und Streben, wie Anm. 79, S. 118)

[1083] »*Deine Gegenwart wird vielleicht vielen Söhnen der Bleichgesichter das Leben erhalten. Das Gesetz des Blutes fordert den Tod vieler weißer Menschen; aber dein Auge ist wie die Sonne, deren Wärme das harte Eis zerweicht und in erquickendes Wasser verwandelt. Du weißt, wen ich verloren habe. Sei du mir Vater, und sei du mir Schwester zugleich; ich bitte dich darum, Scharlih!*« (May: Winnetou I, wie Anm. 10, S. 545)

[1084] »*Mein Bruder Old Shatterhand kennt mich und weiß, daß ich nach dem Wasser der Erkenntnis, des Wissens gedürstet habe. Du hast es mir gereicht, und ich trank davon in vollen Zügen*« (May: Winnetou III, wie Anm. 40, S. 463)

Skalplocke zu nehmen.[1085] Er entwickelt sich zunehmend zum 'Edelmenschen', zu dem ihn Karl May in seinem allegorischen Spätwerk stilisiert, zum Inbegriff humanen Handelns, des Menschseins überhaupt.[1086]

Was den Glauben Winnetous betrifft, gibt sich der Autor bisweilen kryptisch: Das Auge der Bleichgesichter sei vom Hasse blind geworden, wohingegen Winnetou *»mit dem großen Geiste«* spreche.[1087] Der *sogenannte Wilde* ist zu mehr Liebe, Mitleid und Mitmenschlichkeit fähig als manch anderer, der sich selbst Christ nennt.[1088] Winnetou rühmt sich einmal selbst, ein Heide und kein blutvergießender Christ zu sein.[1089] Er, der Heide, als ein Vorbild der Menschlichkeit und damit auch Vorbild des wahren Christentums? Old Shatterhand vermutet, daß Winnetou längst *»innerlich ein Christ«*[1090] sei. Kommt es darauf an, nur 'innerlich' ein Christ zu sein, was immer das wäre, oder kommt es nur auf das rechte humane Handeln an, das auch den Nicht-Christen als den *bessere(n) Christ(en)*[1091] qualifizieren könnte?

[1085] Ebd., S. 448; auch diese Aussage paßt eigentlich nicht mehr zu dem Winnetou des 'Winnetou III', der schon vorher seine besiegten Feinde nicht skalpiert. Erklären läßt sich diese Unstimmigkeit damit, daß May für diesen Teil des Romans wieder einmal auf einen älteren Text zurückgegriffen hat, nämlich 'Ave Maria' (wie Anm. 41, 23. Fortsetzung); vgl. Karl May: Der Scout – Deadly Dust – Ave Maria. Hrsg. von der Karl-May-Gesellschaft. Hamburg (2. erweiterte Auflage) 1997, S. 302.

[1086] *In Amerika sollte eine männliche und in Asien eine weibliche Gestalt das Ideal bilden, an dem meine Leser ihr ethisches Wollen emporzuranken hätten. Die eine ist mein Winnetou, die andere Marah Durimeh geworden. Im Westen soll die Handlung aus dem niedrigen Leben der Savanne und Prairie nach und nach bis zu den reinen und lichten Höhen des Mount Winnetou emporsteigen. Im Osten hat sie sich aus dem Treiben der Wüste bis nach dem hohen Gipfel des Dschebel Marah Durimeh zu erheben.* (May: Mein Leben und Streben, wie Anm. 79, S. 144)

[1087] May: Winnetou II, wie Anm. 35, S. 527

[1088] *So fühlte, so dachte und so sprach ein Indianer, also ein sogenannter Wilder! Ich habe überhaupt mehr sogenannte als wirkliche Wilde getroffen, ebenso, wie man sehr leicht dazukommen kann, mehr sogenannte als wirkliche Christen kennen zu lernen.* (May:»Weihnacht!«, wie Anm. 1, S. 383)

[1089] *»Old Wabble nennt sich einen Christen; er wird Winnetou einen Heiden nennen; aber wie kommt es doch, daß dieser Christ so gern Blut vergießt, während der Heide das zu vermeiden sucht?«* (May: Old Surehand I, wie Anm. 7, S. 331)

[1090] Ebd., S. 515

[1091] May: Winnetou I, wie Anm. 10, S. 425

Fallen für Karl May humanes Handeln und Christentum einfach zusammen? Bei oberflächlicher Betrachtung könnte man geneigt sein, dies zu vermuten. Daß der christlichen Religion die höchste sittliche Macht innewohne und sie daher am besten zur wahren Menschlichkeit tauge, das schien Karl May hinreichend evident, identisch sah er Humanismus und Christentum allerdings nicht. Dies zeigt sich sehr schön in einer Szene in 'Old Surehand I': Der junge Comanche Schiba-bigk zweifelt daran, daß auch ein Roter seinen Feinden vergeben könne, und Old Shatterhand verweist in diesem Zusammenhang auf das Vorbild Winnetous. Im stillen rechtfertigt sich der Ich-Erzähler dafür, nur *Winnetou* als Vorbild genannt zu haben:

Warum hatte ich ihm nur Winnetou, einen Menschen, einen Indianer, zur Nachahmung genannt? Gab es nicht höhere Vorbilder? Warum hatte ich nicht das höchste, das heiligste erwähnt? Weil es ihm in dieser Kürze unverständlich, unbegreiflich gewesen wäre; war ihm doch schon Winnetou zu viel, obgleich er diesen vor sich sah und hundert Züge des Edelmutes und der Liebe aus seinem Leben kannte! Man muß auch mit der Darreichung geistiger Nahrung vorsichtig sein.[1092]

Das Vorbild Winnetou scheint ihm also ein durchaus erstrebenswertes Ziel, aber doch nicht das *höchste* oder *heiligste*, vielmehr ein operatives ethisches Ziel zu sein. Es ist – vergleiche 1 Kor 3,2 bzw. Hebr 5,12-14. – nur eine 'leichte Speise', die dem Rezipienten zumutbar erscheint.

Für Karl May gehören – wie so oft aufgezeigt – Wort und Tat zusammen. Dies ist aber in beiderlei Denkrichtungen zu verstehen. Ein Wort ohne folgende Tat ist ihm genauso wertlos wie christliches Handeln ohne christliches Bekenntnis. Winnetous vorbildhaftes Handeln macht ihn noch nicht zum Christen, das macht erst sein innerlicher wie äußerlicher Wandel, letztlich sein Sterbebekenntnis[1093] und sein Testament.[1094] Winnetous Bekehrungsweg, der mit diesen Worten zum Ziel kommt, wurde vom Autor in 'Winnetou I' allerdings schon umsichtig vorbereitet. Zeichnet man den Bekeh-

---

[1092] May: Old Surehand I, wie Anm. 7, S. 370
[1093] May: Winnetou III, wie Anm. 40, S. 474
[1094] Auf Resten des zerstörten Testaments ist zu entziffern: ».... *eine Hälfte erhalten .... weil Armut .... Felsen bersten .... Christ. .... austeilen .... keine Rache* ....« (ebd., S. 625)

rungsweg Winnetous nach, kommt man nicht umhin, charakteristische Unterschiede zu dem Old Wabbles[1095] zu entdecken.

Lange vor Old Shatterhand hatte bereits Klekih-petra mit seiner Lehre auf die Apachen eingewirkt[1096] und sie zu einem überdurchschnittlich friedliebenden Stamm gemacht.[1097] Winnetou, der Sohn des Häuptlings, war sein besonderer Schüler, sein *geistiges Kind*[1098] gewesen, von dem Klekih-petra gehofft hatte, »*doch den Tag* [zu] *erleben, an welchem er sich einen Christen nennt!*«[1099] Dieser Wunsch bleibt ihm durch seinen frühen Tod verwehrt, er gibt ihn aber als Vermächtnis an Old Shatterhand weiter, der ihn fortan zu erfüllen trachtet.[1100] Nach einigen Rückschlägen gelingt es dem Ich-Erzähler, das Vertrauen Winnetous zu gewinnen, er muß ihm aber am Tage des Bundesschlusses versprechen, niemals ein Wort der Bekehrung an ihn zu richten.[1101] Old Shatterhand erfüllt diese Bitte ohne Zögern:

[1095] Vgl. Kap. 11.
[1096] May: Winnetou I, wie Anm. 10, S. 413f.
[1097] »*Eigentlich sollten sie getötet werden. Jeder andere Stamm würde sie zu Tode martern, aber der gute Klekih-petra ist unser Lehrer gewesen und hat uns über die Güte des großen Geistes belehrt. Wenn die Kiowas einen Preis der Sühne zahlen, dürfen sie heimkehren.*« (Nscho-tschi in ebd., S. 313)
[1098] Ebd., S. 131
[1099] Ebd., S. 130
[1100] *War dieser Wunsch ein zufälliges, leeres, weggeworfenes Wort? Oder ist dem Sterbenden vergönnt, wenn er von seinen Lieben scheidet, im letzten Augenblicke, wenn die eine Schwinge seiner Seele bereits im Jenseits schlägt, einen Blick in ihre Zukunft zu werfen? Fast scheint es so, denn es wurde mir später möglich, seine Bitte zu erfüllen, obgleich es jetzt den Anschein hatte, als ob eine Begegnung mit Winnetou mir nur Verderben bringen könne.* (Ebd., S. 139)
[1101] »*Sprich nicht vom Glauben zu mir! Trachte nicht danach, mich zu bekehren! Ich habe dich sehr, sehr lieb und möchte nicht, daß unser Bund zerrissen werde. Es ist so, wie Klekih-petra sagte. Dein Glaube mag der richtige sein, aber wir roten Männer können ihn noch nicht verstehen. Wenn uns die Christen nicht verdrängten und ausrotteten, so würden wir sie für gute Menschen halten und auch ihre Lehre für eine gute. Dann fänden wir wohl auch Zeit und Raum, das zu lernen, was man wissen muß, um euer heiliges Buch und eure Priester zu verstehen. Aber der, welcher langsam und sicher zu Tode gedrückt wird, kann nicht glauben, daß die Religion dessen, der ihn tötet, eine Religion der Liebe sei ... [Die Bleichgesichter] nennen sich Christen, handeln aber nicht danach. Wir aber haben unsern großen Manitou, welcher will, daß alle Menschen gut seien. Ich bemühe mich, ein guter Mensch zu sein, und bin da vielleicht ein Christ, ein besserer Christ als diejenigen, die sich zwar so nennen, aber keine Liebe besitzen und nur nach ihrem Vorteile trachten. Also sprich nie zu mir vom*

Ich habe sie ihm erfüllt und nie ein Wort über meinen Glauben zu ihm gesagt. Aber muß man denn reden? Ist nicht die That eine viel gewaltigere, eine viel überzeugendere Predigt als das Wort? 'An ihren Werken sollt ihr sie erkennen,' sagt die heilige Schrift, und nicht in Worten, sondern durch mein Leben, durch mein Thun bin ich der Lehrer Winnetous gewesen, bis er einst, nach Jahren, an einem mir unvergeßlichen Abende, mich selbst aufforderte, zu sprechen. Da saßen wir stundenlang beisammen, und in jener weihevollen Nacht ging all der im stillen gesäete Samen plötzlich auf und brachte herrliche Frucht.[1102]

Es sind also gerade die verbale Zurückhaltung und die konsequente Praxis Old Shatterhands, die ihm letzten Endes zum missionarischen Erfolg gereichen. Winnetou übernimmt im Laufe der Zeit immer mehr Ausdrucksformen der Frömmigkeit seines Blutsbruders: Als Old Wabble stirbt, beteiligt er sich – wie auch die anderen Indianer – still am Gebet,[1103] und die Schändung eines Kruzifixes bringt ihn einmal gar in Rage.[1104] Die Segenswünsche, die er seinem Blutsbruder mit auf den Weg gibt, gemahnen zum Teil an liturgische Formeln.[1105]

Erst kurz vor seinem Tod bricht Winnetou das von ihm selbst erbetene Schweigen.[1106] An einem dunklen See sitzend, vertieft er

---

Glauben, und versuche nie, aus mir einen Mann zu machen, der ein Christ genannt wird, ohne es vielleicht zu sein! Das ist die Bitte, welche du mir erfüllen mußt!« (Ebd., S. 424f.)

[1102] Ebd., S. 425

[1103] May: Old Surehand III, wie Anm. 11, S. 498

[1104] May: Winnetou III, wie Anm. 40, S. 453

[1105] *»So leite der gute Manitou alle deine Schritte und beschütze dich auf allen deinen Wegen. Howgh!«* (May: Winnetou I, wie Anm. 10, S. 618)
»Der gute Manitou mag dir vergelten, daß du mir so viel, so viel gewesen bist! Mein Herz fühlt mehr, als ich mit Worten sagen kann ... Und wenn du dann zu den Menschen zurückgekehrt bist, von denen keiner dich so lieben wird, wie ich dich liebe, so denke zuweilen an deinen Freund und Bruder Winnetou, der dich jetzt segnet, weil du ihm ein Segen warst!« (May: Winnetou III, wie Anm. 40, S. 468)

[1106] *Wir kannten uns seit Jahren. Wir hatten Leid und Freud redlich miteinander geteilt und uns in jeder Gefahr und Not mit todesmutiger Aufopferung beigestanden. Aber niemals war, seiner einstigen Bitte gemäß, zwischen uns ein Wort über den Glauben gesprochen worden; niemals hatte ich auch nur mit einer Silbe versucht, zerstörend in seine religiösen Anschauungen einzudringen. Ich wußte, daß er grad dieses mir sehr hoch anrechnete, und darum mußten meine jetzigen Vorstellungen von doppelter Wirkung auf ihn sein.* (May: Winnetou III, wie Anm. 40, S. 425)

sich mit seinem Blutsbruder in ein nächtliches Glaubensgespräch.[1107] Obwohl Old Shatterhand auch darin bemüht ist, die Überlegenheit der christlichen Lehre argumentativ herauszustreichen,[1108] sind es letztlich doch nicht seine Argumente, sondern seine vorgelebte Authentizität im Glauben, die Winnetou überzeugen.[1109] Deshalb betont der Ich-Erzähler die Schlichtheit seiner Worte, die dem *Wort Gottes* Wirkraum lassen wollen.[1110] *... ich that dies nicht durch den Vortrag gelehrter Dogmen und spitzfindiger Sophismen, sondern ich sprach in einfachen, schmucklosen Worten, ich redete zu ihm in jenem milden, überzeugungsvollen Tone, welcher zum Herzen dringt, jedes Besserseinwollen vermeidet und den Hörer gefangen nimmt, obgleich er diesen denken läßt, daß er sich aus eigenem Willen und Entschließen ergeben habe.*[1111] Es klingen vor allem erwecklich-pietistische Töne an,[1112] die dem Hörenden eine definitive Glaubensentscheidung zwischen Tod und Leben abverlangen.[1113] Old Shatterhand bedient sich bei seiner Darlegung des christlichen Glaubens neben einzelnen Bibel- und Liedzitaten vor allem der Möglichkeit eines persönlichen Frömmigkeitszeugnisses:

[1107] Ebd., S. 423-28
[1108] Ebd., S. 426f.
[1109] *»Mein Bruder Schar-lih hat recht gesprochen. Winnetou hat keinen Menschen geliebt als ihn allein; Winnetou hat keinem Menschen vertraut als nur seinem Freunde, der ein Bleichgesicht ist und ein Christ. Winnetou glaubt keinem Menschen als nur ihm allein. Mein Bruder kennt die Länder der Erde und ihre Bewohner; er kennt alle Bücher der Weißen; er ist verwegen im Kampfe, weise am Beratungsfeuer und mild gegen die Feinde. Er liebt die roten Männer und meint es gut mit ihnen. Er hat seinen Bruder Winnetou niemals getäuscht und wird ihm auch heut die Wahrheit sagen. Das Wort meines Bruders gilt mehr als das Wort aller Medizinmänner und als die Worte aller weißen Lehrer.«* (Ebd.)
[1110] *Das Wort Gottes ist das Senfkorn, dessen Keimen im Verborgenen vor sich geht; hat es aber erst einmal die harte Kruste durchdrungen, so wächst es im Lichte schnell und fröhlich weiter.* (Ebd., S. 429)
[1111] Ebd., S. 427
[1112] Vgl. z. B.: *Es war ein liebevolles Netzauswerfen nach einer Seele, die wert war, aus den Banden der Finsternis erlöst zu werden.* (Ebd.).
[1113] *»Mein Bruder Schar-lih hat Worte gesprochen, welche nicht sterben können,«* sagte er tief aufatmend. *»Winnetou wird nicht vergessen den großen, gütigen Manitou der Weißen, den Sohn des Schöpfers, der am Kreuz gestorben ist, und die Jungfrau, welche im Himmel wohnt und den Gesang der Settler hört. Der Glaube der roten Männer lehrt Haß und Tod; der Glaube der weißen Männer lehrt Liebe und Leben. Winnetou wird nachdenken, was er erwählen soll, den Tod oder das Leben.«* (Ebd., S. 428)

»Ich bin dem Heilande nachgegangen und habe den Frieden des Herzens gefunden. Warum will mein Bruder nicht auch zu ihm gehen?«[1114]

In der Sterbestunde Winnetous bewahrheitet sich die Vermutung des Ich-Erzählers, daß Winnetou *durch den Umgang mit mir in seinem Innern ein Christ geworden*[1115] sei: Sein Christsein wird explizit, als er sich in seinen letzten Worten zu Christus bekennt.[1116] Die fragmentarischen Wortfetzen seines von Santer zerstörten Testaments[1117] lassen vermuten, daß Winnetous Bekehrung kein Entschluß in letzter Sekunde, sondern langsam gereift war.

Mutete das Gespräch zwischen Old Shatterhand und Old Wabble in 'Old Surehand I'[1118] bisweilen als der Prototyp eines mißlungenen Bekehrungsversuches an, der entgegen aller Absicht des Erzählers mehr mit den, von ihm selbst verabscheuten, Bekehrungsmethoden eines Prayer-man gemein hatte,[1119] als sich dieser eingestehen wollte, so werden die Unterschiede zu der Bekehrungsgeschichte Winnetous offensichtlich. Winnetou wird von Old Shatterhand nicht 'bekanzelredet' und stetig zum Gehorsam gerufen, wie dies bei Old Wabble der Fall war, sondern er wird von Old Shatterhand akzeptiert, ohne daß jener versucht wäre, *zerstörend in seine religiösen Anschauungen einzudringen.*[1120] Old Shatterhands Liebe und der Vollzug seines Glaubens in der Praxis überwinden Winnetous anfängliche Zweifel. Das Vertrauen, das die Blutsbrüder einander entgegenbringen und das langfristig Winnetous Bekehrung ermöglicht, kommt bei Old Wabble erst gar nicht zustande. Sein beständiger Spott über den Glauben Old Shatterhands, dem zuweilen auch noch mehr Überzeugungskraft innewohnt als dessen unbeholfenen Apo-

---

[1114] Ebd., S. 426

[1115] Ebd., S. 464

[1116] *Als der letzte Ton verklungen war, wollte er sprechen – es ging nicht mehr. Ich brachte mein Ohr ganz nah an seinen Mund, und mit der letzten Anstrengung der schwindenden Kräfte flüsterte er:* »Schar-lih, ich glaube an den Heiland. Winnetou ist ein Christ. Lebe wohl!« (Ebd., S. 474)

[1117] Vgl. Anm. 1094.

[1118] May: Old Surehand I, wie Anm. 7, S. 398-405

[1119] *»Ich kaufte ihm einige Sachen ab, deren Stil ein so frommschwülstiger war, daß ich glaubte, ihn darauf aufmerksam machen zu müssen, daß man durch diese Art der Ausdrucksweise, die eine geradezu abstoßende ist, der guten Sache mehr Schaden als Nutzen bringe.«* (Frau Hiller in: May: »Weihnacht!«, wie Anm. 1, S. 157)

[1120] May: Winnetou III, wie Anm. 40, S. 425

logieversuchen, drängt beide in eine Defensivrolle, aus der sie nur noch schwer heraus können und in der jeder um sein grundsätzliches Akzeptiertsein fürchten muß. Sie diskutieren religiöse Themata, um zu verschleiern, daß allein die Existenz des anderen die eigene grundsätzlich in Frage stellt. Winnetou hingegen wird nicht abstrakt von der Wahrheit des Christentums, sondern durch den gelebten Glauben seines Freundes überzeugt.

Daß Old Shatterhand in der Bekehrung Winnetous eine aktivere und positiver belegte Rolle spielt als in der Old Wabbles, liegt in seinem eigenen Rollenverhalten begründet. Gegenüber seinen Freunden Winnetou und Old Surehand passen seine Rede und sein Verhalten zusammen, wenn er diese dazu auffordert, in Gott ihren Frieden zu finden. Im Gespräch mit Old Wabble wird dieselbe Gesinnung durch sein eigenes ausfälliges Verhalten (*Da lief mir denn doch die Galle über ...*[1121]) konterkariert.

Die vorbildliche Vertrauens- und Überzeugungsarbeit Old Shatterhands gegenüber seinem Freund und Blutsbruder Winnetou ist wohl auch aus der Biographie Mays zu verstehen. Karl May schildert in seinen Lebenserinnerungen 'Mein Leben und Streben' die Art und Weise, in der der Gefängnisseelsorger Johannes Kochta einst auf ihn wirkte. Die Parallelen sind unübersehbar:

Der katholische Katechet hieß Kochta. Er war nur Lehrer, ohne akademischen Hintergrund, aber ein Ehrenmann in jeder Beziehung, human wie selten Einer und von einer so reichen erzieherischen, psychologischen Erfahrung, daß das, was er meinte, einen viel größern Wert für mich besaß, als ganze Stöße von gelehrten Büchern. Nie sprach er über konfessionelle Dinge mit mir. Er hielt mich für einen Protestanten und machte nicht den geringsten Versuch, auf meine Glaubensanschauung einzuwirken. Und wie er sich zu mir, so verhielt ich mich zu ihm. Nie habe ich ihm eine Frage nach dem Katholizismus vorgelegt. Was ich da wissen mußte, das wußte ich bereits oder konnte es in anderer Weise erfahren. Mir war das schöne Verhältnis heilig, das nach und nach zwischen ihm und mir entstand, ohne daß sich störende Gegensätze in das rein menschliche Wohlwollen schleichen durften. Er tat seinen Kirchendienst, ich meinen Orgeldienst, aber im Uebrigen blieb die Religion zwischen uns vollständig unberührt und konnte also umso direkter und reiner auf mich wirken. Grad dieses sein Schweigen war so beredt, denn es ließ seine Taten sprechen, und diese

---

[1121] May: Old Surehand I, wie Anm. 7, S. 403

Taten waren die eines Edelmenschen, dessen Wirkungskreis zwar ein kleiner ist, der aber selbst das Kleinste groß zu nehmen weiß.[1122]

Winnetous Bekehrung ist wohl deswegen die überzeugendste, da sich in ihr Karl Mays eigene Erfahrung widerspiegelt.

[1122] May: Mein Leben und Streben, wie Anm. 79, S. 172f.

17. Auf der Fährte

Ich will weg, ich will raus
Ich will – Wünsch' mir was
Und ein kleiner Junge nimmt mich an der Hand

Er winkt mir zu und grinst:
Komm' hier weg, komm' hier raus
Komm' ich zeig' Dir was
Das Du verlernt hast, vor lauter Verstand.[1123]

Karl May, der kleine Sachse und Weberssohn, wurde Schriftsteller und fand in den Phantasien seines Abenteuerlandes vieles von dem, was ihm in seinem Leben vorenthalten blieb. Unzählige folgten ihm. Aber so sehr seine Literatur auch eine befreiende Flucht aus dem ihn umgebenden Alltag gewesen sein mag, so sehr fand er in seinem Abenteuerland doch eben diesen Alltag – wenn auch in verstellter Form – wieder. Old Shatterhand bewegte im fernen Westen auch nichts anderes als das, was seinen Schöpfer in Dresden bewegte. In seinem Abenteuerland widerspiegelt sich sein Drängen nach Erlösung, sein Glaube und all das, womit er sich auseinanderzusetzen hatte. In seinen Reflexionen, seinen Taten, seinen Abenteuern und Wegbegleitern finden sich die verschiedenen Glaubens- und Geistesströmungen der Jahrhundertwende, soweit sie ihm, dem Nicht-Theologen, aber überzeugten Christen, in seiner Frömmigkeitsgestaltung relevant erschienen, und er öffnete uns damit zugleich einen individuellen Blickwinkel gelebter Religiosität abseits professioneller christlicher Selbstdarstellungen. Er schrieb keine Dogmatiken, sondern ließ Zeugnisse seines individuellen Glaubens wie selbstverständlich in sein Werk einfließen. Mit aufklärerischem Optimismus wollte er der Lehrer seiner Leser werden. Und er war – ganz im Widerspruch zu einer seiner eigenen Aussagen[1124] – viel

---

[1123] Pur: Abenteuerland. Intercord Tonträger. 1995
[1124] *Also, mein lieber Freund, ich schreibe meine Bücher nicht für die Christlichkeit, sondern für die Menschlichkeit. Ich will keiner einzigen Person auch nur die geringste dogmatische oder dem ähnliche Störung bereiten, denn auch ich würde mir jede derartige Belästigung auf das strengste verbitten.* (Karl

mehr als ein Lehrer der Humanität. Seine Humanität gründete sich in seiner geglaubten Geschöpflichkeit, und seine Religiosität ging deutlich über die einer reinen Mitmenschlichkeit hinaus. Er glaubte an ein Zielgerichtetsein des Lebens über die Grenzen desselben hinaus, an eine vergebende eschatologische Liebe jenseits dieser Welterfahrung. Aber sein Glaube konnte sich nicht mit einem Fürwahrhalten jenseitiger Möglichkeiten begnügen, sondern verlangte nach einem Ausdruck tätiger Frömmigkeit. Beten und Handeln gehörten für ihn zusammen. Ein Christ mußte sich nicht nur in seinen Gedanken, sondern vor allem in seinen Taten erweisen. Er verinnerlichte all jene Gedanken und Ausdrucksformen tätiger Frömmigkeit, die er in seiner Umwelt vorfand und die ihm behaltenswert erschienen. Daraus ergab sich zwar ein Geflecht verschiedenster, nur teilweise harmonisierbarer Vorstellungen, ein Geflecht mit ungelösten Knoten und offenen Enden, dessen Qualität er aber nicht an der rechten dogmatischen Strickweise, sondern dessen Tragfähigkeit an einer praxis pietatis maß. Er beobachtete seine Mitmenschen und Mitchristen sehr genau und lernte von denen, die ihm, in all ihrer Unaufdringlichkeit, authentisch erschienen. Eine lebendige Frömmigkeitspraxis war ihm da wichtiger als konfessionelle Schranken, als tote, dogmatische Haarspaltereien, und so konnten schon unterschiedlichste Zielvorstellungen nebeneinander treten. »Pietistische Herzensfrömmigkeit wird ergänzt durch das Selbstbewußtsein des souveränen bürgerlichen Individuums; Rationalismus und Offenheit im Umgang mit den Religionen treten neben Engstirnigkeit und Intoleranz.«[1125] In seinem hartnäckigen Bemühen, sich seine Einstellung, seinen persönlichen Kinderglauben zu bewahren, nicht durch eine *dogmatische ... Störung*[1126] antasten zu lassen, verschließt er sich bisweilen jener unbefangenen Weltöffnung, die er selbst doch anstreben wollte.

So sehr sich Mays Glauben verschiedenster Frömmigkeitsstile bedient, so wenig verfällt er allerdings in eine synkretistische Beliebigkeit. Er ist zwar überkonfessionell, aber nicht interreligiös. Sein Gottesbild ist eindeutig christlich: Sein Glaube gilt nicht einem unbestimmten indianischen Geist, sondern dem Sohn (!) des guten Manitou. Old Shatterhands Glaube ist ein kirchlicher. Nicht in dem

---

May: Brief an Franz Weigl, ohne Datum; zit. nach Wollschläger, wie Anm. 4, S. 131)
[1125] Schmiedt, wie Anm. 80, S. 186
[1126] May: Brief an Franz Weigl, wie Anm. 1124

Sinne einer bloßen äußeren Zugehörigkeit zu einem Gewohnheitschristentum, sondern aus der tiefen Überzeugung heraus, in einer lebendigen Tradition zu stehen, aus der man schöpfen kann. Insofern besitzt er auch durchaus konfessionelle Kenntnisse. (Die zeitweiligen Widersprüchlichkeiten seiner Glaubensausführungen – und bei wem wären solche nicht vorhanden? – können doch nicht darüber hinwegtäuschen, daß er über gediegene dogmatische Grundkenntnisse verfügte, die manchem heutigen, mit religiösen Versatzstücken jonglierenden Schriftsteller durchaus zur Ehre gereichen würden.) Er traut dem kirchlichen Traditionsgut eine tiefe, Menschen verändernde, Kraft zu. Sie gibt dem Handeln Gottes Raum, das nie in seiner eigenen Menschlichkeit aufgehen kann. So sehr er dabei eine konfessionelle Gebundenheit zu überwinden bestrebt ist, kann doch seine primär lutherische Prägung nicht übersehen werden. Sein Anliegen ist allerdings nicht eine lutherische Orthodoxie, sondern eines, in dem sich aufklärerische und pietistische Tendenzen treffen, ein überkonfessionelles, tätiges Christsein. Wie vieles andere auch war Karl May dies in seinem eigenen Leben nur beschränkt möglich. Und so schickt er Old Shatterhand und seine Leser gemeinsam ins Abenteuerland, um dort zu erleben, was sie »verlernt (…) vor lauter Verstand.«[1127]

[1127] Vgl. Anm. 1123.

LITERATURVERZEICHNIS

a) May-Texte

Gesammelte Reiseromane Bd. IV: In den Schluchten des Balkan. Freiburg 1892
Gesammelte Reiseromane Bd. VII: Winnetou der Rote Gentleman I. Freiburg 1893
Gesammelte Reiseromane Bd. VIII: Winnetou der Rote Gentleman II. Freiburg 1893
Gesammelte Reiseromane Bd. IX: Winnetou der Rote Gentleman III. Freiburg 1893
Gesammelte Reiseromane Bd. X: Orangen und Datteln. Freiburg 1894
Gesammelte Reiseromane Bd. XIV: Old Surehand I. Freiburg 1894
Gesammelte Reiseromane Bd. XV: Old Surehand II. Freiburg 1895
Gesammelte Reiseerzählungen Bd. XIX: Old Surehand III. Freiburg 1896
Gesammelte Reiseerzählungen Bd. XX: Satan und Ischariot I. Freiburg 1897
Gesammelte Reiseerzählungen Bd. XXI: Satan und Ischariot II. Freiburg 1897
Gesammelte Reiseerzählungen Bd. XXII: Satan und Ischariot III. Freiburg 1897
Gesammelte Reiseerzählungen Bd. XXIII: Auf fremden Pfaden. Freiburg 1897
Gesammelte Reiseerzählungen Bd. XXIV: »Weihnacht!«. Freiburg 1897
Gesammelte Reiseerzählungen Bd. XXVIII: Im Reiche des silbernen Löwen III. Freiburg 1902
Gesammelte Reiseerzählungen Bd. XXIX: Im Reiche des silbernen Löwen IV. Freiburg 1903
Gesammelte Reiseerzählungen Bd. XXX: Und Friede auf Erden! Freiburg 1904
Gesammelte Reiseerzählungen Bd. XXXI: Ardistan und Dschinnistan I. Freiburg 1909
Gesammelte Reiseerzählungen Bd. XXXII: Ardistan und Dschinnistan II. Freiburg 1909
Gesammelte Reiseerzählungen Bd. XXXIII: Winnetou IV. Freiburg 1910

Karl Mays Illustrierte Reiseerzählungen. Band IX: Winnetou III. Freiburg 1909

Ange et Diable. In: Karl May: Hinter den Mauern und andere Fragmente aus der Haftzeit. In: Jb-KMG 1971. Hamburg 1971, S. 128-132
Aus der Mappe eines Vielgereisten. Nr. 2. Old Firehand. In: Deutsches Familienblatt. 1. Jg. (1875/76)

Geographische Predigten. In: Schacht und Hütte. 1. Jg. (1875/76); Reprint in: Schacht und Hütte. Dresden (1875/76). Hildesheim-New York 1979
Auf der See gefangen. In: Frohe Stunden. 2. Jg. (1878)
Vom Tode erstanden. In: Frohe Stunden. 2. Jg. (1878)
Three carde monte. In: Deutscher Hausschatz. V. Jg. (1878/79)
Im fernen Westen. Stuttgart 1879
Deadly dust. In: Deutscher Hausschatz. VI. Jg. (1879/80)
Das Waldröschen oder Die Rächerjagd rund um die Erde. Dresden 1882-84
Die Liebe des Ulanen. In: Deutscher Wanderer. 8. Bd. (1883-85)
Der verlorne Sohn oder Der Fürst des Elends. Dresden 1884-86
Deutsche Herzen, deutsche Helden. Dresden 1885-87
Unter der Windhose. In: Das Buch der Jugend. 1. Bd. Stuttgart 1886
Der Weg zum Glück. Dresden 1886-88
Der Sohn des Bärenjägers. In: Der Gute Kamerad. 1. Jg. (1887)
Der Geist der Llano estakata. In: Der Gute Kamerad. 2. Jg. (1887/88)
Kong-Kheou, das Ehrenwort. In: Der Gute Kamerad. 3. Jg. (1888/89)
Der Scout. In: Deutscher Hausschatz. XV. Jg. (1888/89)
Die Sklavenkarawane. In: Der Gute Kamerad. 4. Jg. (1889/90)
Im Mistake-Cannon. In: Illustrirte Welt. 38. Jg. (1890)
Ave Maria. In: Fuldaer Zeitung. 17. Jg. (1890)
Der Schatz im Silbersee. In: Der Gute Kamerad. 5. Jg. (1890/91)
Die Helden des Westens. 2. Teil. Der Geist des Llano estakado. Stuttgart 1890
Das Vermächtnis des Inka. In: Der Gute Kamerad. 6. Jg. (1891/92)
Der erste Elk. In: Ueber Land und Meer. 9. Jg. (1892/93)
Der Oelprinz. In: Der Gute Kamerad. 8. Jg. (1893/94)
Die Felsenburg. In: Deutscher Hausschatz. XX. Jg. (1894)
Krüger-Bei. In: Deutscher Hausschatz. XXI. Jg. (1895)
Die Jagd auf den Millionendieb. In: Deutscher Hausschatz. XXII. Jg. (1896)
Der schwarze Mustang. In: Der Gute Kamerad. 11. Jg. (1896/97)
Briefe an das bayerische Königshaus. In: Jb-KMG 1983. Husum 1983, S. 76-122
May gegen Mamroth. Antwort an die »Frankfurter Zeitung« (20.8.1899). In: Jb-KMG 1974. Hamburg 1973, S. 131-152
Himmelsgedanken. Freiburg o. J. (1900)
Et in terra pax. In: China. Hrsg. von Joseph Kürschner. Leipzig 1901
»Karl May als Erzieher« und »Die Wahrheit über Karl May« oder Die Gegner Karl Mays in ihrem eigenen Lichte, von einem dankbaren May-Leser. Freiburg 1902; Reprint in: Karl May: Der dankbare Leser. Materialien zur Karl-May-Forschung Bd. 1. Ubstadt ^{2}1982
Babel und Bibel. Freiburg 1906
Der »Jugendverderber«. Ein Briefwechsel. In: Karl-May-Jahrbuch 1924. Radebeul bei Dresden 1924, S. 34f.
Der 'Mir von Dschinnistan. In: Deutscher Hausschatz. XXXIV./XXXV. Jg. (1908/09)

Winnetou, Band IV. In: Lueginsland. Unterhaltungsblatt zur 'Augsburger Postzeitung'. Nr. 88 (1909) – Nr. 36 (1910)

Mein Leben und Streben. Freiburg o. J. (1910); Reprint Hildesheim-New York 1975. Hrsg. von Hainer Plaul

Karl May's Gesammelte Werke Bd. 14: Old Surehand I. Radebeul bzw. Bamberg

Karl May's Gesammelte Werke Bd. 15: Old Surehand II. Radebeul bzw. Bamberg

Karl May's Gesammelte Werke Bd. 50: In Mekka. Radebeul bzw. Bamberg

b) Lexika, Periodika

Jahrbuch der Karl-May-Gesellschaft 1970ff. 1970-1972/73 hrsg. von Claus Roxin. Hamburg 1970-1972. 1974 hrsg. von Claus Roxin und Heinz Stolte. Hamburg 1973. 1975-1992 hrsg. von Claus Roxin, Heinz Stolte und Hans Wollschläger. Hamburg (ab 1982 Husum) 1974-1992. 1993ff. hrsg. von Claus Roxin, Helmut Schmiedt und Hans Wollschläger. Husum 1993ff. (= Jb-KMG)

Karl-May-Handbuch. Hrsg. von Gert Ueding in Zusammenarbeit mit Reinhard Tschapke. Stuttgart 1987

Mitteilungen der Karl-May-Gesellschaft 1ff./1969ff. Hrsg. von der Karl-May-Gesellschaft 1969ff. (= M-KMG)

Die Religion in Geschichte und Gegenwart. Handwörterbuch für Theologie und Religionswissenschaft. Hrsg. von Kurt Galling. Studienausgabe Bd. I-VII. Tübingen ^{3}1986

Theologische Realenzyklopädie. Studienausgabe Teil I: Bd. 1-17. Hrsg. von Gerhard Krause und Gerhard Müller. Berlin-New York 1993

Wörterbuch des Christentums. Hrsg. von Volker Drehsen u. a. Sonderausgabe. München 1995

c) Sekundärliteratur

Lutherlexikon. Luther Deutsch Ergänzungsband III. Hrsg. von Kurt Aland. Stuttgart 1957

Philippe Ariès: Geschichte des Todes. München ^{5}1991

Für und wider Karl May. Aus des Dichters schwersten Jahren. Hrsg. von Siegfried Augustin. Materialien zur Karl-May-Forschung Bd. 16. Ubstadt 1995

Ekkehard Bartsch: Karl Mays Wiener Rede. Eine Dokumentation. In: Jb-KMG 1970. Hamburg 1970, S. 47-80

J. Baur: Wunder. V. Dogmengeschichtlich. In: Die Religion in Geschichte und Gegenwart VI., S. 1838-1841

Otto Böcher: Engel: IV. Neues Testament. In: Theologische Realenzyklopädie 9, S. 596-599

Johanna Bossinade: Das zweite Geschlecht des Roten – Zur Inszenierung von Androgynität in der 'Winnetou'-Trilogie Karl Mays. In: Jb-KMG 1986. Husum 1986, S. 241-267

Ingrid Bröning: Die Reiseerzählungen Karl Mays als literaturpädagogisches Problem. Ratingen-Kastellaun-Düsseldorf 1973

Emil Brunner: Dogmatik Bd. 3: Die christliche Lehre von der Kirche, vom Glauben und von der Vollendung. Zürich 1960

Arno Büchner/Siegfried Fornacon: Die Lieder unserer Kirche. Handbuch zum Evangelischen Kirchengesangbuch Sonderband. Göttingen 1958

Hermann Cardauns: Ein ergötzlicher Streit. In: Kölnische Volkszeitung vom 5.7.1899; abgedruckt in: Bernhard Kosciuszko: Im Zentrum der May-Hetze – Die Kölnische Volkszeitung. Materialien zur Karl-May-Forschung Bd. 10. Ubstadt 1985, S. 4

Hans Conzelmann/Andreas Lindemann: Arbeitsbuch zum Neuen Testament. Tübingen ^{9}1988

Emerich Coreth/Peter Ehlen/Josef Schmidt: Philosophie des 19. Jahrhunderts. Grundkurs Philosophie Bd. 9. Stuttgart-Berlin-Köln ^{2}1989

Gerhard Ebeling: Dogmatik des christlichen Glaubens. Bd. 1. Prolegomena. Erster Teil: Der Glaube an Gott den Schöpfer der Welt. Tübingen ^{2}1982

Wolfram Ellwanger/Bernhard Kosciuszko: Winnetou – eine Mutterimago. In: Karl Mays 'Winnetou'. Studien zu einem Mythos. Hrsg. von Dieter Sudhoff/Hartmut Vollmer. Frankfurt a. M. 1989, S. 366-379

Klaus Farin: Karl May: Ein Popstar aus Sachsen. München 1992

Harald Fricke: Karl May und die literarische Romantik. In: Jb-KMG 1981. Hamburg 1981, S. 11-35

Wilhelm Gräb: Schleiermacher, Friedrich Daniel Ernst. In: Wörterbuch des Christentums, S. 1117

Hermann Häring: Gebet A. In: Wörterbuch des Christentums, S. 385f.

Wolfgang Hammer: Die Rache und ihre Überwindung als Zentralmotiv bei Karl May. In: Jb-KMG 1994. Husum 1994, S. 51-85

Hansotto Hatzig: Verfilmungen. In: Karl-May-Handbuch, S. 656-662

Joe Hembus: Das Western-Lexikon: 1567 Filme von 1894 bis heute. Erweiterte Neuausgabe von Benjamin Hembus. München 1995 (Heyne Filmbibliothek 32/207)

Rainer Jeglin: Karl May und der antisemitische Zeitgeist. In: Jb-KMG 1990. Husum 1990, S. 107-131

Rainer Jeglin: Die literarische Tradition. In: Karl-May-Handbuch, S. 11-38

Rainer Jeglin: Werkartikel '»Weihnacht!«'. In: Karl-May-Handbuch, S. 272-277

Werner Jetters: Symbol und Ritual. Anthropologische Elemente im Gottesdienst. Göttingen ²1986

Wilfried Joest: Dogmatik Bd. 2: Der Weg Gottes mit dem Menschen. Göttingen ³1993

Paul Johnson: The Birth of the Modern-World Society 1815-1830. New York 1991

Eberhard Jüngel: Geistesgegenwart. Predigten. München 1974

Jörg Kastner: Das Große Karl May Buch. Sein Leben – Seine Bücher – Die Filme. Bergisch Gladbach 1992

Volker Klotz: Abenteuer-Romane. Sue, Dumas, Ferry, Retcliffe, May, Verne. München/Wien 1979

Volker Klotz: Durch die Wüste und so weiter. In: Karl May. Hrsg. von Helmut Schmiedt. Frankfurt a. M. 1983, S. 75-100

Ulrich H. J. Körtner: Der inspirierte Leser. Zentrale Aspekte biblischer Hermeneutik. Göttingen 1994

Beate Köster: Pietismus. In: Wörterbuch des Christentums, S. 973f.

Bernhard Kosciuszko: »Eine gefährliche Gegend«. Der Yellowstone Park bei Karl May. In: Jb-KMG 1982. Husum 1982, S. 192-210

Großes Karl May Figurenlexikon. Hrsg. von Bernhard Kosciuszko. Paderborn ²1996

Peter Krauskopf/Thomas Range: Old Shatterhand am Elbestrand. In: Zeitmagazin. Nr. 27. 28.6.1991, S. 10-20

Hartmut Kühne: Werkartikel 'Satan und Ischariot I-III'. In: Karl-May-Handbuch, S. 259-266

Karl Kupisch: Kirchengeschichte Band IV: Das Zeitalter der Aufklärung. Stuttgart 1975

Karl Kupisch: Kirchengeschichte Band V: Das Zeitalter der Revolutionen und Weltkriege. Stuttgart ²1986

Rudolf Lebius: Die Zeugen Karl May und Klara May. Ein Beitrag zur Kriminalgeschichte unserer Zeit. Berlin-Charlottenburg 1910; Reprint Lütjenburg 1991

Gerardus van der Leeuw: Phänomenologie der Religion. Tübingen ⁴1977

B. Lohse: Bekenntnis: IV. Theologiegeschichtlich. In: Die Religion in Geschichte und Gegenwart, S. 993f.

Christoph F. Lorenz: Die wiederholte Geschichte. Der Frühroman 'Auf der See gefangen' und seine Bedeutung im Werk Karl Mays. In: Jb-KMG 1994. Husum 1994, S. 160-187

Martin Lowsky: Karl May. Stuttgart 1987

Ulrich Luz: Das Evangelium nach Matthäus. 1. Teilband: Mt 1-7. Evang.-kath. Kommentar zum Neuen Testament I/1. Zürich ³1992

Klaus Mann: Cowboy Mentor of the Führer. In: The Living Age 359 (1940), S. 217-222; zit. nach: Klaus Mann: Cowboy-Mentor des Führers (Auszug). In: Karl May. Hrsg. von Helmut Schmiedt. Frankfurt a. M. 1983, S. 32-34

Ulrich Mann: Engel: VI. Dogmatisch. In: Theologische Realenzyklopädie 9, S. 609-612
Ulrich Melk: Das Werte- und Normensystem in Karl Mays Winnetou-Trilogie. Paderborn 1992
Helmut Mojem: Karl May: Satan und Ischariot. Über die Besonderheit eines Abenteuerromans mit religiösen Motiven. In: Jb-KMG 1989. Husum 1989, S. 84-100
Gotthold Müller: Gebet: VIII. Dogmatische Probleme gegenwärtiger Gebetstheologie. In: Theologische Realenzyklopädie 12, S. 84-94
Bernhard Munzel: Zum Islambild bei Karl May. In: M-KMG 112/1997, S. 33-41; M-KMG 113/1997, S. 10-18
Thomas Nipperdey: Deutsche Geschichte 1800-1866. Bürgerwelt und starker Staat. München ^{4}1987
Thomas Nipperdey: Deutsche Geschichte 1866-1918. Erster Band: Arbeitswelt und Bürgergeist. München 1990
Gertrud Oel-Willenborg: Von deutschen Helden. Eine Inhaltsanalyse der Karl-May-Romane. Weinheim-Basel 1973
Dieter Ohlmeier: Karl May. Psychoanalytische Bemerkungen über kollektive Phantasietätigkeit. In: Karl Mays 'Winnetou'. Studien zu einem Mythos. Hrsg. von Dieter Sudhoff/Hartmut Vollmer. Frankfurt a. M. 1989, S. 341-365
Walter Olma: Schuld, Sühne, Vergebung in Karl Mays 'Old Surehand'. In: Karl Mays »Old Surehand«. Hrsg. von Dieter Sudhoff/Hartmut Vollmer. Paderborn 1995, S. 277-314
Michael Petzel: Ein Mythos wird besichtigt. Winnetou und der deutsche Film. In: Karl Mays 'Winnetou'. Studien zu einem Mythos. Hrsg. von Dieter Sudhoff/Hartmut Vollmer. Frankfurt a. M. 1989, S. 447-464
Pur: Abenteuerland. Intercord Tonträger. 1995
Joachim Ringleben: Gebet B. In: Wörterbuch des Christentums, S. 386
Helmuth Rolfes: Ars moriendi – Eine Sterbekunst aus der Sorge um das ewige Heil. In: Ars moriendi. Erwägung zur Kunst des Sterbens. Quaestiones disputatae 118. Hrsg. von Harald Wagner. Freiburg-Basel-Wien 1989, S. 15-44
Claus Roxin: Das zweite Jahrbuch. In: Jb-KMG 1971. Hamburg 1971, S. 7-10
Claus Roxin: »Dr. Karl May, genannt Old Shatterhand«. Zum Bild Karl Mays in der Epoche seiner späten Reiseerzählungen. In: Jb-KMG 1974. Hamburg 1973, S. 15-73
Claus Roxin: Werkartikel 'Old Surehand I-III'. In: Karl-May-Handbuch, S. 238-252
Claus Roxin: »Winnetou« im Widerstreit von Ideologie und Ideologiekritik. In: Karl Mays 'Winnetou'. Studien zu einem Mythos. Hrsg. von Dieter Sudhoff/Hartmut Vollmer. Frankfurt a. M. 1989, S. 283-305
Jörg Salaquarda: Feuerbach, Ludwig. In: Theologische Realenzyklopädie 11, S. 144-157

Ralph Sander: Das Star Trek-Universum. Band 1. München 1993

Stefan Schmatz: Karl Mays politisches Weltbild. Ein Proletarier zwischen Liberalismus und Konservatismus. Sonderheft der Karl-May-Gesellschaft Nr. 86/1990

Roland Schmid: Nachwort (zu 'Satan und Ischariot III'). In: Karl May: Freiburger Erstausgaben Bd. XXII. Hrsg. von Roland Schmid. Bamberg 1983

Ulrich Schmid: Das Werk Karl Mays 1895-1905. Erzählstrukturen und editorischer Befund. Materialien zur Karl-May-Forschung Bd. 12. Ubstadt 1989

Arno Schmidt: Sitara und der Weg dorthin. Eine Studie über Wesen, Werk & Wirkung Karl Mays. Karlsruhe 1963

Helmut Schmiedt: Handlungsführung und Prosastil. In: Karl-May-Handbuch, S. 147-176

Helmut Schmiedt: Identitätsprobleme. Was 'Satan und Ischariot' im Innersten zusammenhält. In: Jb-KMG 1996. Husum 1996, S. 247-265

Helmut Schmiedt: Karl May. Studien zu Leben, Werk und Wirkung eines Erfolgsschriftstellers. Frankfurt a. M. ^{2}1987

Helmut Schmiedt: Werkartikel 'Winnetou I-III'. In: Karl-May-Handbuch, S. 205-218

Rudi Schweikert: »Durchs wilde Theologistan«. In: FAZ (4.10.94), Literaturbeilage

Ernst Seybold: Des Ich-Erzählers Konfession und andere Fragen. In: M-KMG 79/1989, S. 31-36; M-KMG 81/1989, S. 41

Ernst Seybold: Karl Mays »O Ewigkeit, du Donnerwort«. In: M-KMG 47/1981, S. 34-37

Ernst Seybold: Wie katholisch ist May in seinen Marienkalendergeschichten? In: M-KMG 44/1980, S. 26-30; M-KMG 45/1980, S. 38-42; M-KMG 46/1980, S. 40-46

Barbara Sichtermann: Die Mayschen Reiseerzählungen als Jugendlektüre. Überlegungen aus feministischer Sicht. In: Karl May – der sächsische Phantast. Studien zu Leben und Werk. Hrsg. von Harald Eggebrecht. Frankfurt a. M. 1987, S. 63-72

Bertha v. Suttner: Einige Worte über Karl May. In: Die Zeit, Wien, vom 5.4.1912; abgedruckt in: Ekkehard Bartsch: Karl Mays Wiener Rede. Eine Dokumentation. In: Jb-KMG 1970. Hamburg 1970, S. 80

Liederkunde. Zweiter Teil: Lied 176-394. Handbuch zum Evangelischen Kirchengesangbuch Bd. III/2. Hrsg. von Joachim Stalmann/Johannes Heinrich. Göttingen 1990

Heinz Stolte: »Stirb und werde!«. Existentielle Grenzsituation als episches Motiv bei May. In: Jb-KMG 1990. Husum 1990, S. 51-70

Georges Tavard: Engel: V. Kirchengeschichtlich. In: Theologische Realenzyklopädie 9, S. 599-609

Ernst Troeltsch: Über historische und dogmatische Methode in der Theologie. In: Ders.: Gesammelte Schriften II: Zur religiösen Lage, Religionsphilosophie und Ethik. Tübingen 1913, S. 729-753

Gert Ueding: Glanzvolles Elend. Versuch über Kitsch und Kolportage. Frankfurt a. M. 1973

Hartmut Vollmer: Die Schrecken des 'Alten': Old Wabble. Betrachtung einer literarischen Figur Karl Mays. In: Jb-KMG 1986. Husum 1986, S. 155-184; auch in: Karl Mays »Old Surehand«. Hrsg. von Dieter Sudhoff/Hartmut Vollmer. Paderborn 1995, S. 210-242

Falk Wagner: Bekehrung. In: Wörterbuch des Christentums, S. 134

Falk Wagner: Bekehrung II: 16.-20. Jahrhundert. In: Theologische Realenzyklopädie 5, S. 459-469

Falk Wagner: Bekehrung III: Systematisch-theologisch. In: Theologische Realenzyklopädie 5, S. 473

Falk Wagner: Zur gegenwärtigen Lage des Protestantismus. Gütersloh 1995

Johannes Wallmann: Der Pietismus. Die Kirche in ihrer Geschichte Bd. 4/O1. Göttingen 1990

Günther Wartenberg: Der Pietismus in Sachsen – ein Literaturbericht. In: Pietismus und Neuzeit. Ein Jahrbuch zur Geschichte des neueren Protestantismus. Bd. 13. Hrsg. von Martin Brecht u. a. Göttingen 1987, S. 103-114

Reinhard Weber/Andrea Rennschmid: Die Karl-May-Filme. o. O. 1990

Hermann Wiedenroth: Werkartikel 'Ange et diable'. In: Karl-May-Handbuch, S. 605-609

Eberhard Winkler: Seelsorge an Kranken, Sterbenden und Trauernden. In: Handbuch der Seelsorge. Bearb. von Ingeborg Becker u. a. Berlin [3]1986, S. 405-427

Hermann Wohlgschaft: Große Karl May Biographie. Leben und Werk. Paderborn 1994

Hermann Wohlgschaft: »Ich möchte heim ...«. Sterbeszenen in Mays Kolportageromanen. In: Jb-KMG 1997. Husum 1997, S. 176-210

Hans Wollschläger: Arno Schmidt und Karl May. In: Jb-KMG 1990. Husum 1990, S. 12-29

Hans Wollschläger: »Die sogenannte Spaltung des menschlichen Innern, ein Bild der Menschheitsspaltung überhaupt«. Materialien zu einer Charakteranalyse Karl Mays. In: Jb-KMG 1972/73. Hamburg 1972, S. 11-92

Hans Wollschläger: Karl May. Grundriß eines gebrochenen Lebens. Zürich 1976

Hans Wollschläger/Ekkehard Bartsch: Karl Mays Orientreise 1899/1900. Dokumentation. In: Jb-KMG 1971. Hamburg 1971, S. 165-215

d) Werke anderer Autoren

Augustinus: Bekenntnisse/Confessiones. Zweisprachige Ausgabe. Aus dem Lateinischen von Joseph Bernhart. Frankfurt a. M. 1987

Friedrich Dürrenmatt: Der Besuch der alten Dame. Eine tragische Komödie (Neufassung 1980). Zürich 1985

August Hermann Francke: Anfang und Fortgang der Bekehrung A. H. Franckes, von ihm selbst beschrieben. In: Pietismus und Rationalismus. Hrsg. von Marianne Beyer-Fröhlich. Leipzig 1933, S. 17-29 (Deutsche Literatur. Reihe Deutsche Selbstzeugnisse)

Theodor Heuss: Vorspiele des Lebens. Tübingen 1953; zit. nach: Erich Heinemann: »Dichtung als Wunscherfüllung«. Eine Sammlung von Aussprüchen über Karl May. Materialien zur Karl-May-Forschung Bd. 13. Ubstadt 1992, S. 67

Immanuel Kant. Kritik der praktischen Vernunft. In: Immanuel Kant. Schriften zur Ethik und Religionsphilosophie. Werke in zehn Bänden. Bd. 6, Sonderausgabe. Hrsg. von Wilhelm Weischedel. Darmstadt 1983

Konkordienformel (Formula Concordiae). Gründliche [Allgemeine], lautere, richtige und endliche Wiederholung und Erklärung etlicher Artikel Augsburgischer Confession ... In: Unser Glaube. Die Bekenntnisschriften der evangelisch-lutherischen Kirche. Hrsg. vom Lutherischen Kirchenamt. Gütersloh ^{2}1987, S. 775-791

Martin Luther: Predigten des Jahres 1532. Weimarer Ausgabe Bd. 36. Weimar 1909

Balduin Möllhausen: Ein Tag auf dem Ufer des Colorado. In: Ders.: Geschichten aus dem Wilden Westen. Hrsg. von Andreas Graf. München 1995